공정한 리더

공정을 가로막는 차별과 불평등에 관한 16가지 진실

공정한 리더

베로니카 후케 지음 | 최은아 옮김

"훌륭한 리더는 다양한 사람들을 공정하게 다루는 사람이다. 이 책은 공정함을 놓치기 쉬운 대표적인 사각지대를 보여주고, 구성원들과 공정한 상호작용을 할 수 있는 확실한 길로 안내한다."

- 알베르토 플라츠Alberto Platz, 스와로브스키Swarovski의 인재 채용 및 관리 책임자

"이 책은 다양성과 포용성(D&I)을 실제로 조성할 수 있는 사람(또는 그것을 막는 사람), 즉 관리자에게 직설적인 화두를 던짐으로써 D&I 분야의 세세한 점들을 놓치지 않고 다룬다. 누구나 마주하는 일상적인 상황을 제시하고 간단하고 실용적인 조언을 함으로써 베로니카는 경영진이 포용적인 문화를 받아들이고 그런 문화를 만드는 데 실질적인 기여를 할 수 있도록 돕는다."

- 제니퍼 오리어Jennifer O'Lear, 머크Merck의 최고다양성책임자CDO

"리더십에 대해 재치 있게 다루고 있는 이 책을 강력 추천한다. 이 책은 실제 사례와 직접적이고 실용적인 조언으로 가득하다. 이 책은 나쁜 리더에게는 조직의 새로운 구성원을 포함해 다양한 사람들을 대할 때 어떤 행동 패턴이 있는지를 보여준다. 그들의 무의식적인 편견과 고정관념을 다루며 나쁜 리더십이 무엇인지 설명한다. 또한 집단의 말을 경청하지 않고 개개인의 생각을 간과하는 것도 나쁜 리더십과 관련 있음을 지적한다. 이를 통해 경력이 오래된 관리자의 시야를 넓혀준다. 야심찬 조직이라면 나쁜 리더십과 관련된 것들을 더 이상 묵인해서는 안 된다."

- 토머스 필러 Tomas Piehler, **독일 필립스 경영자 조합의 이사**

"다양한 사례와 저자가 직접 겪은 일화가 담긴 이 책은 어디서도 얻지 못할 유용한 통찰이 가득한 매우 훌륭한 책이다. 다양한 문화가 섞여 있는 조직에서 일하는 사람에게 필독서라 할 만하다. 각 장이 끝날 때마다 정리되어 있는 조언만 읽어도 유익하다. 군더더기 없이 명료한 문장은 보너스다!"

- 샨타누 바타차랴 Shantanu Bhattacharya,
타타그룹의 디지털 러닝 익스피어리언스 Digital Learning Experience **총 책임자**

"기업이 성공하려면 소비자에 대한 이해와 혁신이 뒷받침되어야 한다. 이를 위해서는 다양성을 존중하는 업무 환경, 포용성을 중시하는 기업 문화가 핵심이다. 하지만 현실은 여전히 해결해야 할 문제가 가득하다. 다양한 경영 방식과 개인의 태도, 행동을 유기적으로 연결하고 체계적으로 활용하는 조직의 능력을 키워야 한다. 이 책의 강점이 바로 여기에 있다. 이 책은 일상적인 상황에서 쉽게 쓸 수 있는 실용적인 대안을 제시한다."

- 프랑크 발트만 Frank Waldmann, **렉셀**Rexel**의 최고인사책임자**CHRO

"당신은 베로니카가 오랫동안 경험을 축적한 유능한 리더이자 다양성 및 포용성 분야의 전문가임을 분명히 알게 될 것이다. 이 책은 어느 것 하나 놓치지 않는다. 공정함을 중요하게 생각하고 모두가 성공하는 문화를 창조하고 싶어 하는 관리자들을 위한 실용적인 조언을 제시하고 있다."

- 리사 케핀스키Lisa Kepinski, 포용성 협회Inclusion Institute의 설립자 겸 이사

"베로니카 후케는 조직을 공정하고 포용력 있게 이끌고 싶어 하는 리더에게 매우 설득력 있는 책을 내놓았다. 이 책은 어떻게 하면 공정하고 포용력 있는 리더가 될 수 있는지에 대한 조언과 전략으로 가득하다. 진정한 변화를 갈망하는 리더라면 꼭 읽어야 할 책이다!"

- 엘리자베스 켈란Elisabeth Kelan, 영국 에식스대학교 경영대학 리더십 및 조직 분야 교수

"베로니카 후케의 책은 유쾌하고 재미있다. 그녀는 스토리텔링을 활용하여 모두가 알고 있는 일상적인 상황을 묘사한다. 또한 과학적 지식을 통해 실제로 무슨 일이 벌어지고 있는지를 설명하고 있다. 직접적인 조언과 실용적인 도구, 체크리스트가 들어 있는 이 책은 조직에 대한 고민으로 가득한 리더와 인사 담당자들의 필독서다."

- 안드레아 보드스타인 발렌시아크Andrea Bodstien-Walenciak, 크램프 그룹의 최고인사책임자

"남에게 희생당하는 사람이 착한 남자고 착한 여자인가? 멀리 떨어진 지사에서 근무하는 팀의 성과는 떨어지는가? 야망이 가득해 다른 사람을 밟고 올라서는 사람이 승자인가? 베로니카는 이 세 가지 질문에 아니라고 말한다. 이 책은 공정한 경기를 할 때 얼마나 큰 이익이 있는지 증거를 제시한다. 기업에서 살아남

으려면 유능함과 경쟁력을 갖춰야 한다. 하지만 지원과 열린 마음, 다양성도 꼭 필요하다. 마지막으로 이에 못지않게 중요한 것은 안정감을 주고 신뢰를 얻는 일이다. 그렇다, 따뜻하고 친절한 상호작용이 중요하다. 그런 면에서 이 책은 놀랍다."

- 실비아 뢰켄Sylvia Loehken, 《개성의 힘: 내향적인 사람과 외향적인 사람의 결합으로 놀라운 효과를 만들다The Power of Personality: How Introverts and Extroverts Can Combine to Amazing Effects》의 저자

"팀원 간의 관계에서뿐만 아니라 리더십을 발휘하는 데 있어서도 감정이입은 신뢰 관계를 구축하고 성공적인 협업을 하는 데 핵심 요소다. 이러한 맥락에서 '공정한 리더'라는 주제는 매우 적절하다. 이 책은 다양한 통찰을 제시해 생각을 자극한다."

- 카와 유노시Cawa Younosi, 독일 인적자원Human Resources 대표 / 독일 SAP 이사

"이 책은 오늘날 현대 기업의 리더들에게 꼭 필요한 도구상자를 제공한다."

- 디에트마 아이덴스Dietmar Eidens, 독일 머크 사의 인사 담당 책임자

||||| **차 례** |||||

공정:
특별한 성과를 얻기 위한 여정

오늘날 리더는 매우 다양한 사람들과 함께 일하며, 그들을 공정하게 대해야 한다. 이 책에는 공정한 협업과 평등한 기회에 대한 실용적인 조언과 도구가 가득 담겨 있다.

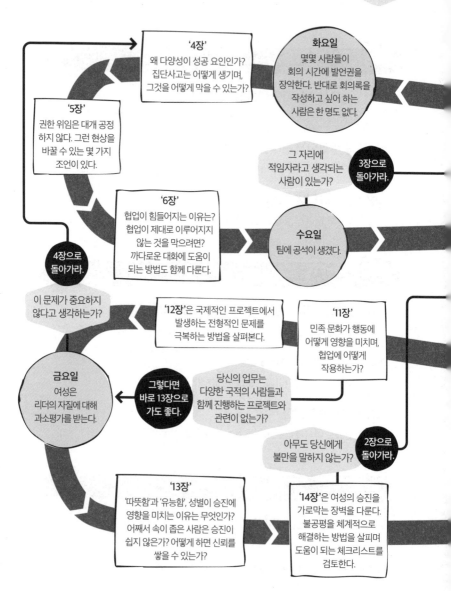

시작해볼까?

'4장'
왜 다양성이 성공 요인인가? 집단사고는 어떻게 생기며, 그것을 어떻게 막을 수 있는가?

화요일
몇몇 사람들이 회의 시간에 발언권을 장악한다. 반대로 회의록을 작성하고 싶어 하는 사람은 한 명도 없다.

'5장'
권한 위임은 대개 공정하지 않다. 그런 현상을 바꿀 수 있는 몇 가지 조언이 있다.

그 자리에 적임자라고 생각되는 사람이 있는가?

3장으로 돌아가라.

'6장'
협업이 힘들어지는 이유? 협업이 제대로 이루어지지 않는 것을 막으려면? 까다로운 대화에 도움이 되는 방법도 함께 다룬다.

수요일
팀에 공석이 생겼다.

4장으로 돌아가라.

이 문제가 중요하지 않다고 생각하는가?

'12장'은 국제적인 프로젝트에서 발생하는 전형적인 문제를 극복하는 방법을 살펴본다.

'11장'
민족 문화가 행동에 어떻게 영향을 미치며, 협업에 어떻게 작용하는가?

금요일
여성은 리더의 자질에 대해 과소평가를 받는다.

그렇다면 바로 13장으로 가도 좋다.

당신의 업무는 다양한 국적의 사람들과 함께 진행하는 프로젝트와 관련이 없는가?

아무도 당신에게 불만을 말하지 않는가?

2장으로 돌아가라.

'13장'
'따뜻함'과 '유능함', 성별이 승진에 영향을 미치는 이유는 무엇인가? 어째서 속이 좁은 사람은 승진이 쉽지 않은가? 어떻게 하면 신뢰를 쌓을 수 있는가?

'14장'은 여성의 승진을 가로막는 장벽을 다룬다. 불공평을 체계적으로 해결하는 방법을 살피며 도움이 되는 체크리스트를 검토한다.

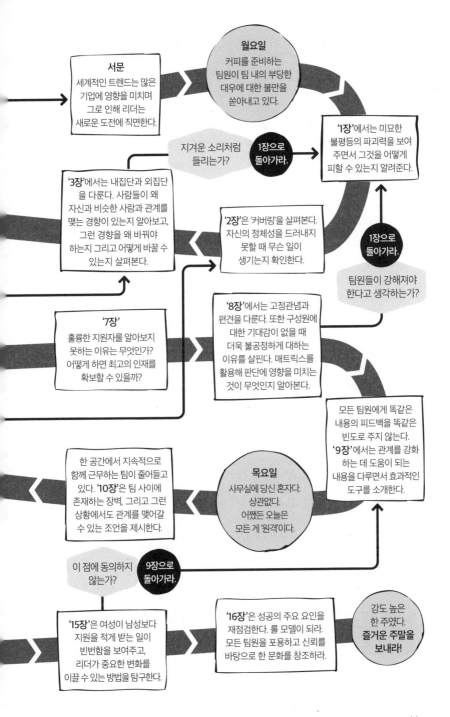

서문

세계적인 트렌드는 많은 기업에 영향을 미치며 그로 인해 리더는 새로운 도전에 직면한다.

월요일

커피를 준비하는 팀원이 팀 내의 부당한 대우에 대한 불만을 쏟아내고 있다.

지겨운 소리처럼 들리는가?

1장으로 돌아가라.

'**1장**'에서는 미묘한 불평등의 파괴력을 보여주면서 그것을 어떻게 피할 수 있는지 알려준다.

'**3장**'에서는 내집단과 외집단을 다룬다. 사람들이 왜 자신과 비슷한 사람과 관계를 맺는 경향이 있는지 알아보고, 그런 경향을 왜 바꿔야 하는지 그리고 어떻게 바꿀 수 있는지 살펴본다.

'**2장**'은 '커버링'을 살펴본다. 자신의 정체성을 드러내지 못할 때 무슨 일이 생기는지 확인한다.

1장으로 돌아가라.

팀원들이 강해져야 한다고 생각하는가?

'**7장**'

훌륭한 지원자를 알아보지 못하는 이유는 무엇인가? 어떻게 하면 최고의 인재를 확보할 수 있을까?

'**8장**'에서는 고정관념과 편견을 다룬다. 또한 구성원에 대한 기대감이 없을 때 더욱 불공정하게 대하는 이유를 살핀다. 매트릭스를 활용해 판단에 영향을 미치는 것이 무엇인지 알아본다.

모든 팀원에게 똑같은 내용의 피드백을 똑같은 빈도로 주지 않는다. '**9장**'에서는 관계를 강화하는 데 도움이 되는 내용을 다루면서 효과적인 도구를 소개한다.

한 공간에서 지속적으로 함께 근무하는 팀이 줄어들고 있다. '**10장**'은 팀 사이에 존재하는 장벽, 그리고 그런 상황에서도 관계를 맺어갈 수 있는 조언을 제시한다.

목요일

사무실에 당신 혼자다. 상관없다. 어쨌든 오늘은 모든 게 '원격'이다.

이 점에 동의하지 않는가?

9장으로 돌아가라.

'**15장**'은 여성이 남성보다 지원을 적게 받는 일이 빈번함을 보여주고, 리더가 중요한 변화를 이끌 수 있는 방법을 탐구한다.

'**16장**'은 성공의 주요 요인을 재점검한다. 롤 모델이 되라. 모든 팀원을 포용하고 신뢰를 바탕으로 한 문화를 창조하라.

강도 높은 한 주였다. 즐거운 주말을 보내라!

들어가는 글 ✦

'구성원이 떠나는 건 회사가 아니라 관리자다'라는 말이 있다. 당신도 그런 상황에 처해 직장을 떠난 경험이 있을지 모른다. 실제로 많은 사람들이 상사 때문에 직장을 그만뒀다고 말한다. 직장생활의 즐거움과 팀의 성공은 사실 관리자가 좌우하기 때문이다. 출근하는 걸 좋아하는가 아니면 빨리 금요일이 오기만을 기다리는가? 최선을 다해 하루를 보내는가 아니면 최소한의 노력만 하며 하루하루를 버티는가? 팀의 프로젝트에 깊이 개입하며 주변의 지원을 받고 있다고 느끼는가 아니면 좌절하는 날들의 연속인가?

훌륭한 관리자는 다섯 가지 재능을 갖고 있다. 팀원에게 동기를 부여하고, 적극적으로 나서서 장애물을 극복하며, 책임지는 문화를 만들고, 신뢰 관계를 구축하고, 팀과 회사의 성공을 위해 정보에 근거한 편

견 없는 결정을 내린다.[1]

이를 통해 그들은 공정한 환경을 조성한다. 그리고 이러한 환경에서는 구성원 모두가 서로 믿고 의지한다. 또 개개인이 자신의 정체성을 드러내며, 실수를 빠르게 인정한다. 결정에 대해 지나친 확신을 삼가는 것도 특징이다. 또 공정한 문화에서는 자신의 책임이 없는 영역에서도 아이디어를 내놓는 것이 자연스럽다. 말이 안 되는 아이디어라도 거침없이 쏟아낸다. 팀원들 간에 이의를 제기하는 것도 얼마든 가능하며, 심지어 그것이 바람직한 것으로 여겨진다. 그야말로 특별한 성과를 이루기 위한 완벽한 조건이다.

하지만 이런 조직은 많지 않다. 왜일까? 이 책은 어째서 모든 팀이 이런 식으로 운영되지 않는지를 살핀다. 아울러 팀을 공정하게 이끌기 위해 당신이 할 수 있는 일이 무엇인지 검토할 것이다.

'이 책에 나오는 중요한 용어는 용어 사전에서 설명한다. 그러한 용어를 처음 언급할 때 '✦'로 표시했다.'

서문 ✦

: 공정한 리더가 되는 것은 왜 어려운가, 그리고 그것이 왜 중요한가?

오늘날 리더는 자신이 이끄는 팀의 규모와 상관없이 과거에는 없던 새로운 문제와 더 많이 마주친다. 이를 테면 세계화, 인구 변화, 새로운 업무 방식, 인터넷의 영향, 디지털과 소셜 미디어의 확장, 급변하는 환경 등이다.

불안정한 환경에서 신뢰가 중요한 이유 ──────

고대 그리스 철학자 헤라클레이토스Heraclitus는 "유일하게 변하지 않는 진리는 모든 건 변한다는 것이다."라고 말했다. 요즘 같은 뷰카 (VUCA, 변동성volatile, 불확실성uncertain, 복잡성complex, 모호성ambiguous) 시대에는 끊임없는 변화가 조직의 현실이 됐다. 이제는 경영 프로그램을 개선하는 정도로는 성과를 낼 수 없다. 늘 하던 대로가 아닌 민첩성을 발휘해 지속적인 변혁을 끌어내야 한다. 이것이 뉴노멀new normal이 됐다. 그렇다면 이로 인해 어떤 결과가 생겼을까? 근무 환경에서 안정성이 사라졌다. 요구 조건과 업무 내용, 관계가 수시로 변한다. 이는 곧 불안정한 환경으로 이어진다. 결국 리더의 능력 한 가지가 점점 중요해지고 있는데, 바로 공정함이다. 공정함에 대해 케임브리지 사전에서는 '사람들을 공평하게 또는 올바르고 합리적인 방법으로 대하는 것'이라고 정의한다.

공정하다고 평가받는 관리자는 변화의 광풍 속에서도 팀을 성공적으로 이끈다.[2] 리더를 신뢰하는 팀원들은 불안정한 시기에도 최선의 노력을 다하려는 의지가 크기 때문이다. 리더가 어려운 상황에서 자신을 외면하지 않고 공정하게 대우할 거라는 확신이 있을 때 팀원들은 기꺼이 전력을 다한다. 이때 필요한 것이 신뢰다. 이와 함께 모두에게 동일하게 적용되는 포괄적인 규정이 있어야 한다. 이러한 규정들이 협업이라는 틀 안에서 새롭게 정립되어야 한다.

이제는 한 장소에서 9시에서 6시까지 함께 근무하는 부서는 줄어들고 있다. 사세 확장 때문이든, 비용 절감을 위한 정책 때문이든, 개인의 요청 때문이든 사람들은 이제 각자의 상황에 맞춰 일한다. 그런 만큼 다양한 형태의 의사소통과 새로운 협력이 필요해졌으며, 이에 더하여 마찰과 오해의 소지도 많아졌다.

구성원들이 다양한 문화의 출신인 경우 상황은 더 어려워진다. 다양한 관점과 규범이 의사소통과 정보 해석, 의사 결정에 영향을 미치기 때문이다. 팀원들의 출신이 다르더라도 한 장소에서 함께 근무하면 얼굴 표정과 보디랭귀지를 통해 오해의 소지를 미연에 방지할 수 있다. 하지만 물리적으로 떨어져 있으면 서로의 상황이나 감정을 쉽게 파악할 수 없기 때문에 새로운 방식의 대응이 필요하다.

다양한 기대와 경험 ─────

노동 시장의 다양성 증가로 인해 관리자는 갈수록 많은 어려움에 직면하고 있다. 게다가 팀원들의 배경이 점점 다양해지면서 관리자가 그들을 공정하게 대하는 부분에 문제가 생기기도 한다. 오늘날 팀들은 매우 다양하다. 팀원들의 관점과 경험, 기대, 라이프스타일은 제각각이고, 성별과 세대, 국적, 배경, 업무, 팀, 고용주, 관리자에 대한 기대도 천차만별이다.

다양성은 많은 장점이 있지만 한편으론 문제를 일으키기도 한다. 개인이 가진 배경이 세계관(그림1)과 경험, 판단에 영향을 주기 때문이다. 그래서 그 사람이 가진 배경에 따라 남들을 대하는 방식이 다르다. 마찬가지로 받는 대우도 다르다. 당신은 다른 사람들에게 어떤 대우를 받고 싶은가? 이러한 기대 역시 당신의 배경과 관련 있다.

공정한 리더는 환경을 개선하고 사람들의 행동을 조율해 서로의 필요를 충족시킨다. 이렇게 해야만 공평한 기회를 만들고, 팀원들의 경

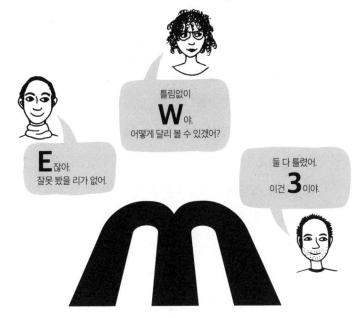

그림1 관점의 차이

력 발전을 방해하는 장벽을 제거할 수 있다. 장애물은 대부분 눈에 잘 보이지 않는다. 그것이 자신의 길을 가로막는 장애물이 아니라면 더욱 보기 힘들다.

공정한 경우는 왜 드물까?

그렇다면 보이지 않는 장벽에는 어떤 것이 있을까? 대표적인 사례가 심포니 오케스트라다. 1970년대까지만 해도 오케스트라 단원 가운데 여성이 차지하는 비율은 5% 미만이었다. 당시에는 여성들의 재능과 능력이 부족해서 그런 것이라고 생각했다. 하지만 지금은 다르다. 오케스트라 단원 가운데 여성의 비율은 매우 높다. 이러한 변화가 여성의 능력이 발전했기 때문일까? 아니다. 공평한 기회를 보장하는 새로운 선발 과정이 도입된 덕분이다. 이른바 '블라인드 오디션'에서 연주자는 성별을 노출하지 않기 위해 스크린 뒤에서 연주를 했다. 심지어 구두 굽 소리로 성별이 드러날까봐 양말만 신은 채 무대에 오르기도 했다. 이러한 평가 방식 덕분에 편견이 판단에 영향을 주지 않았고, 결과적으로 재능과 능력이 뛰어난 연주자들이 단원으로 선발됐다. 그 파급력은 엄청났다. 30년도 되지 않아 상위 5위에 속하는 오케스트라 팀에서 여성의 비율이 다섯 배가 늘었다.[3]

하지만 이러한 성공적인 변화에도 불구하고 사적인 영역에서는 여전히 차별이 존재한다. 예를 들어 똑같은 이력서를 이름만 바꿔 제출한 실험 결과 차별이 반복적으로 나타났다. 독일의 경우 팀 슐타이스나 루카스 호이만처럼 전형적인 '독일인' 같은 이름의 지원자가 하칸 일마스나 하메트 아이딘처럼 터키의 잔재가 느껴지는 이름의 지원자보다 면접 기회를 더 많이 얻었다.[4] 머리에 터번이라도 두르고 있는 경우에는 더욱 심각한 차별을 겪었다. 또 아무리 세련돼 보여도 마리암 오즈터크라는 이름을 가진 사람이 면접 통보를 받으려면 산드라 바우어라는 이름을 가진 사람보다 지원서를 다섯 배는 더 많이 보내야 했다.[5] 이런 종류의 실험이 전 세계 수많은 나라에서 수행됐으며, 결과는 거의 비슷했다.

장벽을 만드는 또 다른 요소는 성적 성향이다. 점점 더 많은 나라에서 동성애자의 결혼을 합법화하고 있지만 직장 내 게이와 레즈비언 중 30%가 넘는 사람들이 아직도 '커밍아웃'을 하지 못한다. 특히 관리자를 대할 때는 자신의 성적 성향을 들키지 않기 위해 더욱 주의를 기울이고 있다. 트랜스젠더 직장인 가운데 70%가 직장에서 자신의 성정체성을 숨기고 있다고 한다.[6] 가장 큰 이유는 사회적 배제에 대한 공포 때문이다.[7]

이는 회사의 실적에 부정적인 영향을 미친다. '사적인' 부분이 생산성과 성과에 영향을 주기 때문일 것이다. 직장생활을 하면서 항상 불편함을 느끼거나 주말 활동 또는 가족에 대한 질문을 받을 때 이야기를 꾸며내야 한다는 건 크나큰 스트레스일 테니 말이다.

방해 요소 ────────

✦ '고정관념'과 선입관, ✦ '무의식적인 편견'에 따라 타인의 능력에 대한 판단이 달라진다. 뿐만 아니라 이러한 생각은 어떤 행동이 바람직한지, 심지어 받아들여지는 행동이 무엇인지까지 규정한다.

컬럼비아대학교의 한 수업 과정에서 학생들에게 두 개의 이력서를 나눠주었다. 그리고 한 그룹의 학생들에게는 하워드라는 지원자를, 다른 그룹에게는 하이디라는 지원자를 평가하도록 했다. 하지만 실제로 두 그룹이 받은 이력서는 동일한 인물의 것이었다. 그것은 실리콘 밸리의 성공한 기업가이자 벤처 투자가인 하이디 로이젠Heidi Roizen의 이력서를 이름만 바꿔 제공한 것이었다. 물론 학생들에게는 그 사실을 알리지 않았다.

학생들의 판단만 보면 당신은 이력서가 동일한 인물의 것이라고 생각하지 못할 것이다. 하워드는 대체로 긍정적인 평가를 받았다. 어느 조직에서나 성과를 이룰 사람, 열정적이고 성공을 향해 나아가는 호감형 인물로 평가됐다. 하지만 하이디에게는 달랐다. 그녀는 권력에 굶주려 있고, 겸손하지 않으며, 지나치게 성공에 매달리는 사람으로 평가받았다. 관찰자의 호감도 부분에서도 공격적인 인물로 평가받았다. 반복하건대, 두 그룹은 똑같은 이력서를 검토했다. 관찰자의 인식에 영향을 준 유일한 요소는 어떤 행동이 남성과 여성에게 적절한 것인지에 대한 무의식적인 기대였다.[8]

이러한 기대는 여성에게만 영향을 미치는 것이 아니다. 남성에게도 영향을 주는데, 예를 들어 남성들도 '우두머리 수컷'의 모습에 부합하지 않거나 직장을 우선순위에 두지 않으면 편견에 직면하게 된다. 예일대학교가 실시한 조사에 따르면 말을 더 잘하는 남성 CEO는 비교적 조용한 CEO에 비해 더 유능한 사람으로 여겨졌다.[9] 또 채용 면접에서 겸손하고 친절한 남성은 전통적인 ✦'성 고정관념'에 위배된 사람으로 평가받았다. 실제로 겸손하고 친절한 남성은 여성보다 낮은 점수를 받았다.[10]

미국의 컨설팅 기업 A.T. 커니A.T. Kearney가 수행한 조사에 따르면 때때로 남성은 가정과 일의 충돌을 경험하며, 네 명 중 한 명은 가정을 돌보다 자신의 경력에 부정적인 영향을 받을까봐 걱정한다.[11] 또 오스

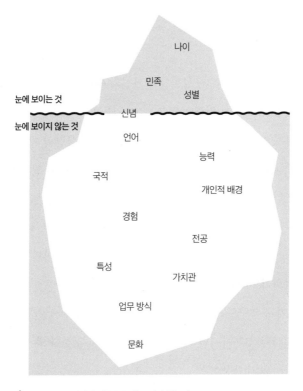

그림2 사람들을 구별하는 다양한 면들은 눈에 보이지 않는다.

트레일리아의 한 연구에 의하면 남성은 아무리 짧은 기간이라도 유연근무 형태를 거절할 가능성이 여성보다 두 배 이상 높다고 한다.[12]

　이들 사례는 실제 기준이든 암묵적인 기준이든 '기준'을 벗어나는 사람은 역풍을 맞을 일이 많다는 것을 보여준다. 이런 사람들이 자신의 가치를 느끼고 순풍을 맞으며 앞으로 나아가기는 쉽지 않다. 하지만 이것만으로 개인이 가지고 있는 개성을 다 볼 수는 없다. 한 사람의 개성 중 겉으로 드러나는 건 빙산의 일각일 뿐이다.(그림2)

경력에 도움이 되는 순풍 ─────

회사와 관리자는 조직 구성원들이 자신의 업무에서 실력을 발휘하고 성공을 맛보게 하기 위해 무엇을 할 수 있을까?

20세기 중반 인본주의 심리학의 거장 가운데 한 사람인 에이브러햄 매슬로Abraham Maslow는 인간이 성취적인 삶을 살기 위해 필요한 것이 무엇인지 연구했다. 그는 욕구 5단계를 통해 인간은 다양한 욕구를 실현시키면서 자아실현을 위해 노력한다고 설명한다.

이러한 욕구 모형과 관련하여 오늘날은 과거의 피라미드 모형보다 동적 시각화가 더 많이 활용되는 경향이 있다.(그림3) 다양한 욕구 사이에서 '한 가지 욕구를 충족시킨 다음 다른 욕구를 충족시킨다'거나 '모두를 충족시키거나 아니면 아무것도 충족시키지 못한다'와 같은 관계는 존재하지 않기 때문이다.

어떤 욕구를 100% 충족시키지 못한다 해도 다른 욕구를 의미 있게 충족시킬 수 있다. 직장에서의 일만 봐도 그렇다. 공개된 근무 환경이나 더딘 컴퓨터가 마음에 들지 않더라도 마음이 맞고 멋진 사람들과 함께 일하며 성과를 내는 일에 만족할 수 있다.

욕구를 동적 시각화로 보여주더라도 매슬로가 묘사한 욕구들 사이의 관련성은 사라지지 않는다. 그렇기 때문에 매슬로의 설명대로 충족되고 만족되어야 하는 부분들을 살펴보는 것이 도움이 된다. 그는 초기 욕구에서 진정한 만족까지 5단계로 나누어 설명한다. 직장 세계를 통해 본 5단계 욕구는 아래와 같다.

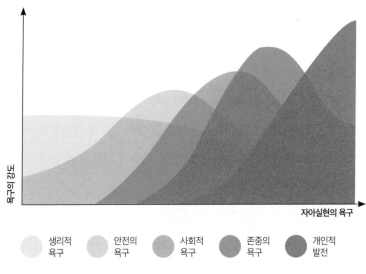

그림3 매슬로 욕구 피라미드의 동적 시각화

- **생리적 욕구**: 기본적인 사항을 충족시켜 주는 곳. 과일과 채소 위주의 식사 또는 햄버거 등을 취향대로 선택할 수 있는 구내식당.
- **안전의 욕구**: 신체나 생명에 위협이 없는 곳, 괴롭힘과 집단 따돌림이 없고 일자리를 잃을 걱정이 없음.
- **사회적 욕구**: 동료들과의 관계가 원만하고 소속감을 느끼게 해주는 것.
- **존중의 욕구**: 성공을 하고 높은 지위로 올라가고 인정을 받는 것. 자신이 가치 있는 존재라는 느낌을 받는 것.
- **자아실현의 욕구**: 잠재력을 최대한 활용해 목표를 이루는 것. 전력을 다한다는 느낌. 그렇게 함으로써 배우고 성장하는 것.

공정한 환경 만들기 ─────

일반적으로 어떤 환경이 누군가에게 잘 맞는지 여부는 구성원의 배경에 따라 크게 달라진다. 구성원 다수가 어떤 사람이며 어디 출신인지, 살아오면서 어떤 경험을 했는지가 조직의 환경을 결정한다. 왜냐하면 조직에서 처음에 적용되는 기준은 다수에 의해, 다수를 위해 정해지기 때문이다.

이렇게 다수에 의해 결정되는 환경은 주말에 더욱 뚜렷한 현상으로 나타난다. 전통적인 기독교 국가와는 달리 다수가 이슬람교도인 국가에서는 금요일과 토요일을 주말로 보내는 경향이 있다. 이는 개인적 신앙과 종교 의식을 수행하는지 여부와 상관없이 어디에 살고 있느냐에 따라 휴일이 달라진다는 의미다.

하지만 이러한 기준 역시 고정된 것은 아니다. 기준이 더 이상 적절하지 않다면 바뀔 수 있다. 주말에 대한 기준 역시 그렇다. 그렇다면 기준이 달라지려면 무엇이 필요할까? 기준에 문제가 있다는 인식과 그것을 바꾸려는 의지가 있어야 한다. 2013년까지 사우디아라비아 사람들은 목요일과 금요일을 휴일로 보냈다. 하지만 그것은 국제 비즈니스에 심각한 장벽이 됐다. 사우디아라비아 사람들은 이 문제에 어떻게 대처했을까? 칙령으로 주말을 하루 뒤로 미뤄 지금은 전통적인 이슬람 국가들의 관행을 따르고 있다.

이 책은 불공정한 기준과 그것을 바꾸는 방법에 대한 새로운 관점을 제시한다. 말 그대로 '다른 사람'이 직면하는 장벽과 위기에 대해서도 접근한다. 이 책을 통해 불공정한 환경에서 사람들이 어떤 대가를 지불해야 하는지 또한 당신과 당신의 회사가 어떤 피해를 입는지 알게 될 것이다. 그리고 모두가 동등한 기회를 얻는 것이 왜 가치 있는지에 대한 시각도 생길 것이다. 나아가 당신의 행동을 바꿔야 하는 이유와 바꾸는 방법, 공정하고 공평한 환경을 만들기 위해 당신이 할 수 있는 일에 대해서도 알게 될 것이다.

이제, 더 많은 것을 얻기 위해 준비해야 할 것이 있다. 몇 분만 투자해 다음 질문을 곰곰이 생각해보라.

- 어떤 조직이나 행사에서 또는 토론을 하면서 소속감을 전혀 느끼지 못한 경험이 있는가? 어떤 상황이 그랬는가?
- 그때 어떤 기분이 들었는가? 무슨 생각이 떠올랐는가? 화가 났는가 아니면 슬펐는가? 외로웠는가 아니면 짜증이 났는가?
- 그래서 어떻게 행동했는가? 그 상황에 어떻게 대처했는가? 당신의 감정에 벽을 세워 자기 자신과 거리를 두었는가 아니면 자리를 피했는가? 사람들을 설득하고 주장을 관철시키려 했는가 아니면 조용하게 사람들의 이야기를 듣기만 했는가?

1부

일상적인 불공정

이 책의 1부에서는 관리자로서 팀원을 대하거나 일상적인 협업을 할 때 생기는 공정함이라는 문제를 살필 것이다. 자신의 행동이 어떻게 다른 사람을 도울 수 있는지 검토하고, 어떤 행동이 다른 사람의 삶을 힘들게 만드는지 알아볼 것이다.

1장 '이겨내라!'에서는 의도하지 않았지만 다른 사람에게 상처를 줄 수 있는 행동들에 대해 살펴본다. 겉으로는 사소해 보일지 모르지만 그것이 상대에게는 상처를 남길 수 있기 때문이다. 즉 때때로 사소한 행동들이 어떻게 강력한 파급력을 갖게 되는지 검토하고, 자신의 행동을 들여다보도록 도우려 한다.

2장 '커버링'은 개인의 정체성 또는 배경으로 인해 겪는 불평등을 다룬다. 종종 게이나 흑인이라는 이유로 누군가가 궁지에 몰릴 수 있는데, 자신이 진보적이고 열린 마음을 갖고 있다고 생각하는 사람들조차 그들을 불공정하게 대하는 일이 있다. 이 장에서는 커버링을 하는 사람들이 불공정한 상황에 대처하는 데 쓸 수 있는 전략을 살피고, 그들을 돕는 방법에 대한 조언을 하려 한다.

3장 '유유상종'에서는 조직의 개념을 더 자세히 들여다본다. 누구를 '아군'과 '적군'으로 규정하는지, 그리고 그런 규정이 자신의 행동과 판단에 어떤 영향을 미치는지 살필 것이다. 유유상종 때문에 좋은 기회를 놓치는 이유와 그것을 해결하기 위한 방법도 다룬다.

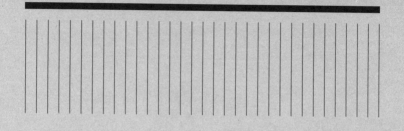

1장
이겨내라!

• • •

미묘한 불공평과 공격이
어떻게 직장에서의 즐거움을 앗아가는가?

"다음은 워크숍과 관련된 안건입니다. 전에 야스민이 복도에서 내게 말한 게 있는데, 훌륭한 생각이더군요. 자, 어서 모두에게 말해 봐요."

피터가 젊은 여성을 보며 고개를 끄덕이자 그녀는 망설임 없이 자신의 생각을 말하기 시작했다. 피터는 자신의 팀원들을 바라보며 자랑스럽다는 듯 환한 미소를 지었다.

"여러분은 어떻게 생각합니까?"

존이 먼저 말을 꺼냈다.

"워크숍의 주제와 목적에 잘 맞는 장소를 찾아야 한다고 생각합니다. 그래서 제 생각에는……."

존의 말이 아직 끝나지 않았는데 상사인 피터는 고개를 돌려 스마트

폰을 열었다. 그러고는 자리에서 일어나며 말했다.

"미안해요, 잠깐 전화할 데가 있어서. 잠시 나갔다 올 테니 계속 하세요."

그러고는 회의실을 나갔다.

"정말 지긋지긋하군."

존은 의자에 앉으며 체념한 채 고개를 숙였다.

"마음만 먹으면 나는 뭐든 할 수 있어. 그런데 피터는 나를 무시한다고. 이건 공정하지 않잖아."

"그냥 전화 한 통 하러 나간 거야. 이런 일은 늘 생겨. 그러니 크게 의미 두지 마."

"아니, 오늘만 그런 게 아니야. 지난달에 있었던 프레젠테이션 생각나? 그때도 피터는 내게 제안할 것이 있으면 메일로 보내라고 했어. 그런데 야스민과는 일 대 일로 회의하면서 그녀의 제안을 논의했지. 그리고 야스민을 다른 부서들과의 회의에도 참여시켰어. 나한텐 뭐라고 했는지 알아? 질문할 게 있으면 연락하겠다고 했어."

"자네 제안이 명확해서 그랬겠지. 그래서 회의에 참석하지 않아도 된 걸 거야."

"아니, 그런 것 같지 않아. 내가 제안한 내용이 거의 누락됐거든."

"그 점에 대해 피터에게 물어봤어?"

"물론이야. 면담을 요청했는데 두 번이나 미뤘어. 세 번째 약속은 아예 취소를 해버렸고."

고통스러울 정도로 명백한 차별은 당연히 존재한다. 그런 차별은 노골적이라 표정으로 다 드러나고, 차별을 당하는 사람의 격렬한 항의를 불러일으킨다. 하지만 대부분의 불공평은 다른 양상으로 드러난다. 존중심을 나타내지 않는 등 미묘한 신호를 끝없이 보냄으로써 상대를 불공평하게 대하는 것이다.

미묘한 불공평 ─────────

+ '미묘한 공격' 또는 + '미묘한 불공평'의 대상은 대개 조직 내에서 높은 지위에 있지 않은 사람들이다. 이런 공격의 대상이 된 사람들은 자신이 다른 사람들과 관계를 맺지 못한다고 느낄 수 있다. 또 자신이 남들과 배경이 달라서 또는 업무 스타일이 맞지 않아서 공격을 받는다고 느낄 수도 있다. 이러한 문제들은 모두 개인의 문제인지라 사소해 보일 수도 있고, 없던 일로 여겨지거나 무시당할 수도 있지만 시간이 흐르면서 깊은 상처를 남긴다.

상대가 내 아이디어를 중요하게 생각하지 않는 듯한 인상을 받을 수 있다. 내가 발표를 하고 있는데 이메일을 쓰고 있거나 내 발표와는 전혀 관련이 없어 보이는 일로 분주한 관리자가 있을 수도 있다. 내 대답에 고개를 절레절레 흔들며 문제를 예측하고 대비했어야 한다며 나무라는 상사를 볼 수도 있다. 심지어 내가 기여할 역할이 큰데도 워킹그룹이나 어떤 이벤트에서 나를 빼버리는 일이 있을 수도 있다.

미묘한 공격은 이렇듯 다양한 형태를 띤다. 내가 말을 하고 있는데 중간중간 내 성과를 무시하는 말을 하는 동료, 내가 의견을 굽히지 않는다며 눈을 흘기는 동료도 있다. 나를 제물로 삼아 농담을 하는 사람도 많다. 아주 심각한 문제는 아니지만 솔직히 거북한 일인 건 맞다.

내 업무가 아닌데 종종 부당한 일이 맡겨지기도 한다. 커피 준비나 회의실 예약, 급한 복사 업무 등을 해야 할 때도 있다. 가끔 나를 빠뜨리고 회의를 하는 경우도 있고, 내가 없는 것도 모른 채 모든 팀원이 점심을 먹으러 나가는 경우도 있다.

문제는, 상황이 이러함에도 지금 내게 무슨 일이 일어나고 있는 건지 깨닫지 못하는 데 있다. 개인의 문제는 대개 사소하거나 무의미한 것으로 여겨질 수 있기 때문이다. 내가 당한 일이 단지 우연이거나 작은 실수라는 생각이 들어서일 수도 있고, 내가 너무 예민해서라는 생각이 들어서일 수도 있다. 하지만 인간의 뇌는 자신이 거부당하는 이유를 끊임없이 탐색하는지라 이런 일들이 반복되다 보면 결국엔 자신감 저하로 나타난다. 개인적인 사건은 이처럼 사소한 일로 치부되는 경향이 있다. 그래서 더욱 파괴적인 결과를 낳는다.

당신에게 무슨 일이 벌어지고 있는지 당신 스스로 제대로 이해하지 못하면 다른 사람 역시 그 상황을 똑바로 보지 못한다. 노골적인 차별을 당했을 때는 적어도 주변의 이해와 도움을 기대할 수 있다. 대부분의 조직에는 부당한 일을 처리하는 규정과 절차가 있기 때문이다. 하지만 미묘한 공격은 조금 다르다. 심지어 가족과 지인들조차 처음에는 회의적으로 반응하곤 한다. "확실해?" "그런 일은 누구나 겪어."라는

분류	미묘한 공격	메시지
우리나라에 사는 외국인	"어느 나라에서 왔습니까?" "고향이 어디입니까?" "현지어를 잘하시는군요." "그것을 당신의 모국어로는 뭐라고 말합니까?"	당신은 이곳 사람이 아니다. 당신은 외국인이다.
지능에 대한 칭찬	"당신의 인종에게 자랑거리입니다." "매우 논리정연하군요."	유색 인종은 일반적으로 백인보다 똑똑하지 않다. 당신의 민족에서 똑똑한 사람은 드물다.
범죄 관련성/ 범죄자로 추정	누군가 옆을 지나갈 때 지갑을 움켜잡거나 가방을 다른 쪽 손으로 든다. 가게 주인이 구경하는 손님을 계속 따라다닌다. 다음 엘리베이터를 기다린다.	당신은 범죄자다. 당신은 물건을 훔칠 것이다. / 당신은 가난하다. / 당신은 이 사회의 구성원이 아니다. 당신은 위험하다.
인종주의 부정	"나는 인종주의자가 아니다. 내게는 다양한 '피부색과 민족'의 친구들이 있다." "여성인 나는 소수 집단의 구성원인 당신이 겪는 어려움을 알고 있다."	그들이 내 친구들이기 때문에 인종주의에 영향을 받지 않는다. 당신이 당한 차별은 내가 경험한 것과 비슷하다. 내가 인종주의일 리 없다. 나는 당신과 비슷하다.
능력주의라는 신화	"나는 가장 뛰어난 사람이 그 일을 맡아야 한다고 생각한다." "열심히 노력하면 누구나 이 사회에서 성공할 수 있다."	성공하지 못한 사람은 게으르다. 그들은 더 열심히 노력해야 한다. 그들은 똑똑하지 못해 성공하지 못한다.
문화적 가치 / 의사소통 스타일을 질병처럼 표현	흑인에게 이런 식으로 묻는다. "왜 그렇게 큰 소리로 말해? / 그렇게 펄쩍 뛰어야겠어? 진정해." 동남아시아 사람에게는 이렇게 말한다. "왜 가만히 있는 거야? 네가 무슨 생각을 하는지 알고 싶어. 말 좀 해봐." "네 생각을 더 얘기해봐"	이곳 문화에 동화되어라.

표1 외국인 혐오와 인종에 대한 미세한 공격의 예[13]

식으로 대수롭지 않게 여기기 때문에 당사자가 문제를 해결하기 위한 적극적인 행동을 취하기 어렵다.

이렇게 되면 점점 참을 수 없는 상황에 이르게 된다. 그리고 어느 단계에 이르면 문제는 더욱 악화된다. 피해자는 위축되는 경향이 있어 점점 숨게 되고, 당연히 자신의 능력을 제대로 발휘하지 못한다. 반대로 부당한 대우에 화를 내고 거칠게 반응해도 상대가 그런 반응의 이유를 알지 못하면 더 당황스러운 일이 벌어질 수 있다. 당신을 변덕스럽고, 욱하고, 잘 토라지는 사람, 유머라고는 전혀 모르는 사람으로 생각할 수 있기 때문이다. 특히 차별을 당하는 사람은 조직을 위해 자신이 할 수 있는 부분에 대해서도 불평을 품기 때문에 팀에서 자신의 역할을 제대로 해내지 못할 게 분명하다. 결국 미묘한 공격의 피해자는 조직을 떠나거나 부정적인 인간으로 낙인찍히게 된다.

자신도 모르게
불공정해질 수 있다 ─────

미묘한 공격은 개인의 문제라 겉으로는 '사소해' 보일지 모르지만 당하는 사람에게는 상처를 준다는 사실을 깨달아야 한다. 이러한 공격을 하는 사람은 자신이 무슨 행동을 하는지 모르는 경우가 많다. 어쩌면 의도적으로 그런 행동을 한 게 아닐 수도 있다.

유난히 성가신 동료를 나무라거나 자신의 위치를 탄탄하게 하기 위해 상대의 결점을 노리는 것만이 공격은 아니다. 의도치 않게 공격을 하게 될 수도 있고, 심지어 알지도 못하는 사람에게 본의 아니게 공격을 가할 수도 있다. 고정관념이나 무의식적인 선호, 편견이 두드러진 상황에서도 미묘한 공격이 자주 발생한다. 예를 들어 외국에 뿌리를 둔 사람들은 '진짜' 고향이 어디냐는 질문을 받을 때 미묘한 공격을 당한다고 느낀다. 물론 질문의 의도가 상대에게 관심이 있어서일 수도 있지만 그보다는 '당신은 이곳 사람이 아니다'라는 인상을 더 많이 주기 때문이다.(표1)

저널리스트 페르다 아타만Ferda Ataman은 독일의 텔레비전 프로그램 '슈퍼 탤런트'의 한 장면을 예로 들면서 '민족 구분의 광기'에 대해 설명한다.[14] 자신을 독일 서부의 헤르네 출신이라고 말하는 작은 소녀의 대답에 진행자는 아이의 부모, 심지어 조부모에 대해서도 계속 질문을 던진다. 페르다는 이렇게 말한다. "그 장면에서 눈길을 끄는 요소는 소녀가 진행자의 연이은 질문의 의도를 전혀 알아채지 못했다는 것이다. 두 세계가 충돌하는 순간이었다. 60년이라는 나이 차이만으로는 설명할 수 없는 일이다. 이 어린 소녀, 멜리사는 '아시아계 독일인'의 삶을 아직 시작조차 하지 않은 것으로 보인다. 그녀는 자신이 독일 헤르네 출신이라는 것을 굳게 믿고 있다. 하지만 안타깝게도 살아가면서 수많은 일을 통해 사실은 그렇지 않다는 사실을 깨닫게 될 것이다."[15]

또 다른 예도 있다. 외향성을 선호하는 서구 사회에서 내향적인 사람은 자신이 사회에 잘 적응하지 못한다는 느낌을 자주 받는다. "좀 더 사교적으로 행동해."라거나 "그렇게 딴 세상 사람처럼 굴지 마."라는 말은 좋은 의도로 한 조언일 수 있지만 기본적으로 그런 말은 그들의 스타일이 일반적으로 선호되는 스타일과는 맞지 않으니 태도를 바꾸는 게 좋겠다는 메시지를 전달하기 때문이다.[16]

전자기기를 잘 다루는 나이 지긋한 여성이 있다고 해보자. 그 여성에게 "그 연세에도 잘하시네요!"라고 말하는 것은 노인의 자아상에 대한 공격이다. 기술을 다루는 일쯤은 아무것도 아니었던 그녀라도 그런 말을 듣는 순간 노인이 전자기기를 잘 다루는 일에 의심을 품게 된다. 분명히 칭찬의 의미로 한 말이지만 해를 주는 것이다. 그녀는 아무런 잘못을 하지 않았음에도 힘겨운 전투에 직면하고, 회의를 품은 사람들에게 자신의 능력과 역량을 증명해야 한다.

성별의 구분이 들어 있는 언어 ─────────

공정한 환경을 만드는 일에 성별의 구분이 들어 있는 언어를 사용하는 게 어떤 도움이 되는지에 대한 논의가 점점 많아지고 있다. 이는 남성 또는 여성으로 구분되지 않는 사람에 대해 어떤 대명사를 써야 좋은지에 대한 논의보다 더 크고 넓은 문제다.

앞으로 우리는 성별을 구분하지 않는 비특정 성의 개념에 더 익숙해져야 한다. 1997년 이후에 출생한 Z세대의 35%는 중성 3인칭 대명

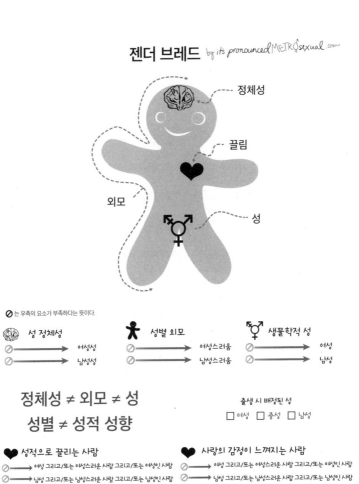

젠더 브레드 by its pronounced METROsexual.com

- 정체성
- 끌림
- 외모
- 성

⊘ 는 우측의 요소가 부족하다는 뜻이다.

성 정체성
⊘ ──────► 여성성
⊘ ──────► 남성성

성별 외모
⊘ ──────► 여성스러움
⊘ ──────► 남성스러움

생물학적 성
⊘ ──────► 여성
⊘ ──────► 남성

정체성 ≠ 외모 ≠ 성
성별 ≠ 성적 성향

출생 시 배정된 성
☐ 여성 ☐ 중성 ☐ 남성

♥ 성적으로 끌리는 사람
⊘ ──► 여성 그리고/또는 여성스러운 사람 그리고/또는 여성인 사람
⊘ ──► 남성 그리고/또는 남성스러운 사람 그리고/또는 남성인 사람

♥ 사랑의 감정이 느껴지는 사람
⊘ ──► 여성 그리고/또는 여성스러운 사람 그리고/또는 여성인 사람
⊘ ──► 남성 그리고/또는 남성스러운 사람 그리고/또는 남성인 사람

그림4 젠더 브레드 모형. 샘 킬러맨(Sam Killerman) 고안. www.genderbread.org

사로 불리기를 선호하는 사람을 지인으로 두고 있다.[17] 또한 생물학적인 남녀를 떠나 자신이 실제적으로 인식하는 성으로 살지 못하는 것은 기본권의 침해이자 차별이라고 생각한다.[18]

성별이 다양해지는 현상은 많은 사람들이 고민하는 문제인 동시에

이해하기 어렵다고 여겨지는 주제다. 이 책에선 그 주제를 깊게 다루진 않았지만 개인적으로 매우 도움이 된다고 판단되는 모형을 보여주고 싶다.(그림4)

이 모형은 제3의 성이라는 주제에 접근하는 데 유용하며, 그 주제에 담긴 내용을 알려준다. 단, 이 모형은 생물학적인 내용은 다루지 않는다. 자신의 성 정체성과 관련된 설명이며, 그러한 정체성이 얼마나 확고한지 보여준다. 성적으로 끌리게 되어 사랑에 빠지는 사람의 성이 무엇인지, 자신을 어떻게 드러내는지와 관련된 내용을 다룬다. 이 모형을 통해 자신의 패션 스타일, 겉으로 드러나는 생각과 행동을 검토하고, 자신의 생각과 행동이 남들에게 어떻게 받아들여지는지 알아볼 수 있다.[19]

여성과 남성 같은 단어만 보아도 아직 많은 과제가 남아 있다. 대부분의 언어는 많은 사람이 믿고 있는 것처럼 중립적이지도 않고, 구체적이지도 않다. 영어가 성 중립을 지키는 언어처럼 보이지만 조사한 바에 따르면 그렇지 않은 경우도 많다.

성 중립적 언어라 할지라도 고정관념은 우리의 인식과 기대에 직접적인 영향을 미친다. 여러 실험 결과에 의하면 '의사', '변호사', '전문가'라고 했을 때 사람들은 자연스럽게 남성을 떠올린다. 그리고 그렇게 언급된 사람이 만약 여성이라면 '여성 전문가' 또는 '여성 우주 비행사'라고 말함으로써 그런 높은 권한과 지위를 가진 사람이 대부분 남성이라는 개념을 더욱 강화한다. 따라서 성 평등을 이루려면 전반적인 면에서 남성과 여성을 불문하고 성을 붙여 말하는 게 필요하다. 다소 복잡하고 장황하게 말해야 하는 불편함이 있지만 말이다.

독일어에는 단어 자체에 성을 반영하는 단어가 있다. 예를 들어 선생님에 해당하는 단어만 봐도, 남성 선생님을 뜻하는 'ein Lehrer'와 여성 선생님을 뜻하는 'eine Lehrerin'으로 나눠진다. '포괄적인 남성'의 단어도 있는데, 이는 남성형 단어지만 남성과 여성 모두에게 쓰일 수 있다는 의미다. 또 이는 문법적으로 성별을 구별하지 않는 중립적인 의미를 담고 있다.

하지만 현실은 그렇지 않다. 독일은 '남성의' 직업과 '여성의' 직업에 대한 고정관념이 심한 데다 중립적인 표현이라는 포괄적인 남성의 단어가 오히려 남성의 이미지를 한 겹 덧씌우고 있기 때문이다.[20] 예를 들어 어떤 사람이 남성형 단어이지만 중립적인 표현으로 여겨지는 'Vorshullehrer(유치원 교사)'라는 단어를 썼다고 치자. 이때 이 말을 들은 사람은 그것이 여성의 직업이라는 고정관념에도 불구하고 당연히 남성을 떠올리게 된다. 잠시 생각을 해본 뒤에야 여성에 대한 이야기일 수도 있다는 생각을 한다.

그렇기 때문에 어떤 언어를 사용하든 성별의 구분이 있는 언어를 사용하는 것은 매우 중요하다. 그렇지 않으면 미묘한 공격을 받을 수 있다. 이는 마치 어떤 모임에서 모두가 악수를 하며 인사하고 있는데 당신 혼자만 인사를 받지 못하는 상황과 비슷하다. 조금 과장하자면 당신이 다른 사람들의 관심에서 사라지는 것과 같다. 이는 단순한 무례함에 그치지 않는다. 성 고정관념과 차별은 세대에 걸쳐 지속될 수 있다. 아이들도 성에 대한 애매한 개념을 인식하기 때문이다.

남성의 직업?
여성의 직업?

베를린의 몇몇 연구자들이 언어를 활용해 직업과 관련된 성 고정관념을 줄일 수 있는 방법을 연구했다. 그들은 '전형적인 남성'의 직업으로 여겨지는 일을 여성도 수행할 수 있다는 사실을 강조하는 언어를 사용하면 아이들의 인식을 바꿀 수 있는지 알아보기 위해 실험을 실시했다.

먼저 연구자들은 6~12세의 아이들에게 직업과 관련된 내용을 읽어주면서 한 그룹에는 남성과 여성을 특정하는 단어를 사용하고, 다른 그룹에는 '일반적인 남성'의 복수 표현을 사용했다. 결과는 명확했다. '여성 엔지니어 또는 남성 엔지니어Ingenieurinnen/Ingenieure'나 '여성 자동차 정비공 또는 남성 자동차 정비공Automechanikerinnen/Automechaniker'의 역할을 들은 여자 아이들은 현재는 여성 비율이 비교적 낮은 직업군이지만 자신이 성장해서 그 직업을 가질 수 있다고 생각했다.[21] 이와 대조적으로 남성의 복수 표현으로 직업에 대한 설명을 들은 여자 아이들은 그 직업에 대해 어렵고 배우기 힘들다고 생각했으며, 심지어 그 직업들이 여성에게 적합하지 않다고 판단했다.

다른 사례를 보자. 5~7세 아이를 대상으로 한 실험에서 연구자들은 '매우 똑똑한' 주인공에 대한 이야기를 읽어주었다. 단, 주인공의 성별은 밝히지 않았다. 그런 다음 여성과 남성 사진을 각 2장씩 보여주며 주인공을 맞혀 보라고 했다. 5세 아이들은 남자 아이나 여자 아이를 불문하고 모두 자신의 성과 똑같은 성의 사람을 골랐다. 하지만 6세와 7세는 달랐다. 남자 아이뿐 아니라 여자 아이도 남성 사진을 더 많이 골랐다. 또 같은 나이의 여자 아이들은 똑똑해야 잘할 수 있다는 설명을 들은 게임에는 흥미를 보이지 않고, 많은 노력을 요하는 게임에 집중하기 시작했다.[22] 정리하자면, 이 실험은 여자 아이들에게는 성별을 명확하게 밝히는 게 자신감을 상승시키는 중요한 요인이라는 것을 잘 보여준다. 또 이 실험은 개인적으로 필요할 때만 성별을 구별해 말하는 것으로는 충분하지 않다는 것도 알려준다.

미묘한 공격에 대한 조언

자신의 행동을 세심하게 살펴라. 의도치 않게 다른 사람에게 상처를 줄 수도 있다. 어쩌면 당신이 지속적으로 무시하는 사람이 있을지도 모른다.

적극적으로 행하라. 예를 들면 회의 상황을 잘 관찰하고, 공평한 경쟁의 장을 만들어라. 그 일에 기여하고 싶어 하지만 잘 섞이지 못하는 사람에게 발언권을 주어라.

관심과 칭찬을 표하라. 자신도 모르게 다른 사람에게 상처를 주는 사람이 있다면 그들이 자신의 행동을 인식할 수 있도록 하라. 그리고 그런 행동이 용납되지 않는다는 점을 알려라.

고정관념에 근거한 질문과 칭찬을 피하라. 당황스러운 일이 생겼을 땐 성급하게 자신의 생각을 말하기보다 상황을 고려한 뒤에 고정관념을 배제하고 말하라.

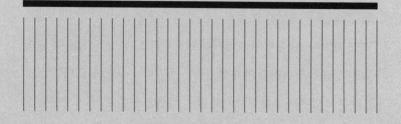

2장
커버링

. . .

직장에서 자신의 정체성을 드러내지 못하는 이유

"그거 알아? 게이 한 명이 바에 들어왔는데……."

린다는 열광적인 반응을 기대하며 키득거리고, 다른 동료들은 귀를 쫑긋 세웠다. 존만이 그 이야기가 거북했다.

"뭔데 그래? 무슨 문제라도 생긴 거야?"

"그런 얘기 재미없어. 동성애 혐오증을 조장하는 소리라고."

"왜 그래? 분위기 깨지 마! 내 친구 한 명도 게이인데 걔는 이런 얘기 재미있어 해. 그리고 지나치게 정치적 올바름을 내세울 필요 없어. 좀 재미있게 생각해도 되잖아!"

이론적으로 생각하면 무엇이든 농담의 소재가 될 수 있다. 하지만 현실은 그렇지 않다. 각자의 상황을 생각해보면 누구나 이 점을 깨닫게 될 것이다. 농담은 서로의 간극을 메우고 연대감을 가져다주지만 종종 날카로운 칼처럼 상대를 찌르기도 하기 때문이다. 아리스토텔레스는 상대를 제압하고 자신의 우위를 증명하는 한 가지 수단이 유머라는 것을 알고 있었다.[23]

금발 머리 여성과 헤어 디자이너에 대해 사람들은 그들이 셋 이상의 수는 셀 수 없다는 농담을 하며 키득거린다. 직업에 대한 자부심이 높은 의료인과 소방관이 아이러니하게도 서로가 서로를 농담의 소재로 삼기도 한다. 금융 위기가 터져 금융인들에 대한 이미지가 좋지 않았을 때 사람들은 그들을 소재로 한 농담을 일삼았다. 자신의 지위를 높이려고 농담을 하면 고정관념과 부정적인 생각만 전달하게 된다. 물론 재미는 있을 것이다. 하지만 꼭 그렇게 해야 할까?

유머의 모습은 다양하다

심리학자 로드 A. 마틴Rod A. Martin은 유머를 네 가지로 구별하여 유머에 매우 다양한 의미가 있음을 보여준다.(표2) 유머는 관계를 강화하기 위해(친화형), 회복력을 나타내기 위해(자기 고양형), 다른 사람을 희생시키기 위해(공격형), 자기 자신을 공격하기 위해(자기 파괴형) 사용된다.

이것이 중요한 이유는 무엇일까? ✦'심리적 안정감'이 팀의 성과를 좌우하는 중요한 요인이기 때문이다. 사람들은 상황을 직관적으로, 그리고 무의식적으로 판단한다. 그래서 불안함과 위협을 느끼면 '투쟁

친화형	조직의 화합을 도모하기 위한 유머로, 모두의 즐거움과 유대감 형성을 목적으로 한다. 적대감과 경쟁심이 제거된 온화한 유머는 조직의 긴장을 해소하고 충돌을 없애준다.
자기 고양형	삶의 다양한 면을 통해 즐거움을 찾으며, 시련과 스트레스에 직면했을 때도 이를 유머로 풀어낸다. 이런 유머는 스트레스를 사전에 해결하는 기술로도 볼 수 있다.
공격형	다른 사람을 폄하하고, 조종하고, 위협하기 위해 사용하는 유머다. 이런 유머는 조직의 화합에 부정적인 영향을 미치며, 내집단의 분열과 개인의 고통을 유발한다.
자기 파괴형	다른 사람이 자신을 소재로 농담하는 것을 허용하며, 그런 농담에도 즐거운 척을 한다. 상처 받을 수 있다는 것을 알면서도 다른 사람을 즐겁게 하기 위해 자기 비하적인 유머를 사용하기도 한다. 자신의 진짜 감정을 숨기기 위해 또는 조직의 구성원으로 인정받으려는 의도에서다.

표2 로드 A. 마틴의 네 가지 유머 유형[24]

도피 반응'이 활성화된다. 이런 상황에서는 전투나 후퇴만이 중요할 뿐 창조성이나 생산적인 협업을 위한 준비 같은 것은 조금도 중요하지 않다.

심리적 안정감을 얻지 못한 팀원은 당면한 과제에만 집중하게 된다. 내면에서 "괜찮아. 누구도 너에게 상처를 주지 않아."라는 목소리가 들려야만 자신이 가진 능력을 발휘할 수 있다. 한마디로 다른 사람을 희생양으로 삼은 농담은 조직의 화합을 흔들고 성공의 기반을 약화시킨다.[25]

급소를 찌르는 결정적인 한마디를 던지고 싶은 마음을 억누르는 게 쉽지 않을 것이다. 주변의 시선을 사로잡는 농담으로 자신이 얼마나 기발하고 재치 있는 사람인지 보여주고 싶기도 할 것이다. 하지만 내 입장에선 기발하고 재밌는 농담이 상대에게는 미묘한 공격으로 둔갑하는 일이 생각보다 많다. 그러니 농담을 해서 얻는 이득이 다른 사람의 희생 가치보다 중요한 것인지 진지하게 생각해보라. 가볍게 한 농담이 누군가에게 상처를 주고, 조직의 화합을 흔들고, 고정관념을 더욱 강화할 수 있음을 간과하지 마라.

말로 인한 상처 ————

지나치게 '정치적 올바름'을 추구한다는 불평은 종종 농담의 보호막이 되곤 한다. 정치적 올바름만 내세우는 사람은 유머 감각이 없다고 말함으로써 농담을 정당화하는 것이다. '그런 말 정도는 해도 괜찮다'며 농담을 사소한 일로 치부하는 것도 마찬가지다.

하지만 비웃음을 받은 사람은 크든 작든 상처를 받는다. 자신을 두고 하는 농담에 불편한 기색을 보여 보지만 공감을 얻지 못한다. 농담에 예민하게 반응하면 상대는 "그냥 농담이야."라거나 "너무 유난 떨지 마."라며 은근슬쩍 넘어간다.

그런데 농담을 이런 식으로 정당화하는 사람은 비슷한 농담으로 공격당한다. 프로테스탄트 전 독일 주교 볼프강 후버Wolfgang Huber는 한 인터뷰에서 "생각나는 대로 말해서는 안 된다."라고 말했다. 그러면서 그는 "성 중립적 언어의 잣대가 너무 엄격하고 정치적 올바름에 대한 기조가 강해서 공개적 토론의 장이 줄어들고 있다."며 불만을 토로했다.[26, 27]

그런데 여기서 그가 간과한 것이 하나 있다. 정치적 올바름 때문에 할 말을 하지 못한다고 느끼는 사람은 일반적으로 거만하거나 비수 같은 말로 인한 피해를 당해본 적이 없다는 것이다. 그래서 그들은 이런 부당함이 어떤 느낌인지 또 사람들에게 어떤 영향을 미치는지 잘 알지 못한다.

미국의 퓨 리서치 센터에서 진행한 연구는 핵심을 명확하게 보여준다.[28] 연구자들은 다양한 국적을 가진 사람들을 대상으로 그들이 모욕적인 말을 얼마나 받아들일 수 있는지를 조사했다. 조사 결과 이에 대한 수용 수준이 가장 높게 나타난 국가는 미국이었다. 응답자의 77%가 자신의 종교에 대해 다른 사람이 모욕적인 말을 할 권리를 옹호했다. 소수 집단에 대한 모욕적인 언급을 공개적으로 해도 된다고 밝힌 응답자도 70% 가까이 됐다.

하지만 모욕을 당하는 사람들의 입장은 상당히 달랐다. 백인이 아닌 다른 민족 출신의 응답자 가운데 38%가 소수 집단에 대해 모욕적인 말을 하는 것을 정부가 막아야 한다고 말했다. 참고로 백인 중에서는 불과 23%의 응답자만이 같은 생각을 드러냈다. 그들은 "최근에 너무 많은 사람들이 다른 사람들의 언어 때문에 자주 기분이 상한다."고 말했다.

하지만 이런 경향은 바뀌고 있다. 사회적 변화, 그리고 '타인'과의 빈번한 접촉의 영향으로 젊은 세대들의 인식이 변하고 있기 때문이다. 정부가 모욕적인 말을 막아야 한다고 생각하는 사람은 침묵 세대(1925~1945년 사이에 출생한 세대)에서는 12%인 반면 밀레니얼 세대(1981~1996년 사이에 출생한 세대)에서는 40%에 달한다.

배경이 '다양한' 사람들과 비슷한 관점을 공유할 때, 이를테면 게이 친구나 여성 관리자를 싫어하는 여성, 이슬람교를 비난하는 무슬림과 알고 지낼 때 그 집단을 이해하는 데 도움이 된다는 주장이 널리 퍼지긴 했지만 실제로는 그렇지 않다. 이런 경우 자신이 알고 있는 한 개인의 관점이 자신의 고정관념을 더욱 강화시켜 오히려 그 집단을 이해하는 데 방해 요소로 작용할 수 있다.

종합하면, 특정한 '조직'에 속한 사람을 여러 명 알고 있어야 일반화를 피할 가능성이 더 크다. 다양성에 대한 인식이 커지고 경험과 통찰의 범위가 더 넓어지기 때문이다.

커버링 ────

사실을 감추는 또 하나의 현상이 있다. 일명 ✦'커버링covering'이다. 커버링은 사람들이 자신의 개인적 특성의 일부를 숨기는 것을 의미한다. 특정한 논쟁에 개입하고 싶지 않고, 무관한 문제에 휘말려 불똥이 튀는 것을 피하고 싶은 마음이다. 커버링의 유명한 사례는 미국 대통령 프랭클린 루스벨트Franklin D. Roosevelt이다. 그는 장관들이 회의를 하러 들어오기 전에 항상 테이블에 미리 앉아 있었다. 루스벨트 대통령은 휠체어를 타야 돌아다닐 수 있었고, 모두가 그 사실을 알고 있었다. 그는 자신의 장애를 사람들에게 상기시켜 토론에 영향을 미치는 것을 차단했다.

나도 회의를 위해 동료들을 만났을 때 극도의 커버링을 한 적이 있다. 동료들은 모두 남성이었지만 나는 그들과 매우 잘 지냈고, 내 입장에선 내가 '그들 중 한 명'으로 인정받는 게 중요했다. 공식적인 회의를 마친 뒤 우린 즐거운 시간을 보내기 위해 도시로 나갔다. 함께 가자는 말이 마치 포상처럼 느껴졌다. 함께 어울려 놀다가 결국 스트립쇼를 하는 클럽까지 가게 됐다.

지금의 나라면 그런 상황에서 어떻게 대처해야 하는지 알았을 것이다. 함께 다니면서 상황의 주도권을 가지면 된다. 협력자를 찾거나 다른 곳을 가자고 동료를 설득하면 되는 일이었다. 하지만 당시에는 말그대로 도전이었다. 심지어 동료 중 한 명은 내가 랩 댄스를 받아야 한다는 어처구니없는 말까지 했다. 완전히 궁지에 몰린 것이다. 하지만 나는 동료들과의 관계를 망치고 싶지 않았다. 그들의 일원으로 남고싶었고, 그것은 내가 정한 일종의 규칙이었다. 먼저 자리를 떠나고 나중에 놀림을 감수하라고? 그건 있을 수 없는 일이다. 다행히 댄서가 내가 아닌 다른 남자 동료에게 관심을 보인 덕에 곤란한 상황에서 벗어날 수 있었다.

관계를 해치지 않으려고 함께 어울리며 침묵을 유지하고 양보하는 것이 커버링의 일반적인 형태다. 개인적인 특성 때문에 차별을 자주 경험하는 사람만 이런 행동을 하는 것이 아니다. 이성애자인 백인 남성 중에서도 45%가 커버링을 한다고 대답했다.[29] 집단에서 배제된 다는 느낌 때문에 이들이 커버링을 하는 게 아니다. 집단이나 조직의 구성원이 되기 위해 자신의 기준이 아닌 조직의 규칙을 따라야 한다고 생각해서이다. 아무 조건 없이 소속감을 얻을 수는 없다. 조직의 규칙을 따르지 않으면 사회적 화합을 위협할 수 있기 때문이다. 개인이 집단의 규범을 따르기 위해 커버링을 하는 네 가지 축은 아래 표와 같다.(표3)

앞서 나는 트랜스젠더 직장인 중 70%가 직장에서 자신의 성 정체성을 숨긴다고 했다. 하지만 자신의 모습을 밝히지 않는 사람들은 이들뿐만이 아니다. 자신을 커버링한 대표적인 사례로 마가렛 대처 Margaret Thatcher를 들 수 있다. 그녀는 영국 총리로 선출되기 전 자신의

겉모습의 축	주류에 포함되기 위해 자신의 인상 등 겉모습을 바꾼다.
소속감의 축	누군가의 정체성이 사람들의 고정관념에 반하면 그 사람과 관련된 행동을 삼간다.
옹호의 축	개개인이 자신의 집단을 '옹호'한다.
유대관계의 축	다른 집단의 구성원과는 교류를 하지 않는다.

표3 개인이 집단의 규범을 따르기 위해 커버링을 하는 네 가지 축

겉모습을 대대적으로 바꿨다. 그녀가 중산층 출신이라는 사실은 최고 위 리더로 가기 위한 최상의 조건이 아니었다. 결국 대처는 자신의 출신을 숨기기 위해 머리 모양과 옷 입는 스타일을 완전히 바꿨다. 또한 사람들에게 목소리가 날카롭다는 지적을 받고는 영국 국립극장의 보이스 트레이너에게 코치를 받아 목소리 톤을 낮추고 권위적으로 들리는 목소리를 만들었다.

독일 총리 앙겔라 메르켈Angela Merkel의 기독민주당 당원인 필립 암토르Philip Amthor 역시 자신의 정체성을 잘 숨겼다. 그는 보수적인 생각과 클래식한 옷차림, 노련한 농담으로 유명하다. 사실 이런 특성들은 그보다 연배가 높은 남성들에게서 기대할 수 있는 것들이다. 게다가 그는 의원들 가운데 가장 어린 축에 속한다. 이를 커버하기 위해 그는 나이가 많은 사람처럼 행동한다. 그의 정치적 야망을 생각하면 매우 현명한 행동이다. 독일의 직장인 중 3분의 2는 자신보다 나이가 더 많은 상사를 선호하기 때문이다. 이는 주변 유럽 국가들에 비해 2배 정도 높은 수치다.[30]

이처럼 '젊음'은 장벽이 될 수 있으며, 실제로 유럽에서는 '나이'가 차별의 가장 흔한 이유다.[31] 나이가 많은 직원은 건강하지 않고, 업무 능력이 떨어지며, 변화를 거부한다는 평가를 받는다. 또 그들은 급변하는 작업 환경에서 성공할 능력도, 성공에 대한 관심도 없다고 여겨진다. 나이 든 직원을 향한 대부분의 편견에 대해 경험적 증거가 없는데도[32] 그들은 여전히 진가와 능력을 인정받지 못하고, 고용과 승진의 기회를 잃고 있다.[33]

꼭 맞는 이야기라고 할 수는 없지만 유럽의 기업문화 컨설턴트사인 트웬티퍼스트20-first의 CEO 아비바 위튼버그 콕스Avivah Wittenberg-Cox 는 이렇게 강조한다. "현재 태어나는 아이들의 절반은 105세까지 살 확률이 50%입니다. 100년 전 1%에서 급격히 오른 수치죠. 기대 수명 이 정확하게 얼마나 늘어날지에 대한 논쟁이 계속되고 있지만 인간의 수명은 생각보다 더 길어질 것 같습니다. 수명이 늘어나면서 '건강 수 명'도 증가할 것입니다. 더 오랫동안 정신적, 신체적으로 건강을 유지 하는 것이지요. 이것은 삶의 모든 부분에 영향을 미칩니다. 가장 큰 영 향을 받는 것은 우리가 직업에 대해 갖고 있는 개념과 정의, 기대입니 다."[34]

하지만 현재 분위기에서 나이 든 직원의 반응은 대부분 비슷하다. 일반적인 편견을 예상하기 때문에 그들은 나이를 농담의 소재로 삼고 동년배 집단과 거리를 두려고 노력한다. 하지만 그런 전략은 효과가 없다. 오히려 나이에 대한 부정적인 고정관념만 부추길 뿐이다.[35]

한편 사람들은 자신이 궁지에 몰릴 수 있는 상황을 미연에 방지하 기 위해 노력한다. 예를 들면, 나이가 들거나 장애가 있는 사람이 한계 에도 불구하고 운동에 집중하는 모습을 볼 수 있다. 이들이 이렇게 하 는 이유는 집단에 대한 부정적인 고정관념, 즉 '그런 사람들'에 대한 편견과 우려 때문에 상처받는 게 두렵기 때문이다. 능력이 부족하다는 인상을 주기 싫어서 그렇게 행동하기도 한다. 아이를 둔 엄마들의 경 우 직장에서는 아이를 데리러 가야 한다는 말을 쉽게 꺼내지 않는데, "그럴 거면 아예 반차를 쓰지 그래?"라는 말을 듣지 않기 위해서다. 아이가 없는 동년배보다 직장에 열심이지 않다는 인상을 주지 않으려고 직장에서는 아이에 대한 언급을 하지 않는 것이다.

당신이 특정 주제, 이를테면 성차별주의자나 동성애 혐오자, 인종주의자에게 마음이 쏠리는데 이에 대한 공격이 있을 때 그것을 지지하지 않는 것 또한 커버링일 수 있다. 예를 들어 사람들이 인종주의자를 놀리는 농담을 했을 때 당신 역시 재미있다는 식으로 반응하는 것이 그렇다. 이렇게 하는 것은 아마도 인종주의자와 무관한 사람과의 충돌을 피하기 위함일 것이다. 흔히 소수의 행동과 관련이 있는 사람은 자신과 비슷한 사람을 강력하게 변호하지 않는다. 주류에 포함되지 않는 사람이 '자신과 같은 처지'에 있는 사람을 옹호할 것 같지만 이렇게 할 경우 동기를 의심받는 일이 자주 생기기 때문이다. 누군가를 추천할 때 그 사람의 자격 요건보다 공감할 수 있는 배경을 더 중요시하는 것도 같은 이유다. 하지만 이는 추천의 가치를 떨어뜨리고 심지어 추천자의 명성에 해를 입히기도 한다.

커버링의 대가 ────────

지금까지 글을 읽고 '그래서 뭐가 어떻다는 건데? 우리는 규칙을 따라야 해.'라고 생각한다면 문제를 과소평가하고 있는 것이다. 자신이 집단에서 아주 중요한 존재는 아니지만 나름대로 상황에 맞춰 적극적으로 행동하고 있다고 생각하는 사람이 있을 것이다. 이런 사람들이 다른 사람들과 충돌하는 것은 외부 환경만이 아니다. 이들은 자신의 정체성을 숨김으로써 자기 스스로에게 상처를 입히고, 결국 내면의 충돌에서 벗어나지 못한다.

관리자는 어떤 행동이 바람직한지에 대한 신호를 보낸다. 모든 팀원이 가치 있는 존재가 되는 문화를 만드는 데 있어 관리자의 역할은 절대적이다. 그들은 행동을 통해 팀에 어떤 규칙이 존재하는지 보여준다. 팀원들은 관리자의 행동을 통해 바람직하고 괜찮은 행동과 용납되지 않는 행동을 알게 된다. 관리자의 신호를 통해 자신의 행동을 조정하고 자기 정체성의 일부를 숨겨야 한다고 느끼는 사람은 자신에게 주어지는 기회가 적다고 느끼게 될 것이다. 이런 사람은 자신의 성공을 바라지도 않고, 성공을 위해 노력하지도 않는다. 이는 결국 개인의 업무와 성과를 넘어 팀의 성과에도 영향을 미친다.

새로운 관점을 위한 조언

팀의 규칙을 자각하라. 팀을 살피며 공통점이 무엇인지 확인하라. 팀원의 배경이나 관심사에 어떤 공통점이 있는가? 그 공통점이 팀의 규칙과 서로를 대하는 태도에 어떤 영향을 미치는가? 그로 인해 불리해지는 사람은 누구인가? 그들을 제대로 포용하기 위해 당신이 할 수 있는 일은 무엇인가?

모두가 즐길 수 있는 일을 계획하라. 팀원 모두가 공동 프로젝트를 마음에 들어 하는지 확인하라. 모두의 합의를 이끌어낼 수 없다고 무조건 다수의 뜻을 따라서는 안 된다. 팀원들이 참여를 주저하는 이유가 '지루함'이 아닌 다른 문제는 아닌지 고려하라. 자신의 의견을 관철시키지 못하는 사람은 없는지 특별히 주의를 기울여라.

다른 사람에게 상처를 줄 수 있는 말을 피하고 그런 말들에 적극적으로 대처하라. 다른 사람에게 해를 끼치는 농담은 아무런 가치가 없다. 주변을 쉽게 웃길 수 있을지는 모르지만 당사자에게는 큰 상처를 남긴다.

예리한 인식을 가져라. '다른 사람'에게 접근하고 적극적으로 교류하라. 그러면 색다른 관점이 생기고, 다른 사람의 경험과 의견을 이해하기가 쉬워진다.

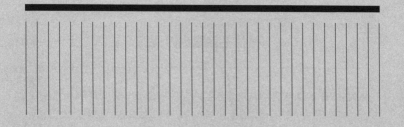

3장
유유상종

• • •

기존의 관계를 오랫동안 유지하지 못하는 이유와
관계를 체계적으로 개선하는 방법

야스민은 자신의 트위터를 보다가 깜짝 놀랐다.

"남편을 직접 골랐니?" 나는 이런 질문에 진저리가 나. "어느 나라
에서 왔어?"라는 질문이나 마찬가지이기 때문이지.

＊

뭐가 불만인데? 어디서 왔냐는 질문은 일반적인 거야. 누구나 그런
질문을 받아. 그건 관심의 표현이고, 대화를 시작하기 좋은 소재야.

＊

내가 알기로는 터키인이 아닌 남성과 결혼하는 건 어려워. 대개 부
모가 반대하기 때문이지. 그런 내용의 다큐멘터리까지 봤어. 그래서 나
는 이 질문이 큰 문제가 없다고 생각해.

*

너는 '어느 나라에서 왔어?'라는 질문을 무척 싫어하는 것 같아. 혹시 조상이 부끄러운 거니?

*

정말? 그럼 담소를 나누며 누군가를 알아가는 건 어떻게 생각해?

*

음, 무슨 말을 하는 거야? 너는 남편을 직접 골랐니? 전혀 중요하지 않은 문제야. 너는 이곳 사람이 아니고 앞으로도 아닐 거야.

*

나는 누가 이곳 출신이고 누가 그렇지 않은지 확실하게 알 수 있어. 나는 이곳에서 관광객처럼 살아온 게 아니야. 우리 가족은 대대로 여기서 살아왔어.

*

집에 손님이 온 경우를 생각해봐. 그들이 잘못된 행동을 하면 너는 가만있지 않을 거야. 그렇지? 그런데 패배자나 실패자한테 그런 식으로 말하면 인종주의자라는 소리를 듣지. 지긋지긋해.

*

통합은 외부인이 불만과 요구 사항 없이 지역 문화에 동화되는 거야. 이곳에서 태어난 사람도 그렇게 하거든.

앞에서 나는 '우리와 비슷한 사람'과 '다른 사람'에 대한 개념을 언급했다. 집단에서 배제된다고 느꼈을 때 받는 고통에 대해서도 살폈다. 3장에서는 '집단'의 개념을 좀 더 자세히 들여다볼 것이다. 우리는 누구와 관계를 맺으며 누구를 좋아할까? 어째서 사람들은 자신과 비슷한 사람과 어울리는 걸까? 이러한 경향을 바꾸는 것은 왜 가치 있는 일인가? 그리고 어떻게 하면 그렇게 할 수 있는가? 이런 것들을 살필 것이다.

내집단과 외집단 ──────

모든 인간은 삶을 살아가면서 다양한 집단의 구성원이 된다. 그런데 집단에 속한다는 것과 그 집단에서 적극적으로 활동한다는 것은 다른 의미다. 집단을 구성하는 데는 나이와 성별, 가정환경, 거주지, 민족과 같은 사회인구학적 요인과 교육 수준이나 수입 같은 사회경제적 요인이 중요한 역할을 한다. 이러한 요소들은 우리의 경험과 결정에 영향을 주는 것을 넘어 가치관과 세계관까지 좌우한다. 출생지가 브뤼셀인지 베이징인지, 출생연도가 1960년인지 1990년인지는 중요한 문제다. 부모가 자녀를 대학에 보내야 한다고 생각하는지, 사회 복지에 의존해도 된다고 생각하는지 역시 중요하다. 괜찮은 행동, 삶을 살아가는 방법, 바람직한 일, 당혹스러운 상황 등이 무엇인지 가르쳐주는 것은 우리의 환경이다. 학교나 모임, 집단에서 가까이 지내는 사람 역시 각자가 처한 환경에 따라 달라진다.

중요한 문제나 경험, 관심사를 공유하는 사람들은 ✦'내집단'을 형성한다. 그리고 우리는 적어도 하나 이상의 내집단에 속해 있다. 당신은 대도시 출신이나 일류 학교 졸업생, 대기업 직원, 로터리 클럽 회원, 지역 축구 클럽의 열정적인 후원자일 수 있다. 이런 특성들은 당신을 누군가와 연결시키고, 또 다른 누군가와 구별시킨다. 이런 당신과 구별되는 사람은 소도시 출신이나 다른 학교 졸업생, 경쟁사 직원, 로터리 클럽의 모임에 끼지 못하는 사람, 맨체스터 유나이티드의 팬일지 모른다.

사람들에게는 집단에 속하는 것이 대단히 중요한 문제이기 때문에 사소한 것으로도 충분히 소속감을 느낀다. 심지어 병에 담긴 사탕의 수를 얼마나 잘 맞추느냐에 따라 사람들이 동질감을 느꼈다는 실험 결과도 있다. 더 많은 숫자를 댄 참가자들은 '적은 숫자를 댄 사람들'보다 자신처럼 '높은 숫자를 댄 사람들'과 공통점이 더 많을 거라고 확신했다.[36] 심지어 동전 던지기의 결과로도 충분히 소속감을 느꼈다.[37]

반대로 우리와 다른 사람들은 ✦'외집단'에 속한다. 내집단과 달리 우리는 외집단에 속한 사람들에게는 의구심과 거리감을 갖는다. 우월감 때문일 수도 있고 열등감 때문일 수도 있다. 그들이 '이해가 안 돼서' 또는 '낯설게 굴어서', '취향이나 생각이 달라서'라는 것이 이유다. 때때로 외집단의 단점을 지적하면서 자신의 결정에 확신을 갖기도 한다. 직장에 다니는 엄마와 전업주부인 엄마, 직장에 몰두하는 남성과 가정에 충실한 남성, '사나이'와 '겁쟁이' 등으로 서로의 외집단을 구분하는데, 이러한 현상을 ✦'외집단 폄하'라고 한다.

특혜 ————

'사회적으로 인정받는' 집단의 구성원은 ✦'특혜'를 얻는다. 이 말은 금수저로 태어난다거나 전용 비행기를 소유한다는 의미의 특혜가 아니다. 개인적인 성과와 상관없이 어떤 상황이나 특정한 문제에서 그들이 다른 사람보다 유리할 수 있다는 뜻이다.

독일의 경우 대학을 나온 부모를 둔 아이들이 직업 훈련을 받은 부모를 둔 아이들보다 더 많은 교육을 받을 가능성이 세 배 높았다.[38] 부모 중 한 명이 학위를 소지하고 있거나 대기업의 리더일 경우 그 자녀는 대학 교육에 대한 정보를 얻거나 문제를 해결하는 방법에 대한 조언을 얻기가 아무래도 쉽다. 학위가 필요한 전문직을 가진 롤 모델을 직접 보며 자신도 할 수 있다는 확신을 가질 수도 있다. 인턴직이나 채용 면접과 관련해 도움을 줄 수 있는 사람도 상대적으로 많을 것이다.

사람들의 배경은 살 곳을 찾을 수 있는지와 어디서 살 것인지를 결정하는 요소이기도 하다. 독일에서 레나 메이어Lena Meyer라는 이름을 가진 사람은 아이쉐 굴베야즈Ayse Gulbeyaz라는 이름을 가진 사람보다 더 좋은 집이나 전망이 좋은 집을 마련할 가능성이 더 크다.[39] 심지어 매입 가격도 출신에 따라 달라진다. 미국 최대의 모기지 업체 컨트리와이드 파이낸셜 코퍼레이션Countrywide Financial Corporation은 아프리카계 미국인과 히스패닉계 사람에게 대출을 할 때 조직적으로 더 높은 수수료와 이자를 부과해 3억 3천 5백만 달러의 벌금을 냈다.[40]

"흑인의 생명도 소중하다"라는 외침으로 인해 미국 사회에 백인이 누리는 특혜에 대한 자각이 생기기 시작했다. 여기서 중요한 메시지는 다음과 같은 질문이다. '총에 맞으면 안 되니까 경찰이 차를 세우면 어떻게 행동해야 하는지 내 아이에게 알려줘야 하는가?' '내 결정이 가난이나 교육 부족, 피부색으로 인한 것이 아니라면 욕을 해도 되고, 중고 옷을 입어도 되고, 편지에 답장을 쓰지 않아도 되는가?' '살색 반창고의 살색이 정말 내 피부색인가?' '내 인종은 텔레비전이나 신문에서 공정하게 비춰지는가?'

영화 속의 주인공들은 '특권층에 속하는 사람'일 가능성이 더 높다. 영화에서 남성과 여성의 상대적 지위를 평가하는 벡델 테스트Bechdel test라는 것이 있다. 1985년 미국의 여성 만화가 엘리슨 벡델Alison Bechdel이 개발한 이 테스트는 세 가지 간단한 질문을 통해 영화에서 남성과 여성이 동등한 위치에 있는지 아니면 낡은 고정관념을 강화시키는지를 분석한다. 테스트를 통과하려면 ①영화에 적어도 두 명 이상의 여성이 나와야 하고, ②이들이 서로 대화를 해야 하며, ③남자와 관련되지 않은 내용으로 대화를 해야 한다. 2013년 테스트 대상이 된 영화 가운데 거의 절반이 이 테스트를 통과하지 못했다.[41]

이는 관객의 기대나 상업계의 판단으로는 설명할 수 없는 부분이다. 강인한 여성이 등장하는 영화는 예산을 적게 쓰면서도 제작비를 뽑고도 남을 만한 수익을 올린다. 평균적으로 벡델 테스트에 통과한 영화들은 통과하지 못한 영화에 비해 투자 대비 수익이 더 높았다.[42]

현실의 여러 가지 환경 역시 의도치 않게 남성이 기준이 된다. 예를 들어 사무실 온도는 남성에게 완벽한 조건이다. 이건 단순한 추측이 아니다. 사무실의 최적 온도는 남성의 대사율에 맞춰져 있다. 그래서 상대적으로 대사율이 낮은 여성은 추위를 느끼는 경우가 많다.

또한 여성은 교통사고가 잘 나지 않지만 한 번 사고가 나면 더 심각한 부상을 입는다. 사고의 심각성과 안전벨트 착용 여부 같은 요인을 고려해도 여성이 남성보다 더 많이 다친다. 평균적으로 여성이 남성보다 체구가 작기 때문에 여성은 좌석을 앞으로 당겨서 앉는 경우가 많다. 자동차 공학자들은 이것이 '비표준적인 위치'라고 말한다. 의자를 앞으로 당겨서 앉으면 사고가 났을 때 장기 손상이나 다리 부상을 입을 위험이 더 높다.[43]

제약업계가 주로 남성을 대상으로 임상실험을 하는 관행 역시 여성에게 위험한 요인이다. 남성과 여성의 신체 조건이 확연하게 다름에도 불구하고 임상 실험의 기준은 남성이다. 그 결과 활성 물질이 다르게 형성되어 두통이나 쇼크 등의 부작용을 겪을 확률이 남성보다 여성이 1.5배 더 높게 나타났다. 그럼에도 여성을 대상으로 테스트하는 약은 좀처럼 늘고 있지 않다.

남성에 비해 모든 여성이 더 작고 가벼운 게 아니라는 사실도 문제를 복잡하게 만든다. 여성은 생리 주기와 갱년기로 인해 호르몬 수치가 변하기 때문에 신뢰할 만한 결과를 얻기 위해서는 더 많은 임상 참여자가 필요하다. 또 이러한 실험은 남성만을 대상으로 한 이전 연구들과 비교해서 결과를 도출할 수 없다는 것도 문제다. 그렇기 때문에 신체 조건에 따라 약의 효과가 달라진다는 사실이 밝혀졌음에도 기존의 오래된 기준을 고수하는 것이다.[44]

자신이 누리는 특혜를 자각할 수 있는 한 가지 간단한 방법은 트위터를 활용하는 것이다. 당신과 다른 삶과 배경을 가진 사람을 팔로우해놓고 그들의 삶을 보면 된다. 매일 벌어지는 사건은 물론 트윗에 달리는 반응이 당신의 상황과 매우 다를 것이다. 그들의 말 한마디가 격렬한 비난을 불러오거나 공격의 대상이 되는 걸 목격하게 될 것이다. 고정관념과 편견이 논쟁을 낳기 때문이다.

트위터는 모두에게 굉장한 기회를 제공한다. 얼굴을 맞대고는 누군가를 변호할 시간과 용기가 없는 사람에게 트위터는 쉽고 장벽이 낮은 실험 공간이다. 커피를 마시며 공격과 차별을 당하는 사람에게 지지 세력이 되어주는 건 어떤가. 많은 사람이 동참한다면 긍정적인 댓글 한 줄과 '좋아요' 하나가 변화를 만들 수 있다. 가상공간에서의 움직임이 현실에서 행동하게 하는 동력을 제공할 수 있다.

유유상종

자신이 누리는 특혜에 대해 쉽게 인식하지 못하는 이유는 그것을 당연하게 생각하기 때문이다. 그런 특혜를 '정상'이라고 생각하는 것이다. 하지만 특혜는 자전거를 탈 때 뒤에서 부는 순풍과 비슷하다. 대부분의 사람들은 자연스런 라이딩이 자신의 실력과 균형감각 때문이라고 생각하지 바람의 도움 때문이라고 생각하지 않는다. 마찬가지다. 자신이 받고 있는 특혜가 외부 요소 덕분이라고 생각하는 사람은 거의 없다.

이런 현상이 생기는 한 가지 이유는 ✦'사회적 동질성' 때문이다. 사람들은 주로 자신과 비슷하거나 비슷한 경험을 가진 사람과 관계를 맺는다. '유유상종'이라는 말은 배경과 교육 수준, 사회적 지위가 비슷한 사람이 주변에 많다는 의미다.

우리는 나에게 '어울리는' 사람과 가까이 지내려고 한다. 이런 경향은 사생활은 물론 직장생활과 친구 관계, 지인의 범위 등에 영향을 주며, 누구에게 실질적인 도움을 주고 조언을 할 것인지 등을 좌우하기도 한다.[45] 이는 주변에 '자신과 비슷한' 사람과 생각이 같은 사람이 있고, 이로 인해 자신의 관점을 점검하거나 바꾸기가 쉽지 않다는 것을 의미한다.

이런 종류의 관계에 대해 런던비즈니스스쿨의 헤르미니아 이바라 Herminia Ibarra 교수는 "자기도취적이고 게으르다"라고 설명한다. 특별한 노력 없이 자발적이고 자연스럽게 형성되는 이런 관계는 쉽게 만나는 사람들로 구성된다. 하지만 거의 비슷한 사람들끼리의 만남인 만큼 새롭게 등장하는 가치는 거의 없다. 그러면서 헤르미니아 교수는 이렇게 덧붙였다. "이러한 관계는 세상을 이해하는 데 필요한 다양성을 제공하지 않는다. 훌륭한 결정을 내리는 일에도, 자신과 생각이 다른 사람을 설득하는 일에도 도움이 되지 않는다. 그래서 우리는 관계를 의도적으로 발전시켜야 한다. 삶에 의미를 주는 사람들과의 관계를 찾고 발전시키기 위한 노력을 기울여야 한다."[46]

'다른 사람'을 알지 못해
치루는 대가 ─────

2004년 미국의 경제학자인 실비아 앤 휴렛Sylvia Ann Hewlett이 세운 재능혁신센터Center for Talent Innovation에서는 다양한 관점을 지니면 더 좋은 아이디어를 내놓을 수 있는지를 알아보기 위해 조사를 실시했다. 조사 결과 팀원 한 명의 인구학적 속성, 즉 성별이나 민족, 세대, 민족 문화 같은 주요 특징에 대해 다른 팀원들이 공감대를 형성하기만 해도 그 팀이 유용한 해법을 찾을 가능성이 놀라울 만큼 커진다는 사실을 확인했다.[47]

가까운 몇몇 친구에게만 의지하는 사람에게는 기회가 줄어든다. 많은 실험들이 증명하는 바에 따르면, 우리와 가까운 사람들이 얻는 정보와 아이디어는 우리가 이미 알고 있는 내용과 크게 다르지 않다. 그렇기 때문에 그들의 조언이 그다지 유용하지 않다.

1970년대 초 사회학자 마크 그래노베터Mark Granovetter는 '약한 유대의 힘'이라는 개념을 증명했다. '구직' 실험에서 그는 많은 사람들이 자신의 인맥을 통해 새 직장을 구하려고 한다는 사실을 알게 됐다. 하지만 자주 만나는 지인을 통해 직장을 구하는 경우는 17% 정도로 생각보다 높지 않았다. 열 명 중 세 명이 거의 만나본 적 없는 사람을 통해 직장을 구했다.[48] 이런 '약한 유대'는 우리가 늘 접하는 부류와는 매우 다른 사람이나 집단과의 연결성을 제공한다.

사람간의 연결성에 대해 제프리 트래버스Jeffrey Travers와 스탠리 밀그램Stanley Milgram도 실험을 실시했다.[49] 그들은 서로 연결된 시대에서 '좁은 세상 문제'를 연구하면서 사람들이 몇 단계를 거치면 다른 모든 사람과 연결되는지를 조사했다. 먼저 보스턴과 네브래스카에 사는 300명의 참가자들로 하여금 매사추세츠에 있는 사람에게 편지를 보내라고 했다. 편지를 받을 사람은 참가자들이 모르는 사람이었다. 참가자들은 편지를 전달하기 위해 자신의 지인에게 편지를 보내 지인의 지인을 통해 그 편지가 목적지에 도착할 수 있도록 부탁해야 했다. 계획대로 수취인에게 도달한 편지는 모두 6명 이하를 거쳤다. 하지만 실험 참가자들이 보낸 편지의 64%만이 수취인에게 전달됐다. 나머지는 발신지 부근에서 이 사람 저 사람의 손을 거치고 있었는데, 처음 발신인이 자신의 지역 외부의 사람을 알지 못하기 때문이었다.

지난 50년 동안 이런 상황은 크게 변하지 않았다. 소셜 미디어 시대에도 우리는 주로 비슷한 사람과 만난다. 세계적으로 더 많은 사람과 연결되어 있고 다양한 사람을 만나지만 그 기회와 인맥을 적극적으로 활용하지 않는다. 이바라 교수는 경영개선 수업을 진행하면서 참가자의 대다수가 자신의 분야나 영역, 회사에서만 주로 인맥을 형성한다는 점을 거듭 확인했다. 그들이 외부의 시각을 고려하는 경우는 거의 없으며, 논의 중인 전략에 문제가 생겨도 외부에서 해결책을 찾지 않았다.

이와 대조적으로 이바라는 대부분의 인맥을 자신의 직장이 아닌 외부에서 활용하고 있는 사람들도 발견했다. 이런 연결성은 외부에서 새로운 직장을 구할 때 대단히 유용하다. 하지만 자신의 조직에서 새로운 아이디어와 해법을 가지고 업무를 수행하기 위해서는 강력한 내부 유대가 반드시 필요하다.

조직이 간과하고 있는 대표적인 사각지대가 있다. 바로 자신보다 서열이 낮은 사람과의 연결성이다. 많은 사람들이 회사에서 핵심 부서에 배치되기 위해 노력하거나 핵심 인물이 되기 위해 애쓴다. 그러기 위해서는 '일반 직원'이 느끼는 감정과 그들에게 중요한 문제를 잘 아는 사람과 강력한 유대를 맺어야 한다. 문제는 대부분 그 일의 중요성을 간과하기 때문에 생긴다. 그러므로 자신보다 높은 위치의 사람뿐 아니라 서열이 자신과 비슷하거나 낮은 사람과도 강력한 유대를 맺어야 하며, 그럴 때 사각지대에서 벗어날 수 있다.[50]

지금은? ─────

인맥의 약점을 확인하려면 관계의 너비, 다양성, 연결성, 활력을 검토하여 포괄적으로 분석해야 한다. 가장 중요한 관계부터 검토하는 것이 출발점이다. 이를 위해 최근에 당신이 조언을 자주 구한 사람, 스파링 파트너로 삼았던 사람들의 명단을 작성해보는 것이 좋다.

관계를 확장시켜라

명단을 작성했다면 이제 관계의 연결성과 집중도를 점검해야 한다. 중요한 관계의 사람들이 서로 친밀한지 또 그들이 다른 집단의 사람들과도 어울리고 있는지 검토하라. 그래야 다른 관계를 소개해줄 수

표4 관계의 밀도

있는 '연결자'가 충분한지 확인할 수 있다. 이를 위해 표4에 중요한 인
맥이라 생각되는 사람들의 이름을 적어보라. 그리고 그들이 서로 아는
사이라면 십 자(+) 표시를 추가하라. 잘 모르겠으면 그 칸은 비워두라.
필요하다면 당신도 관계의 밀도를 계산해보고 새로운 관계로 바꾸는
방법을 따라해보라. 방법은 아래와 같다.

(1) 목록에 적힌 이름의 수를 세라.
(2) 그 수(n)에 n-1을 곱한 뒤 나온 결과를 2로 나눠라.
(3) 표에 있는 십 자 표시의 수를 세고 그 수를 (2)의 값으로 나눠라.
    이 수가 당신의 관계 밀도다. 밀도가 낮을수록 폭넓은 관계를 맺
    고 있다는 의미다.[51]

	성별	나이	국적	그 외 요소		
인맥 1						
인맥 2						
인맥 3						
…						

표5 관계의 다양성 분석　(예) 인종, 조직 내외 여부, 역할, 근면성, 수준 등

다양한 관계를 맺어라

현재 맺고 있는 관계에서 어떤 부분을 놓칠 수 있는지 알고 싶다면 표5를 활용해보라. 당신이 맺고 있는 인맥의 인구학적 속성이나 역할 등과 관련해 중요한 부분을 발견할 수 있을 것이다. 이 표를 이용하면 그들이 협조적인지 아니면 조직을 겉도는지 파악할 수 있다. 그들의 수준과 역할, 근면 정도, 그리고 그 관계에서 당신이 중요한 통찰을 얻을 수 있는지 여부도 알 수 있다. 성별, 세대, 다양한 국적과 민족 등 다양한 사람들이 당신 주변에 얼마나 합리적인 수준으로 포함되어 있는지도 알게 될 것이다. 한마디로 이 표는 당신이 다양한 관계를 맺고 있는지, 놓치고 있는 부분은 없는지를 보여준다.

관계에 신선함과 역동성을 유지하라

인간관계를 역동적으로 만들면 인맥이 긍정적으로 유지된다. 기존의 관계에만 의지해서는 역동적인 관계를 만들 수 없다. 오랫동안 유지할 수 있는 관계를 만들려면 포괄적인 전략이 필요하다. 그 목표가 출발점이 되어야 한다. 몇 년 뒤에 어디에서 살고 싶은가? 무엇을 성취하고 싶은가? 좋아하는 것은 무엇인가? 그냥 떠오르는 영감에 의지하지 말고 인맥을 동원해 그들의 생각을 활용하라. 그들의 강점과 전문지식, 아이디어, 제안을 활용하기 위해서는 그들과 대화를 나눠야 한다. 이제, 비전과 목표가 무엇인지 알았다면 즉시 다음 3단계 네트워킹 계획을 세워라.[52]

- **1단계**: 비전을 달성할 수 있게 해주는 목표를 정한다.
- **2단계**: 목표를 인맥과 연결시킨다. 목표를 이루는 데 도움이 되는 사람과 관계를 맺고 유용한 도구를 찾는다.
- **3단계**: 그들과 관계를 발전시킬 수 있는 최상의 방법을 찾는다.

이 계획은 목표에 집중하는 방식으로 관계를 발전시키는 데 도움이 된다. 2단계에서 앞서 작성한 관계의 너비를 알려주는 표를 다시 살펴보라. 그러면 현재의 인맥이 비전을 달성시키는 데 충분한지, 놓치고 있는 부분은 없는지 확인할 수 있을 것이다.

인맥을 쌓는 한 가지 좋은 방법은 '응원하기'다.[53] 이때 가장 중요한 원칙은 '관대함'이다. 사람들에게 접근해 도움을 청하기보다 그들을 돕기 위해 할 수 있는 행동을 찾는 것이다. 상대가 올린 포스팅에 '좋아요' 버튼을 누르는 것처럼 간단한 것일 수도 있고, 그 사람에 대해 긍정적인 얘기를 해주거나 추천을 하는 것일 수도 있다. 그에게 유용한 정보를 주거나 도움이 되는 기사를 공유하는 것도 방법이다. 대화를 주고받으며 상대가 활기를 얻을 수 있도록 해도 된다. 주고받는 일은 이렇게 시작된다. 시간이 흐르면서 가시적인 효과와 신뢰가 증가하고, 상대를 향한 응원은 점점 의미가 깊어질 것이다. 이렇게 서로 도움을 주고받을 때 관계는 더욱 튼튼해지고, 그와 더 많은 것을 함께할 수 있을 것이다.

관계의 다양성을 증가시키기 위한 조언

관계를 분석하라. 당신의 관점이 현실과 제대로 조화를 이루고 있는지 냉정하게 살펴보라.

트위터나 링크드인에서 자신과 완전히 다른 사람을 팔로우하라. 소셜 미디어를 활용해 다른 사람의 삶을 살피고 새로운 관점을 얻어라.

대화에 참여하라. 온라인이든 오프라인이든 평소에 관여하지 않았던 새로운 대화에 참여할 기회를 찾아라. 일단 듣는 일부터 시작하는 것이 좋다.

그냥 들어라. 대화를 하면서 우리는 다음에 무슨 말을 할지 생각하는 데 많은 에너지를 쏟는다. 내 생각을 표현하고 '내 차례'를 놓치지 않으려고 애쓴다. 가끔은 그냥 듣기만 하라. 그러면 상대에게 온전히 집중할 수 있고, 훨씬 더 많은 것을 배우게 될 것이다.

2부

팀워크

2부에서는 팀 내 협업과 그 과정에서 생기는 조직의 역학을 다룬다.

4장 '누구도 그런 일이 생길지 몰랐을 것이다!'에서는 동질의 집단이 갖는 최대 문제 중 하나인 다양한 사고의 결핍과 집단사고에 대해 살펴본다. 집단사고로 인해 중요한 정보를 놓치고, 그로 인해 잘못된 의사결정을 하게 되는 상황의 문제점을 짚어볼 것이다.

5장 '당신은 그 일을 정말 잘해!'에서는 팀에서 업무가 어떤 방식으로 배정되는지를 살핀다. 어떤 사람은 프로젝트에서 두드러지는 성과를 냄으로써 자신의 역량을 발휘할 기회를 얻는다. 반면 어떤 사람은 자신의 역할과 관련 없는 일에 파묻혀 인정을 얻지 못한다. 과연 어떤 사람에게 어떤 일이 배정될까?

6장 '빨리 도와줄 수 있어?'는 협업의 장점과 제약, 그것이 성공에 미치는 영향을 검토할 것이다. 포괄적인 전략을 통해 자원을 효율적으로 활용하고 협업의 효과를 향상시키는 방법을 고민할 것이다.

4장

누구도 그런 일이 생길지 몰랐을 것이다!

. . .

동질의 집단과 집단사고가 더 나쁜 결과를 낳는 이유

"안녕하십니까!"

피터는 회의를 시작하면서 만족스러운 웃음을 지어 보였다.

"예고한 대로 오늘은 약간 수정된 제품으로 타깃 소비자를 공략할
수 있을지 논의하겠습니다. 여러 방법이 있겠죠!"

그는 기대 가득한 표정으로 팀원들을 바라봤고, 팀원들은 고개를 끄
덕이며 피터의 말에 반응했다.

"너무 어렵게 생각하지 마세요. 어제 엘리베이터에서 마틴을 만났
습니다. 마틴은 우리 아이디어에 흥미를 보였고 다음 이사회에서 그 문
제를 논의하겠다고 약속했습니다. 물론 사업성 검토는 계속해야 합니
다. 하지만 이 좋은 기회를 놓치면 안 되지 않겠습니까?"

그는 자신이 해낸 일을 자랑스럽게 말했다.

"당연히 지금은 실수를 해서는 안 되죠. 우리가 머리를 맞대고 고민하면 집단의 힘으로 문제를 해결할 수 있습니다. 다양한 관점도 물론 좋습니다. 야스민, 린다, 여성이라고 생각을 감출 필요가 없어요!"

피터는 억지로 미소를 짓고 있는 두 여성을 바라보며 말했다.

회의가 끝난 뒤 존과 커트는 야스민과 함께 회의실을 나왔다. 피터는 회의 내용에 매우 만족했고, 다음 절차를 상의하기 위해 마틴과 급히 떠났다. 나머지 사람들은 회의실을 정리하고 있었다. 웬일인지 그들은 자기 자리로 돌아가려고 서두르지 않았다.

먼저 말을 꺼낸 사람은 존이었다.

"좋은 결과가 있기를 기대하자."

"물론이지. 기대하는 거야 전혀 문제 될 게 없으니까."

커트가 말을 받았다.

"피터가 제정신이 아닌 게 분명해. 이렇게 대충 해도 되는 거야? 전에 해봤던 방식이잖아."

팀에 들어온 지 얼마 되지 않은 야스민이 놀란 표정으로 물었다.

"그게 무슨 말이에요?"

"맞아, 오늘 처음 나온 얘기는 아냐. 하지만 얘기가 나올 때마다 단순 수정만으로는 충분하지 않다는 결론이 나왔다고. 이제 나는 생산 부분에 대해서는 생각하고 싶지 않아."

"나도 그래."

커트가 고개를 끄덕였다.

"그러면 회의할 때 왜 아무 말도 안 했어요?"

피터는 어떤 의견이든 좋다고 말했지만 사실은 새로운 문제점이 언급될 가능성을 최소화했다. 프로젝트의 성공을 위협하는 잠재적 걸림돌을 확인하겠다고 했지만 누가 봐도 그것을 간과했다.

이번 장에서는 세 가지 면을 살필 것이다. 다양성을 가진 팀이 더 나은 성과를 내는 이유, 같은 팀에서 일어나는 집단사고가 결과적으로 팀의 잠재력을 떨어뜨리는 이유, 그리고 프라이밍을 억제하는 이유는 과연 무엇일까.

프라이밍 ─────────

아마도 많은 사람들이 어떤 결정에 영향력을 행사하기 위해 ✦'프라이밍Priming'을 활용한 적이 있을 것이다. 어떤 순간에 이해 당사자에게 하는 말은 특히 더 많은 관심과 흥미를 일으킬 수 있기 때문에 관계자를 관리하는 과정에서 프라이밍이 흔히 쓰인다. 이 경우 '프라이밍'은 앞으로 발생할 일에 영향을 주기 위해 사용하는 수단이다. 피터가 이사회에서 프레젠테이션 기회를 얻기 위해 새로운 해법으로 마틴의 관심을 끈 것이 프라이밍을 활용한 예다.

이것이 바로 마케팅에서 자주 활용되는 프라이밍 효과로, 제품이나 서비스에 대해 타깃 소비자에게 긍정적인 생각이 들도록 만드는 것이다. 이러한 방식의 상품 프레젠테이션은 그 상품이 매우 탁월하거나 그 상품과 관련된 사람이 신뢰할 만하다는 내용까지 포함한다.

우리는 매일 사람들과 상호작용을 하며 프라이밍을 하고 있지만 그것을 자각하지는 못한다. 그런데 의도치 않게 자신의 계획에 도움이 되지도 않고, 예상치 못한 반응을 일으키는 프라이밍을 하는 사람들이 있다. 다시 회의로 돌아가 보자.

회의 참석자들은 모두 피터가 지나치게 격앙돼 있다는 것을 알고 있다. 하지만 이사회 프레젠테이션을 위기에 빠뜨릴 수 있는 요소를 속으로만 걱정했다. 게다가 피터는 야스민과 린다를 지목하면서 다른 생각이 있으면 말해보라고 했다. 남성 팀원들에게는 가만히 있어도 되는 좋은 핑계를 만들어준 것이다. 남성 팀원들은 피터의 결정에 개입한 바가 없으니 위험을 피할 구실을 얻은 셈이다.

하지만 이렇게 눈에 확실하게 보이는 실수를 피하는 것만이 능사는 아니다. 우리의 뇌는 훨씬 더 미묘한 메시지들을 수집하는 데 탁월하다. 피터가 회의에서 언급한 '머리를 맞대고 함께 생각하기'와 '집단의 힘'과 같은 말은 협력을 연상시킨다. 결국 고개만 끄덕이고 있던 남성 팀원들은 이사들에게 예상과 달리 나중에 비판적 평가를 받을 수도 있다.

생각이 행동에 영향을 준다는 플로리다 효과Florida effect는 프라이밍을 매우 잘 보여준다. 뉴욕대학교에서 수행된 한 실험에서 연구자는 학생들을 두 그룹으로 나눈 다음 다섯 개의 단어가 들어 있는 리스트를 보여주었다. 그러고는 그 단어를 사용해 짧은 문장을 만들어 보라고 했다. 한 그룹에는 무작위로 선정한 단어를 보여주고, 다른 한 그룹에는 '건망증', '대머리', '백발', '플로리다'처럼 노화를 연상시키는 단어를 보여주었다. 실험이 끝난 뒤 연구자는 참가자들에게 작성할 서류가 있으니 다른 방으로 가라고 했다. 그곳으로 가기 위해서는 짧은 복도를 지나야 했는데, 진짜 실험은 이때부터 시작됐다.

연구자들은 학생들이 걸어가는 시간을 측정했고, 노화와 관련된 단어에 노출된 학생들이 그렇지 않은 학생들에 비해 걷는 속도가 더 느리다는 사실을 발견했다. 그리고 인터뷰에서 그들은 자신이 나이가 들었다는 느낌을 받았다고 말했다. 자신이 본 리스트의 단어들이 노화와 관련 있다는 것을 인지하지 못했음에도 걸음걸이가 느려진 것이다.[54]

이러한 효과는 다른 방식으로도 작용한다. 연구자는 실험 참가자들이 노인처럼 천천히 움직이며 얼마의 시간을 보내도록 은근히 유도했다. 그 결과 실험에 참가하지 않은 다른 동년배보다 실험에 참가한 사람에게서 노화와 관련된 전형적인 특성들을 더 많이 발견했다.[55]

집단사고 ——————

야스민은 왜 아무도 문제에 대한 우려를 나타내지 않았는지 물었다. 이번에는 그 질문에 대한 답, 즉 집단이 왜 입을 다물었는지 살펴보자. 답은 바로 ✦'집단사고' 때문이다. 이 용어는 동질의 집단에서 생기는 공통적인 행동을 묘사하는 데 쓰인다.

집단사고는 팀원들 사이에서 다른 의견이나 반대되는 생각은 드러내지 않는 것을 의미한다. 이런 상황에서는 ✦'순응'하는 모습이 자주 목격된다. 팀원들은 다른 사람의 말이나 결정에 동의하지 않더라도 집단의 조화와 화합을 깨는 것이 두려워 자신의 목소리를 내지 않는다. 집단에 완벽하게 적응하기 위해 스스로를 검열하는 것이다.

집단사고의 영향을 증명하는 초기 실험으로 1960년대에 솔로몬 애쉬Solomon Asch가 수행한 실험을 꼽을 수 있다. 그는 참가자에게 네 개의 선을 보여주고 그중 길이가 같은 선을 찾아보라고 했다.(그림5) 전혀 어렵지 않은 테스트였다. 개별적으로 질문을 받았을 때는 95%가 정확한 답을 했다.

하지만 집단 상태에서 질문을 받았을 때는 완전히 다른 결과가 나왔다. 연구자는 실험에 실험 도우미들을 투입시켰다. 실험 참가자를 제외한 모든 사람이 실험을 위한 설정이었다. 도우미들이 차례대로 먼저 답을 말하고 진짜 참가자는 마지막으로 답을 말하게 했다. 도우미들은 틀린 답을 말했고, 결국 참가자들 모두 거기에 동의했다. 이런 방식으로 실험 참가자는 잘못된 판단을 하는 집단과 마주했다.

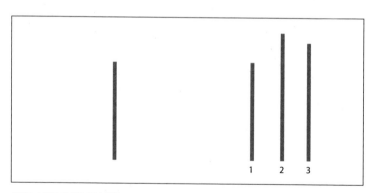

그림5 솔로몬 애쉬의 동조 실험

예상대로 집단사고는 확실히 영향을 미쳤다. 대개의 경우 실험 참가자는 자신이 더 나은 판단을 하고 있음을 알면서도 다수의 의견을 따랐다. 무려 70%에 달하는 사람들이 상대가 틀렸다는 것을 알면서도 자신 역시 틀린 답을 말했다.

이는 비단 실험이 행해졌던 시기만의 일이 아니다. 의료 영상 기술 덕분에 오늘날 우리는 자신의 판단이 맞는다는 것을 알면서도 잘못된 다수의 의견을 따르는 모습을 시각적으로 확인할 수 있다. 오래전부터 인간은 생존을 위해 다른 사람에게 의존해 왔다. 낙오되거나 부족에서 쫓겨난 사람은 즉시 위험에 빠졌다. 거절당하는 느낌, 즉 집단에서 배제되는 경험은 뇌에서 육체의 고통을 담당하는 부위를 활성화시킨다.[56]

무엇을 놓치고 있는지조차 깨닫지 못할 때

집단사고에 빠진 사람들은 그것이 중요한 정보를 가릴 수 있다는 사실을 인지하지 못한다. 체르노빌 원전 사고는 집단사고의 위험성을 보여주는 대표적인 사례다. 그 사고의 직접적인 원인은 기술적 결함이 아닌 잇따른 잘못된 결정 때문이었다. 당시 원자로 직원은 지식과 경험이 많았고, 그런 만큼 상황을 통제했어야 한다.

하지만 바로 그 경험이 안전 불감증을 만들어냈다. 그들은 규정을 무시하고 자신의 판단에 의지했다. 비전문가처럼 비춰지는 것을 피하기 위해 문제가 될 만한 상황을 있을 수 있는 일로 합리화했다. 전문가라는 사실에 갇힌 나머지 불안함을 약함으로 여긴 것이다. 걱정 많은 겁쟁이가 문제에 개입해서는 안 된다는 생각이 치명적인 문제를 야기했다.[57]

다행히도 대부분의 팀에서는 집단사고가 큰 힘을 발휘하지 않는다. 그럼에도 불구하고 집단사고가 한 번이라도 생기면 결정에 심각한 영향을 미치거나 다른 팀원의 지식과 경험을 활용하는 데 방해가 될 수 있다.

집단사고를 하는 사람들은 이것이 자신의 잠재력을 온전히 펼치지 못하게 한다는 사실을 인지하지 못한다. 심지어 집단사고로 모든 팀원의 동의가 신속하게 이루어지는 것을 보며 업무 효율이 뛰어나다고 생각한다. 결과를 의심하는 사람이 아무도 없으면 자신의 생각이 틀릴 수도 있다는 생각을 하지 못한다. 이와 대조적으로 다양성을 가진 팀은 여러 대안을 검토한다. 가장 좋은 문제 해결 방식을 찾기 위해 앞다투어 아이디어를 내놓고, 가장 좋은 방법을 놓고 치열하게 논쟁한다. 당연히 다른 대안까지 파악하고 있다. 이런 팀은 더 나은 문제 해결 방식을 도출한 뒤에도 성과에 대한 더 큰 만족과 확신을 얻기 위해 계속해서 노력한다.[58]

팀원들 간에 의견 충돌이 없고 분위기가 평화로우면 팀의 성과도 높을 거라 예상할 것이다. 하지만 팀 분위기가 좋다고 해서 탁월한 성과가 보장되는 것은 아니다. 또 이런 팀에서는 모두가 자신의 생각이나 반대 의견을 자유롭게 이야기할 수 없다. 다시 말해, 편안하고 따뜻한 협업 분위기는 집단사고의 온상이 될 수 있다.

다양한 관점이 생길
여지를 주어라 ─────

다양한 아이디어를 수면 위로 끌어올리기 위해 집단사고를 줄일 수 있는 방법을 적극적으로 사용해보라. 특히 팀원들의 배경이 비교적 비슷한 팀이라면 더 도움이 될 것이다.

팀의 상급자가 회의 시작부터 어느 한쪽에 치우친 태도를 취하면 다른 팀원들은 다른 생각이 있더라도 말을 꺼내지 못할 가능성이 크다. 그렇다, 팀원들이 먼저 말을 하게 해보라. 반대되는 관점을 가진 자의 발언으로 회의를 시작해 상황이 어떻게 전개되는지 보는 것도 방법이다. 이런 방법에 근거한 것이 에드워드 드 보노Edward de Bono가 고안한 '여섯 색깔 사고 모자'다.

	관점	내용
흰색	객관적, 중립적, 편견 없는 시각	사실에 근거한 정보를 찾으며, 정보를 해석하지도 않고 거기에 의견을 달지도 않는다.
빨간색	주관적, 감정적 사고	개인적 시각, 긍정 정서와 부정 정서를 포함한 열정적이고 감정적 시각. 반박도 가능하다.
검정색	논리적, 부정적 사고	부정적인 면과 잠재적 위험성을 강조하는 객관적인 주장에 초점을 맞춘다. 주로 과거의 경험을 근거로 한다.
노란색	현실적 낙관주의	건설적이고 낙관적이지만 논리적이어야 한다. 기회와 이익을 찾는다.

초록색	혁신과 창조, 연상	새롭고 독창적인 아이디어, 경계를 허무는 생각. 불가능을 가능으로 바꾸는 생각이다.
파란색	이성적 사고	아이디어와 사고를 체계적으로 전개한다. 대안과 새로운 전략을 제시하고, 통제력을 유지한다. 조직의 집중이 분산되거나 난관에 봉착하는 것을 방지한다.

표6 에드워드 드 보노의 '여섯 색깔 사고 모자'

이 훈련에서 각각의 참가자는 모자의 색깔이 정한 명확한 태도를 취한다.(표6) 이 기법은 단지 팀원들에게 비판적인 질문을 허용하는 수준을 넘어 적극적으로 권장한다. 이런 신호가 필요한 이유는 팀원들에게 자신의 관점과 우려를 드러내도 좋다는 것을 알리기 위해서다.

개인의 생각을 모든 사람 앞에서 발표하기 전에 모든 팀원에게 자신의 시각과 관점을 충분히 생각해볼 시간을 주는 게 좋다. 그러면 내향적인 참가자도 다른 사람이 자신의 의견을 강력하게 내세우기 전에 자신의 생각을 정리할 수 있을 것이다. 뿐만 아니라 중요한 생각을 놓치게 될 가능성도 줄어든다. 논의를 한 방향으로 신속하게 전개하고 중요한 생각들을 다시 꺼내 논쟁하지 않기 때문이다.

특히 민감한 주제를 다룰 때는 두 명 또는 소그룹을 짜서 먼저 문제를 논의한 다음 그 결과를 전체와 공유하는 것도 좋은 방법이다. 대부분의 사람들은 자신의 걱정을 소수의 사람과 논의하는 것을 더 편안하게 생각한다. 자신의 생각을 한 번 표현해 보고 동의를 얻게 되면 안심하게 되어 더 많은 사람 앞에서 당당하게 말할 수 있다.

다양성을 가진 팀이
더 혁신적이다 ————

이러한 방법들은 팀 내에서 집단사고를 줄이고 다양한 관점을 권장하는 데 효과적이다. 성별이나 인종, 나이 등에서 공통점을 가진 것처럼 보이는 사람이라도 각자가 겪는 다양한 일은 그 사람의 관점에 영향을 준다. 신도시의 고급 아파트에 혼자 사는 여성과 오랫동안 지방의 주택에서 살면서 가족을 부양하는 두 자녀를 둔 여성의 관점은 분명 다를 것이다.

보스턴 컨설팅 그룹과 뮌헨 공과대학이 공동으로 수행한 연구에 의하면 팀원들의 경험과 경력, 성별, 출신 이 네 가지 요소가 다양할 때 대대적인 혁신이 일어난다고 한다. 사실 팀원이 지닌 다양한 경험과 경력은 회사가 크게 노력할 필요가 없는 부분이다. 조사에 의하면 성별과 출신이 다양한 팀원으로 구성된 팀은 시장성이 있는 아이디어를 더 많이 내놓고, 새로운 제품과 문제 해결 방식을 통해 더 많은 수익을 달성한다.[59]

런던의 국적과 문화의 다양성이 경제에 미치는 영향을 조사한 연구에서도 유사한 결과가 나왔다. 연구자들은 7,500개의 비즈니스 사례를 조사해 나온 자료를 분석하여 각기 다른 분야의 회사들이 '다양성 보너스'를 얻는다는 점을 발견했다. 즉 다양성이 있는 팀의 팀원들은 집단사고에 빠진 경쟁자들에 비해 혁신적인 제품을 더 많이 내놓았다. 또한 그들은 더욱 효과적으로 고객들의 관심을 끌었으며, 덕분에 다양

한 문화가 공존하는 런던에서 사업을 번창시킬 수 있었다.[60]

이와 관련해 영국의 재능혁신센터는 몇 가지 이유를 발견했다. 한 가지는 팀원 중 적어도 한 명이 타깃 고객과 인구학적으로 중요한 공통점을 갖고 있는 경우 의미 있는 해법을 찾을 가능성이 커진다는 사실이었다. 또 하나의 이유는 절반 이상의 리더가 자신이 개인적으로 공감하지 못하거나 필요성을 느끼지 못하는 아이디어는 지지하지 않는다는 점이었다. 이처럼 경험이나 정신적으로 유연함이 부족해 다른 사람에게 자신과 다른 필요가 있을 수 있다는 점을 이해하지 못하는 사람은 혁신을 경험할 수 없다. 결과적으로 내재적 다양성과 습득한 다양성, 즉 문화적 유창성, 세대 간의 이해력, 융합적 지식, 글로벌 마인드, 언어 능력 등이 팀의 역량과 결정 과정에 영향을 미친다.[61]

다양성이 '유색 인종' 팀원을 점점 늘리는 것이 아니라는 걸 강조하는 목소리가 점점 커지고 있다. 목표는 다양한 관점, 즉 생각의 다양성을 확보하는 것이다. 습득한 다양성에만 의존할 경우 분명 놓치는 게 생길 수밖에 없다. 거듭된 연구들은 가시적이고 내재적 다양성이 성과를 높인다는 점을 보여준다.

이러한 내재적 다양성의 한 요소가 성별이다. 남성과 여성이 함께 일할 때의 긍정적인 효과는 오래전부터 증명돼 왔다. 독일 증권거래소는 최근 다양성 지수를 실험하고 있다. '다양성 DAX'는 독일에 상장된 상위 100개 기업 가운데 경영진과 감사위원회의 성 평등 항목에서 가장 높은 점수를 받은 30위까지의 기업을 대상으로 구성된 종합 주가 지수다. 2년 동안 이 실험 지수는 원래 DAX지수보다 약 4.3% 포인

트 앞섰다.[62]

크레디트스위스 리서치 인스티튜트Credit Suisse Research Institute가 보고한 발표에 의하면 경영진에 여성의 비율이 25%인 기업은 현금 흐름 수익률이 4% 더 높았다.[63] 나아가 경영진과 감사위원회에 남성과 여성이 모두 포함돼 있는 기업의 지배구조는 더 효율적이었다. 또한 6년에 걸쳐 2,500개의 기업을 조사한 결과, 최고 경영진에 여성이 최소한 한 명이라도 있는 기업은 수익률과 성장률이 더 높았다. 정리하자면, 최고 경영진에 여성이 있는 회사에 투자한 주주가 더 많은 이익을 얻었을 것이다.

그 원인을 알아내기 위해 크레디트스위스는 기존의 연구를 철저하게 검토했다. 그 결과 기업의 성공은 개인의 뛰어난 능력이나 통찰과는 관련 없다는 사실을 발견했다. 다양성을 가진 팀의 성과가 더 탁월하다는 게 증명됐는데, 그 이유는 그런 팀에서는 여러 가지 관점들을 놓고 논의하고 고민했기 때문이다. 여기에 인간의 한 가지 특성, 즉 위험 회피 본능도 긍정적인 힘을 발휘했다. 위험을 피하려는 속성 덕분에 팀원들은 자신과 다른 사람들 앞에서 당황스러운 일이 생길까봐 더 열심히 준비했다.[64]

미국에서 수행된 한 실험은 다양성의 부족이 말 그대로 치명적일 수 있다는 것을 보여준다. 실험은 배심원의 피부색이 판결에 영향을 줄 수 있는지, 피부색에 따라 재판의 공정성 여부가 달라질 수 있는지를 조사하는 것이었다. 전원 백인으로 구성된 배심원단과 흑인과 백인으로 구성된 혼합 배심원단이 각각 흑인 용의자의 유죄 여부를 결정하기로 했다.

심리가 시작되기 전 피고를 유죄라고 추정할 수 있는 확률은 혼합 배심원단에서 더 낮게 나왔다. 그 원인에 대해 연구자들은 다른 연구에서도 나타나는 결과를 재확인했다. 배심원들은 자신이 혼합 배심원단에서 심리를 한다는 사실만으로도 자신에게 편견이 생길 수 있다는 것을 인지했다. 그리고 그것이 판단에 영향을 미칠 수 있다는 점에 대해서도 인지했다. 그런 만큼 성급한 판단을 내리게 될까봐 더 주의를 기울였고 논의 중에도 신경을 썼다. 혼합 배심원단은 더 많은 시간을 논의했고, 또 훨씬 더 많은 자료를 조사했다. 그 결과 잘못된 진술을 덜 할 수 있었다.[65]

다양한 관점을 위한 조언

분위기를 만들어라. 말은 우리가 생각하는 것 이상으로 강력한 힘이 있다. 다양한 생각과 관점이 수면 위로 올라오게 하는 건설적인 대화를 추구하는가? 그렇다면 팀원의 공통점과 협동심을 강조하기보다 팀원들이 '활발하면서도 비판적인 토론'을 할 수 있도록 유도하라. 분위기를 만들어라

다양한 관점을 생각할 여지를 주어라. 토론할 때 개인적으로 곰곰이 생각할 시간을 주어라. 카드나 포스트잇을 사용해 다양한 생각을 모아보라. 팀원들이 정해진 역할에 따라 찬성 또는 반대 의견을 개진하게 하거나 소그룹으로 토론을 하게 함으로써 안정감을 느끼게 만들어주어라.

팀원들이 용기를 내게 하라. 누군가 먼저 다른 사람의 생각과 상반된 생각을 말하면 또 다른 누군가도 다른 의견을 말하기가 수월해진다. 다른 생각을 받아들이겠다는 뜻을 분명히 밝혀라. 또한 다수의 사람들이 다른 관점을 지닌 팀원의 의견을 무시하지 못하게 할 것이라는 사실도 확실하게 밝혀라. 비판적인 피드백을 적극적으로 요청하고, 그런 생각을 중요하게 생각한다는 것을 알려주어라.

밀폐된 방안에서 낸 소리가 자신에게 되돌아오는 반향실 효과를 차단하라. 어려운 결정을 내려야 할 때는 가까운 사람에게 의존하지 마라. 완전히 다른 제안을 하는 사람들과 대화하고, 그들이 왜 그런 제안을 하는지 이해하라.

주변 환경을 다양하게 만들어라. 팀원과 친구, 지인 등의 인맥을 다양한 출신과 관점을 지닌 사람들로 구성해라. 외국에 나가거나 새로운 요리를 접하거나 다른 공부를 하거나 새로운 것을 시도하라. 처음에는 힘들겠지만 새로운 경험을 통해 다양한 생각을 주고받아라.

5장

당신은 그 일을 정말 잘해!

• • •

업무가 불공정하게 배정되어
팀원을 좌절시키는 이유는 무엇인가?

월요일 아침 9시.

피터는 주간 회의를 시작하며 평소처럼 열정적인 태도로 팀원들을 환영했다.

"모두 즐겁고 편안한 주말을 보냈길 바랍니다. 나는 월요일을 고대했어요."

팀원들은 자신도 빨리 출근하고 싶었다는 신호를 보냈고, 피터는 말을 계속 이어갔다.

"지난 주 우리는 이사회 프레젠테이션을 매우 열심히 준비했습니다. 하지만 이 일이 다른 업무에 지장을 주어서는 안 된다고 생각합니다. 그래서 나는 알렉산더에게 프레젠테이션을 맡아달라고 부탁했습니다."

피터는 알렉산더를 보며 미소를 지었고, 그도 화답하듯 웃었다.

"일을 맡아줘서 고마워요! 당신이라면 믿을 수 있어요."

"이제 우리는 일상 업무로 복귀하면 됩니다. 먼저 진행 중인 업무를 살펴볼까요? 린다, 회의록을 작성해줄래요?"

그 말에 린다가 약간 불편한 표정으로 물었다.

"오늘은 다른 사람이 하면 안 될까요? 지난 회의에서도 제가 연속으로 두 번이나 회의록을 작성했거든요."

"그랬죠. 그런데 회의록은 린다가 작성해야 가장 명확해요. 당신은 회의록을 정말 잘 작성하거든. 어렵겠지만 우리 모두는 자기 업무 외의 임무도 맡아야 하거든요. 알렉산더처럼 말이죠. 그래야 진정한 팀원이에요!"

"……."

"자, 그럼 시작합니다."

대부분의 사람들이 이런 경험을 한 번쯤은 해봤을 것이다. 인기 없는 업무는 공평하지 않게 배정되는 경향이 있다. 능력이나 자격과 전혀 상관없이 배정되기도 한다. 이런 업무들을 가리켜 '직장 내 가사일'이라고 표현하는 논문도 있는데, 이런 일은 대개 여성이 맡는 경우가 많기 때문이다. 자신의 가정이 아닌 곳에서 가사노동을 하는 것에 빗댄 것이다. 아니면 백인이 아닌 사람들에게 그런 업무가 돌아가기도 한다.

인기 없는 업무는
불공평하게 배정된다 ————

회의록 작성, 재고 관리, 회의실 예약, 회의 후 정리정돈, 점심 메뉴 주문, 생일 선물 준비 등과 관련해서 여성 세 명 가운데 한 명이 자신이 주로 그 일을 맡는다고 말한다.[66] 신입 직원을 교육하거나 몸이 아픈 직원, 문제가 생긴 동료를 돕는 일도 마찬가지다. "그 친구 요즘 아내와 문제가 있어. 얘기 좀 해봐." 어느 업계에서든 여성은 이런 식의 요구를 많이 받는다. 이러한 일들이 중요한 것은 사실이다. 팀의 역량을 강화하기 위해서도 필요한 일이다. 하지만 이런 일들에는 한 가지 공통점이 있다. 매력적인 일도 아닐 뿐더러 승진에 도움도 되지 않는다는 사실이다.

개성과 스타일에 따라 맡게 되는 업무가 달라지기도 한다. 서양은 그리스 로마의 위대한 웅변가들의 사상을 전적으로 받아들인 문화다. 침착하고 권위 있게 말하는 사람이 높은 지위를 차지하고, 근사한 업무를 맡고, 더 많은 명성을 얻는다. 또 가만히 생각만 하는 것보다 행동하는 것을 더 중시하기 때문에 뒤에서 잠자코 있는 사람은 신뢰를 얻지 못한다. 그래서 카리스마가 뛰어난 직원은 전략적인 프로젝트에서 중요한 역할을 맡을 가능성이 큰 반면 내향적이거나 지켜보는 사람의 성과는 쉽게 무시당하거나 과소평가를 받는다.[67]

이런 식으로 조직은 스스로 해로운 방향으로 빠져들어 간다. 외향성과 내향성은 각기 다른 관점에서 강점이 있다. 외향적인 사람은 다른 사람에게 영감을 주고 마음을 사로잡을 수 있지만 종종 충동적이고 산만하여 작은 부분에 주의를 기울이지 못하는 경향이 있다. 그로 인해 종종 성급한 결정이나 행동으로 위험을 불러오는 경우가 있다.

반면 내향적인 사람은 안정성 확보를 중요하게 생각하기 때문에 성급한 결정을 하지 않는다. 하지만 신중함이 지나쳐 신속한 결정을 내리지 못한다. 또 처음에 당황스러운 결과가 나와도 포기하지 않는 특성이 있다. 다른 사람의 생각에 좌우되지 않고, 보상에 매달리지도 않기 때문에 주변 사람의 의견과 태도를 신경 쓰지 않는다. 그래서 독립적이면서도 고정관념에서 벗어나 창의적인 생각을 할 수 있다.[68]

한편 젊은 직원의 특성은 지루함을 견디지 못한다는 것이다. 밀레니얼 세대의 대부분이 자신의 경력을 성장시켜 성공하고 싶어 하지만 지난 한 달 간의 직장생활에서 새로운 것을 배운 것 같다고 생각하는 사람은 40%도 되지 않았다.[69]

여성과 소수 인종의 팀원이 '간단한 관리 업무'를 많이 맡는 것은 고정관념과 편견, 선입관과 큰 관련이 있다. 대개의 경우 여성은 친절하고, 다른 사람을 지원하고, 사람들의 주의를 끌지 않는다고 여겨진다. 심지어 자신의 야망보다 회사나 팀의 이익을 중요하게 생각하는 사람이라는 기대를 받는다.[70]

이런 현상은 유색 인종에 대해서도 똑같이 나타난다. 사람들은 그들이 회사에서 보조적인 역할을 할 것이라고 생각한다. 이런 기대 때문에 많은 드라마나 영화에서 여성과 유색 인종이 단순한 업무에 종사하는 것으로 그려지고, 실제로 우리의 일상에서도 그런 업무와 역할

이 배정된다.[71]

업무 차별에 영향을 미치는 또 다른 요소가 있다. 고정관념에 따라 업무를 배정받은 사람이 인기 없는 업무에 대해 '싫다'는 의사표시를 명확하게 하지 않는 경우다.[72] 그들이 불만을 표출하지 않는다는 점, 이것이 그들에게 인기 없는 업무를 맡기는 또 하나의 이유다.

저항해봤자 소용없다 ─────

반발은 대개 좋은 선택은 아니다. 좋지 않은 업무를 피하려고 공개적으로 거부를 하든 은밀하게 보이콧하든 자신에게 그런 업무를 더 이상 요구하지 못하게 하는 전략은 다른 사람에게는 효과적일 수 있지만 여성과 소수 인종에게는 그것이 오히려 역효과를 가져올 수 있다. 기대에 부응하지 못할 경우 전보다 더한 나쁜 대접을 받을 수 있기 때문이다.[73] "그녀는 자기가 엄청 잘한다고 생각해."라거나 "그는 팀에 방해가 돼."라는 말을 듣게 될지 모른다. 이처럼 반발은 보복을 불러올 수도 있고, 근무 평가에 반영될 수도 있다.

하지만 부당한 업무 배정은 개인이 감당할 결과를 넘어 팀에도 피해를 준다. 집단의 조화를 위협하고 불필요한 마찰을 일으키기 때문이다. 쉬운 예로, 회의록을 작성하는 사람은 회의에 제대로 참여할 수 없고, 중요한 안건을 이해하지 못하는 일이 생길 수 있다. 이런 일이 지속되다 보면 그 사람은 결국 업무에 집중하려던 생각을 접거나 최악의 경우 팀 또는 회사를 옮길 수도 있다.

이는 개인의 역량에도 영향을 미친다. 계속되는 단순 관리 업무를 수행하느라 다양한 경험이 가능한 업무를 할 시간과 기회를 얻지 못하기 때문이다. 이 말은 곧 중요한 프로젝트나 회의에 참여해 새로운 인맥과 관계를 만들고 가시적인 성과를 올려 경력을 쌓는 것이 힘들어진다는 의미다.

프레젠테이션이나 교육은 개인의 이미지는 물론 몸담고 있는 회사의 이미지를 강화하는 기회를 제공한다. 하지만 여성이나 유색 인종, 이민자에게는 그런 기회가 거의 돌아가지 않는다.[74]

이런 일이 반복될 경우 리더는 치명적인 결과를 맞이할 수밖에 없다. 직무 능력과 훌륭한 경력이 리더의 필요조건이긴 하지만 실제로 리더로서의 성공을 안겨주는 요소는 다른 데 있다. 바로 가시성인데, 리더가 어떤 모습으로 비춰지고 알려지느냐가 리더로 성공하는 핵심 요소다.[75]

불공평한 업무 배정에 대한 핑계로 그 사람의 관심 부족이나 자신감 결여를 핑계로 드는 경우가 많다. 하지만 대학을 졸업한 뒤 MBA 과정을 공부한 학생들의 경력을 조사한 연구는 이 변명이 사실이 아님을 보여준다. 학생들은 성공을 위해 거의 비슷한 과정을 밟았지만 성공한 비율은 남성이 훨씬 높았다. 같은 회사에서든 다른 회사에서든 여성도 남성 못지않게 승진할 수 있는 조건을 갖추고 있었지만 남성이 더 빨리 승진했다. 같은 기간 동안 여성보다 남성이 두 배 더 많이 정상에 올랐다.[76]

현명한 위임이 중요한 이유 ─────

업무를 위임한다는 것은 매우 중요한 일이다. 그런데 주의를 기울이지 않고 신중을 기하지도 않는 방법으로 위임이 이루어지고 있다. 조사 결과 거의 절반에 가까운 기업의 관리자들이 자신들이 위임을 잘하고 있는지 확신하지 못했으며, 네 곳 중 단 한 곳만이 변화를 위한 실질적인 조치를 취하고 있었다.[77]

현명한 위임이 중요한 이유가 단지 팀의 목표 달성 때문만은 아니다. 모든 팀원이 발전하고, 기술을 쌓고, 새로운 내용을 익히고, 열정을 유지하고, 동기를 얻으려면 반드시 현명한 위임이 이루어져야 한다. 이렇게 할 때 리더는 일상 업무 이상의 과업에 집중할 수 있다. 다시 말해 현명한 리더는 위임을 통해 새로운 관계를 맺고 다른 부서와의 협업 기회를 확장시킨다.

공평한 업무 배정으로 인한 혜택은 여성과 소수 인종에게만 돌아가는 게 아니다. 관심이 있는 업무에 바로 지원하지 못하는 내향적인 남성도 새로운 책임을 맡을 가능성이 더 커진다. 이는 스포트라이트를 받기 꺼려하는 모두에게 해당한다. 외향적이고 열정적인 '에이스' 팀원에게도 혜택이 돌아간다. 그들은 '싫다'고 말하면 경력에 해를 입을 수 있다고 생각하거나 최악의 경우 자신이 자원하지 않으면 업무가 원활하게 이루어지지 않을 거란 생각에 분명 더 적극적으로 임할 것이다. 한마디로 업무가 공정하게 배정되면 모두가 자기 일에 집중해 역량을 발휘할 가능성이 더 커진다.

공정하고 공평하게
업무를 위임하는 방법 ────

그렇다면 공평하고 공정하게 업무를 위임할 수 있는 방법은 무엇일까? 다음의 몇 가지를 기준으로 삼아라.

- **첫째, 전체적인 업무를 개괄적으로 살펴라.** 정기적으로 처리해야 하는 업무와 그 일의 빈도를 살펴본다. 팀원들에 대해 간단한 조사를 하면 업무 배정과 공정성 여부에 대한 통찰을 얻을 수 있다.
- **둘째, 시스템을 활용하라.** 이름 또는 나이순으로, 또는 자신이 생각하는 규정에 따라 팀원들이 반복적인 업무를 돌아가면서 수행할 수 있게 한다.
- **셋째, 자원자에게 의존하지 마라.** 고정관념과 사회적 압력 때문에 비자발적인 자원자들이 인기 없는 업무를 맡아야 할 수 있다. 팀원의 선호도에 따라 업무를 배정할 경우 그 선호도가 진짜일 수도 있지만 그렇지 않을 수도 있다. 이럴 경우 업무가 불공평하게 배정되는 경향이 있는데, 예를 들면 남성은 직무 능력을 발휘하는 업무를 맡는 반면 여성은 생일 케이크나 꽃을 준비하는 것이다.
- **넷째, 일관성을 유지하라.** 아무리 인기 없는 업무라 해도 각자에게 할당된 일은 수행하는 게 당연하다는 인식을 갖게 해야 한다. "나는 자세히 모릅니다."라거나 "내 적성에 맞지 않아요."라는 말은 핑계가 아니라 나쁜 태도이자 능력 부족임을 알게 해줘야 한다.

팀원들에 대한 정보를
파악하는 법 ───────

가시성이 높은 프로젝트의 팀원을 구성할 때 직감에만 의존해서는 충분하지 않다. 프로젝트 성공의 중요한 기준을 확인하고 거기서부터 시작해야 한다. 다양한 요소가 의사 결정에 영향을 미치더라도 모든 팀원이 자신의 능력을 발휘할 기회를 얻도록 보장해야 한다.[78] 자세한 방법은 다음과 같다.

- **첫째, 전체적인 내용을 살펴라.** 우선순위와 후속 작업, 그 일을 성공적으로 해내는 데 필요한 능력을 목록으로 작성해본다.
- **둘째, 담당자를 정하라.** 어떤 팀원에게 어떤 책임을 맡길지 고려한다. 해당 팀원에게 필요한 자질이 있는지 잘 모를 때는 자신의 감정을 점검해보라. 이 과정에서 자신에게 편견이나 선입관이 있다는 사실을 알게 될지도 모른다. 확신이 없을 땐 다른 의견도 들어보라.
- **셋째, 성장을 유도하라.** 프로젝트의 조건 때문에 팀원 선발에 제약이 있더라도 하급자가 '노련한 상급자'와 협력하면서 경험을 쌓을 수 있게 할 수 있는 방법은 많다.
- **넷째, 선택지를 계속해서 확인하라.** 팀원들에 대한 정보를 목록으로 작성하여 팀원에게 어떤 기회를 제시할 수 있는지 도움이 되는 목록을 만든다. 여기에는 당신이 관찰한 점과 다른 사람의 의견, 팀원이 당신에게 이야기한 목표와 선호에 대한 정보를 포함

시켜야 한다. 무엇이 팀원들에게 동기를 부여하고, 또 무엇이 그들을 좌절시키는지 온전히 파악해야 한다.

- **다섯째, 인사고과 기간뿐 아니라 평소에도 팀원의 발전을 위해 노력하라.** 팀원의 경력에 도움이 될 만한 아이디어가 떠오를 때마다 기록을 추가한다. 어떤 업무가 의미 있을지, 그런 업무를 누구에게 배정할지 미리 계획해둔다.

처음에는 힘들겠지만 반복하다 보면 수월하게 팀원들에 대한 최신 정보를 업데이트할 수 있다. 일주일에 15분만 투자하면 팀원들의 다양한 필요를 충족시켜 줄 수 있는 귀중한 도구를 얻을 수 있을 것이다.

공정한 위임을 넘어
순조로운 업무로 이어지려면 ─────

팀원에게 그저 프로젝트를 던져주고 일이 잘못될까봐 사사건건 간섭하면서 챙기면 그 직원은 발전할 수 없다. 반대로 책임을 다 넘기고 일이 잘되길 바라거나 문제가 악화되기 전에 담당자가 연락을 취해 도움을 청하기만 바라서도 팀원의 발전을 기대할 수 없다. 일이 순조롭게 풀리고 기대하는 결과를 달성하기 위해서는 다음의 몇 가지를 꼭 기억하라.

- **첫째, 성공의 전제조건은 철저한 준비다.** 역할, 업무의 취지, 기본 지침, 기대하는 결과 등이 명확하지 않으면 십중팔구 실망하는 일이 생긴다. 목표와 일정에 대해 미리 합의하고, 프로젝트를 수행하는 동안 일어날 수 있는 문제들을 미리 고려해야 한다.

- **둘째, 충분한 시간을 투자해 체계적인 방식으로 프로젝트에 대해 토론하라.** 어떤 이유로 프로젝트를 위임했는지, 어떤 생각으로 그런 결정을 했으며, 그 프로젝트의 요구 조건과 기대하는 성과는 무엇인지 등을 미리 합의해야 한다. 업무를 위임한다는 것은 일만 맡기는 것이 아니라 책임까지 넘긴다는 것을 뜻한다. 그런 만큼 관련된 모든 사항을 조정하는 과정은 독백이 아니라 대화가 되어야 한다.

- **셋째, 프로젝트의 중요성을 명확하게 밝히고 책임 여부를 확실히 정하라.** 사람들은 프로젝트 담당자가 업무에 제대로 착수했는지, 책임의 범위를 알고 있는지 충분히 확인하지 않는다. 그러므로 예상되는 결과, 담당자의 역할, 프로젝트 추진의 일관성, 실패할 경우 팀과 조직에 미치는 영향을 명확하게 밝혀야 한다.

- **넷째, 포괄적으로 합의하라.** 이러한 논의의 목적은 언제, 무엇을, 왜 할 것인지에 대한 공동 합의에 도달하는 것이다. 팀원은 무슨 내용이 합의됐는지, 다음 단계에 자신이 어떤 일을 해야 하는지 자신의 입으로 반복해야 한다. 단순히 '모든 걸 명확히 이해했는가?'라고 묻고 '그렇다'라는 답변을 얻는 수준에 그쳐서는 안 된다. 다양성이 있는 팀이라면 어떤 문제가 수면 위로 떠올랐을 때

진지한 논의가 이루어져야 한다. 문화적, 사회적 영향으로 인해 팀원들이 불확실성을 받아들이지 못할 수도 있기 때문이다. 또 경험이 부족한 팀원의 경우 자신이 중요한 정보를 놓치고 있다는 사실을 지각하지 못할 수도 있다.

- **다섯째, 핵심 관계자에게 이야기하라.** 프로젝트에 대해 담당자들만 알고 있어서는 프로젝트가 원활하게 진행될 수 없다. 핵심 관계자들도 담당자들의 역할과 제반 사항에 대해 알고 있어야 한다. 그리고 프로젝트 진행 중 문제가 생겼을 경우엔 그것을 발전의 기회로 삼아야 한다.

리더는 자신이 문제를 해결하고 책임지려 하기보다 프로젝트 담당자가 필요한 지식과 해법을 찾도록 도움으로써 그들을 관리해야 한다. 갑자기 문제가 발생하는 낭패를 피하기 위해서는 지속적으로 상황을 파악해야 할 것이다.[79]

공정한 위임을 위한 조언

인기 없는 업무는 번갈아 가며 하라. 팀 내에서 해야 하는 '직장 내 가사일'을 전체적으로 살펴보라. 그런 다음 이름 또는 나이, 아니면 다른 기준을 정해 인기 없는 업무가 한 명에게만 돌아가는 일이 없도록 하라.

모든 팀원에게 능력을 발휘할 기회를 주어라. 가시적인 성과가 나오는 업무를 위임할 때 먼저 떠오르는 팀원에게만 배정해서는 안 된다. 필요한 기술과 경험, 요구 조건을 갖춘 사람, 프로젝트에 참가해서 유익을 얻을 수 있는 사람을 고려하라.

필요한 최신 정보를 계속 파악하라. 어떤 종류의 경험을 누가, 왜 해야 하는지 표로 작성하라. 그리고 그것을 정기적으로 업데이트하라.

새로운 임무를 기존 책임과 통합시켜라. 팀원이 발전할 수 있도록 임무를 위임하라. 인재 양성과 성과 관리를 위해 적절한 기회를 활용하라.

영향력을 발휘해 틀에 박힌 규정을 바꿔라. 업무가 불공정하게 위임되고 있다는 사실을 알았을 때는 반드시 짚고 넘어가라. 그런 불공정한 업무 배정이 개인과 조직에 미칠 해로운 결과를 다른 사람들에게 알려라.

6장

빨리 도와줄 수 있어?

● ● ●

성공적인 협업에 규칙이 필요한 이유와
충돌을 해결하는 방법

"시간 좀 있어?"

커트는 마감 기한이 지난 보고서를 끝내기 전에 커피 한 잔을 마시고 싶었다. 하지만 말을 거는 피터 앞에서 잠깐 멈춰서고 말았다.

"시간이야 물론 있지."

"워크숍 문제 말이야. 야스민의 아이디어가 괜찮았잖아. 이제 실행 단계에 돌입해야 하는데 네가 좀 도와줬으면 좋겠어."

"말해봐. 무슨 일인데? 어떤 도움이 필요해?

"아직 세부적인 내용까지는 논의하지 못했어. 아직 초기 상태거든. 네가 팀을 꾸려주면 좋을 것 같아. 네 동료들에게 부탁하면 어때? 프로젝트 팀을 만들어도 나쁘지 않고. TF 팀이면 더 좋을 거야. 더 열정적으로 움직일 것 같은데, 어때?"

앞서 4장에서 다룬 것처럼 배경이 다양한 사람들은 다양한 관점을 제시하고, 집단사고에도 빠지지 않는다. 그 결과 더 나은 해법을 찾는 것이 가능하다. 다양한 사람이 모인 팀의 강점은 이뿐만이 아니다. 주요 컨설팅 회사의 자료를 수집해 조사한 결과에 따르면, 팀 간 협업을 포함한 활발한 협업은 시장성을 새롭게 확보할 수 있는 가능성을 높이고, 더 높은 매출과 이윤을 창출한다고 한다. 나아가 더 좋은 성과를 달성한다.

그럼에도 불구하고 해당 팀에서 일하는 팀원들은 협업에 매력을 느끼지 못하는 경우가 많다. 그래서 협업으로 인한 이익을 얻으려면 더 많은 시간과 노력이 소요된다. 사람들은 협업보다는 자신의 업무에 집중하는 게 더 좋다고 느끼고, 그렇게 할 때 빠른 결과가 나온다고 생각하기 때문이다.

하지만 이런 식으로 생각하면 개인의 이익은 물론 장기적 보상마저 놓칠 수 있다. 다른 사람과 긴밀하게 협력할 때 자신의 전문성과 기술을 보여줄 기회를 얻을 수 있기 때문이다. 그리고 성공적인 협업은 앞으로 생길 기회에서 동료들의 추천을 받을 수 있는 아주 좋은 기회가 된다.[80]

많은 사람들이 다른 사람의 지식과 경험, 지원을 활용하는 것의 가치를 머리로는 이해하면서도 실제로는 협업을 주저한다. 업무를 처리하는 데 시간이 오래 걸린다는 것이 이유 중 하나다. 하지만 그보다 더 큰 이유는 이용만 당하고 끝나거나 자신의 기여를 인정받지 못할 거라는 생각, 내 아이디어를 이용하려는 사람과 함께 일하게 될지도 모른다는 걱정에 있다. 그렇다 보니 협업을 시간 낭비라고 느끼고, 자신의 지식과 아이디어를 공유하는 것을 꺼린다. 눈에 띄는 큰 성과를 올린 팀원만 칭송하고 그들에게만 보상을 하는 문화도 협업을 꺼리게 하는 이유다.

이와 대조적으로 포용적인 문화에서는 서로를 도우려는 마음이 보인다. 이러한 상황이 만들어지려면 팀원들 스스로 자신의 존재가 가치 있다는 느낌을 받아야 한다. 그러기 위해서는 모든 팀원이 자신의 개성을 발휘하는 가운데 공통점을 찾을 수 있는 환경이 조성되어야 한다. 이런 분위기에서 혁신이 이루어지고, 지혜롭고 효율적인 해법이 나오며, 조직의 업무 수행력이 향상된다.[81]

협업에는 이러한 유익이 있지만 그래도 협업을 언제, 어떻게 할지 결정할 때는 신중하게 생각해야 한다. 협업에 실패하면 개인 차원에서뿐만 아니라 팀 차원에서도 좌절감을 맛보기 때문이다.

천차만별인 팀원들의 상황

대부분의 직장인들은 많은 시간을 다른 사람과 상호작용을 하면서 보낸다. 모임에 참석하고, 통화를 하고, 이메일을 주고받는 모든 일이 상호작용이다. 반면 개인적인 일에 집중할 수 있는 시간은 점점 줄어들고 있다. 그로 인해 업무적으로 논의한 문제에 대해 향후 절차를 숙고하지 못하거나 눈앞의 문제에만 급급하게 되는 경우도 많다. 끝나지 않는 업무와 여기저기서 들어오는 요청 때문에 업무를 다 처리하지 못하고, 일을 집으로 가져가도 문제는 해결되지 않는다. 이는 결국 스트레스를 불러오거나 번아웃 증후군을 유발할 수 있으며, 심할 경우 누군가는 일을 포기하고 회사를 떠나기도 한다.[82]

이를 막고 싶다면 누가 누구와 협력하고 개인적 기여도는 어떤지를 분석해 보라. 아마 뜻밖의 결과를 발견하게 될 것이다.

많은 리더들이 팀에서 누가 가장 열심히 노력하며 가장 큰 기여를 했는지 정확하게 알지 못한다. 이를 해소하기 위해서는 네트워크 분석이 필요하다. 네트워크를 분석하면 유명한 사람의 이름을 들먹이며 무한한 인맥을 과시하는 사람이, 또는 실제로 영향력을 가진 사람이 꼭 가시적인 성과를 내는 것은 아니라는 사실을 알게 될 것이다. 이 말은 겉으로 평범해 보이는 팀원이 실제로는 결정적인 역할을 하거나 중요한 영향력을 발휘하는 경우도 많다는 뜻이다. 이유는 다양하다. 스포트라이트를 받는 게 익숙하지 않거나 부적절하다고 생각해서일 수도 있고, 자화자찬을 하는 것이 자신의 스타일이 아니기 때문일 수도 있다.

하지만 이런 원인들과는 완전히 다른 이유도 있다. 업무 외적으로 처리해야 할 일이 많아서 업무 성과가 기준 이하로 떨어지는 사람이 있을 수도 있다. 그로 인해 제시간에 업무를 끝내지 못하거나 못하는 경우도 있음을 인지해야 한다. 이런 경우에는 업무 효율을 높일 수 있는 다른 방법을 찾아야 한다.

테이커taker와 기버giver —————

현재 상황을 더 잘 이해하려면 팀원들이 팀의 성과에 어떤 식으로 지원을 하고 기여를 하는지 면밀하게 살펴야 한다. 팀원은 대개 세 가지 면에서 기여를 한다.

- 첫째, 정보를 제공하고 자신의 지식과 전문성을 공유한다.
- 둘째, 눈에 보이는 결과를 만들고 인맥을 제공하는 등 사회적 기회를 제시한다.
- 셋째, 직접적인 도움을 주고 자신의 시간과 에너지를 투자한다.

그런데 어떤 팀원이 신속하게 정보를 제공하거나 인맥을 동원했음에도 그것을 그 팀원의 기여로 보지 않는 경우가 있다. 일반적으로 정보나 인맥이 활용되는 데는 시간이 걸리기 때문이다. 예를 들어 내가 똑같은 정보를 거듭 알려주고 필요할 때마다 똑같은 인맥을 동원했다고 하자. 팀에 그렇게 기여를 해도 그 일에 투자한 시간은 사람들에게 중요하게 인식되지 않는다. 심지어 책임감 없는 사람으로 비춰질 수도 있다.

여러 연구 결과도 이를 뒷받침한다. 아무리 인맥을 동원해봤자 그들 중 절반은 유능한 팀원으로 인정받지 못한다. 시간과 에너지를 들여 도움을 주면 동료들에게 인기가 많고 크게 인정받을 것이라 생각할 것이다. 하지만 그렇다고 해서 꼭 관리자의 인정까지 받는 건 아니다. 심지어 승리의 영광이 다른 사람에게 돌아가는 경우도 많다. 팀이나 조직의 '에이스' 중 약 20%는 자신의 일에만 집중하고 다른 팀원을 돕는 것에 대해서는 생각조차 하지 않는다.[83]

하지만 장기적으로 볼 때 이런 태도는 현명하지 않다. 다른 사람의 이익보다 자신의 이익을 중요하게 생각하는 '테이커taker'는 혼자 일하거나 자신의 인맥만을 이용하는 경우에 한해 성공을 거둘 수 있다. 결과적으로는 서로 돕고 원활한 협업이 필요한 환경, 즉 '기버giver'가 더 성공할 가능성이 높다. 다른 사람을 도와 성공하게 하는 동시에 다른 사람의 인맥과 도움을 통해 성공하는 사람이 바로 기버다.[84]

편견과 고정관념이 불러오는
업무 실적 부진 ─────────

그렇다고 해서 기버가 항상 성공하는 것은 아니다. 기버의 생산성이 다른 사람에 비해 떨어지는 일이 비일비재하기 때문이다. 정작 자신의 일은 뒷전에 두고 다른 사람만 도와주는 데 이유가 있다. 이러한 기버의 모습을 보며 여성이 먼저 떠오른다면 안타깝지만 그 생각이 맞다. 남성은 주로 정보와 인맥 제공을 통해 도움을 주는 반면 여성은 시간과 에너지를 써서 돕는 경우(66%)가 훨씬 많다.[85]

여기에는 몇 가지 이유가 있다. 우선 여성은 '훌륭한 시민'으로 행동하려는 경향이 강하다. 한 예로, 교소도 내의 상황만 봐도 알 수 있다. 이 책을 쓰는 시기에 조사한 독일 교도소 수감자는 남성이 5만 1,000명인 데 비해 여성은 3,100여 명이었다. 범죄의 심각성과 복역 기간 면에서도 여성이 모두 낮았다.[86]

또 팀을 이룬다는 것이 무엇을 의미하는지에 대해서도 여성과 남성은 기본적으로 다른 시각을 갖고 있다. 여성은 한 팀이라면 다른 팀원이 업무를 잘해내도록 도와야 한다고 생각한다. 남성이 '유능한 팀원은 자신의 위치를 알고 주어진 역할을 잘해내는 것'이라고 생각하는 것과는 다르다.[87]

이러한 특성은 여성이 자신의 우선순위를 추구하는 데 시간을 많이 쓰지 않고, 자신의 이익만 챙기는 것은 이기적이라는 생각과 죄책감을 갖게 하는 이유를 설명해준다.[88] 오히려 여성은 자신을 위한 시간을 포기하고 도움을 요청하는 사람을 돕는다. 하지만 결과적으로 선의를 인정받기는커녕 통제력이 부족하고, 할 일을 제때 처리하지 못하거나 준비가 부족하다는 평가를 받기 일쑤다.

이러한 문제를 '개인의 문제'로 보는 생각은 반만 맞다. 고정관념 때문에 여성의 도움은 당연하게 여겨진다. 예를 들어 남성이 동료를 도와주기 위해 야근을 하면 매우 긍정적인 평가를 받는다. 돕지 않고 정시에 퇴근을 해도 크게 문제되지 않는다. 하지만 그와 똑같은 행동을 여성이 하면 비난을 받는다.[89]

성별이 협업에 영향을 주는 유일한 요소는 아니다. 집단의 인종 구성 또한 큰 영향을 미친다. 다양한 인종으로 구성된 팀의 강점을 보여주는 증거는 많다. 다양성을 갖춘 팀은 더 많은 정보를 받아들이고, 여러 검증을 거쳐 결정을 내린다.[90] 서로를 무조건 믿지 않기 때문에 더 신뢰할 수 있는 예측을 내놓고[91], 더 열심히 노력하고, 새로운 아이디어를 창출하고, 더 나은 성과를 올린다.[92] 그런데도 사람들은 그 팀에 의심을 품는다.

한 실험에서 관찰자들에게 단일 인종 집단과 혼합 인종 집단을 비교해 어떤 상황이 일어나는지 평가하도록 했다. 관찰자들은 실제로 일어난 상황과 상관없이 혼합 인종 집단에서 더 많은 마찰이 일어날 거라고 굳게 믿었다. 단일 인종으로 구성된 집단은 화합하는 반면 혼합 인종으로 구성된 팀은 충돌이 있을 거라고 지레 짐작한 것이다.

하지만 진짜 문제는 이게 아니었다. 그들은 혼합 인종 팀이 대인관계에 문제가 있다는 신호를 분명히 관찰했다고 믿었고, 그 결과 그 팀에는 업무 수행을 위한 재정적 지원을 하지 않으려고 했다.[93] 불공정하고 부정적인 판단이 자기 충족 예언으로 바뀔 수 있음을 보여주는 예다.

이러한 현상은 마트에서 실시된 다른 실험에서도 똑같이 나타났다. 연구자는 계산원이 물건을 계산하는 속도, 고객을 응대하는 데 걸리는 시간, 결근 일수를 보여주는 매트릭스를 사용해 업무를 평가했다. 이 설정 덕분에 연구자는 관리자들이 바뀔 때마다 직원의 업무 결과가 어떻게 달라지는지를 측정할 수 있었다.

관찰 결과, 편견이 있는 관리자가 근무하는 날에는 소수 인종에 속한 직원의 업무 수행 능력이 많이 떨어졌다. 그 관리자들이 소수 인종을 정말로 싫어하거나 그들을 부당하게 대한다는 근거를 따로 찾을 필요도 없었다. 편견이 있는 관리자와 소수 인종의 직원 사이에는 별다른 상호작용이 없었다. 그리고 이는 해당 직원의 형편없는 업무 실적으로 이어졌다.

이러한 현상은 악순환을 낳을 뿐이다. 편견은 차별받은 소수 인종의 실적 악화를 유발하고, 이렇게 되면 관리자는 소수 인종이 실제로 능력이 없는 직원이라는 확신을 갖게 된다.[94]

성공적인 협업을 위한 지원 방법 ─────

다양한 사람들이 함께 일하는 팀에는 반드시 일관된 규칙이 필요하다. 규칙이 없으면 성공에 위협이 된다. 개인의 스타일이나 문화적 배경으로 인해 팀원들이 적절한 질문을 하지 못하거나 불거진 문제를 해결하지 못할 수 있기 때문이다. 성에 대한 고정관념이나 잘못된 우선순위, 당면 과제에 대한 불명확성으로 인해서도 협업이 삐걱거릴 수 있다. 모두가 공평하게 기여해서 성공적인 협업이 가능한 환경을 만들어주는 몇 가지 원칙이 있다.

- **첫째, 필요조건을 명확하게 규정하라.** 각 프로젝트마다 어떤 기술과 경험이 필요한지를 정해 놓아야 한다. 이렇게 해야 그 자리에 적합한 팀원을 임명하고 기대치를 설정하기 위한 기초를 놓을 수 있다.

- **둘째, 결정 권한을 위임하라.** 필요한 조치들이 결정되면 시간을 절약할 수 있다. 프로젝트 참가자가 결정할 수 있는 문제, 앞으로 논의할 문제 등에 대해 초반에 협의해 두면 프로젝트 관계자 모두의 만족감이 높아지고 업무 속도도 높일 수 있다. 요즘은 같은 공간에서 동시에 작업을 하지 않아도 될 만큼 협업을 지원해주는 기술적 시스템이 잘 마련되어 있다. 그럼에도 아직 최종 협의 단계에서는 얼굴을 마주하는 '대면'을 중시하는 기업들이 많다. 이제 이러한 관행에 의문을 제기할 때가 됐다.

- **셋째, 목표와 범위를 명확하게 밝혀라.** 달성해야 할 목표와 프로젝트의 범위에 대해 합의해야 한다. 동시에 업무를 공정하게 배정하고 합의대로 업무를 진행하고 있는지 확인할 수 있는 방법을 찾아야 한다.

- **넷째, 자원을 제공하라.** 프로젝트를 성공시키기 위해서는 필요한 자원의 적절한 지원이 중요하다.

- **다섯째, 경계를 분명히 하라.** 과도한 기대로 인해 종종 하기 싫거나 부담스러운 일을 맡는 팀원이 생길 수 있다. '싫다'고 말해도 괜찮고, 그렇게 말하는 게 중요하다는 것을 확실하게 해야 한다. 팀원들이 미리 합의된 업무에 집중할 때 좋은 결과가 나온다. 이렇게 할 때 말한 것을 실천하고, 잡무를 특정한 사람에게 몰아서 배정하는 일을 막을 수 있다. 누군가의 희생으로 인해 얻은 성과는 진정한 성과가 아니다.

피드백과 까다로운 의사소통 ─────

이런 방법이 효과적으로 작동하기 위해서는 긍정적인 피드백뿐만 아니라 부정적인 피드백도 허용되어야 한다. 그래야 지나치게 적극적이어서 여기저기 관여하고 다니는 팀원에게 자신의 위치를 깨닫게 할 수 있고, 달갑지 않은 업무를 처리하지 않고 내버려두는 팀원을 다루는 것이 용이하다. 피드백과 관련한 공통 체계를 세우고 그것을 꾸준히 활용할 때 팀원들이 문제와 염려를 제기하는 것이 자연스러운 올바른 피드백 문화가 만들어진다. 이를 위해서는 팀 전체가 피드백 방식에 동의해야 한다. 그러면 누구도 부당하다고 느끼는 일 없이 자신의 의견을 말할 수 있다. 올바른 피드백 방법은 아래 표와 같다. 발전 지향적 피드백과 관련된 더 많은 조언은 9장에서 다룰 것이다.

피드백을 주고받으면 상황을 명확하게 밝혀 잘못된 점을 바로잡기가 쉽다. "죄송합니다. 그런 의도는 아니었습니다. 앞으로 주의하겠습니다."라는 말로 마무리가 가능하다. 하지만 계획은 언제나 생각과 다

상황	상황을 설명하라. 언제, 어디서, 무슨 일이 일어났는지 최대한 구체적으로 말하라.
행동	당신이 관찰한 행동을 설명하라. 단, 상대의 의도가 무엇인지 알 수 없다는 사실은 잊지 마라.
결과	그 행동에 대한 당신의 반응을 설명하라. 당신의 생각과 느낌을 말하라.

표7 합의된 방식이 있으면 피드백을 하기가 수월하다.

	메시지 싸움	배우는 대화
발생한 상황에 대한 대화 문제: 상황은 각자가 보는 것보다 더 복잡하다.	가정: 나는 문제의 발생 상황을 이해하는 데 필요한 모든 것을 알고 있다. 목표: 내가 옳다는 것을 증명하라.	가정: 우리는 각각 다른 정보와 인식을 갖고 대화에 나선다. 서로가 모르는 중요한 정보가 있을 수 있다. 목표: 서로의 생각을 검토하라. 상황을 어떻게 이해하며, 왜 그렇게 이해하는지 고려하라.
	가정: 나는 그들의 의도를 알고 있다. 목표: 그들의 행동이 틀렸다는 것을 알려줘라.	가정: 나는 나의 의도와 그들의 행동이 내게 미치는 영향을 알고 있다. 그들의 생각은 알지 못하고, 알 수도 없다. 목표: 그들의 행동이 내게 어떤 영향을 미치는지 알려주고 그들의 생각을 확인하라. 또한 내가 그들에게 어떤 영향을 미치는지 알아보라.
	가정: 모든 게 그들의 잘못이다. (또는 내 잘못이다.) 목표: 그들이 잘못을 인정하고 문제를 책임지고 해결하게 하라.	가정: 상황이 엉망이 된 것은 우리 '모두'의 책임일 수 있다. 목표: 각자가 어떤 방식으로 기여했는지 확인하라. 서로의 행동들이 어떻게 상호작용하여 이런 결과를 야기했는지 살펴라.
감정에 대한 대화 문제: 상황에는 감정이 개입된다.	가정: 감정은 상황과 상관없고 감정을 이야기해봤자 도움이 되지 않는다.(또는 내게 이런 감정이 생긴 것은 그들 잘못이므로 이야기를 해야 한다.) 목표: 감정에 대한 언급을 피하라. (또는 그들에게 알려라)	가정: 감정은 상황에 대한 마음 상태이며 복잡하다. 내 감정을 이해하기 위한 검토가 필요할 수 있다. 목표: 판단하거나 책임을 돌리지 말고 나와 그들의 감정을 다루라. 문제 해결에 앞서 감정을 인정하라.

| 정체성에 대한 대화

문제:
상황은 우리의 정체성을 위협한다. | 가정: 나는 유능과 무능, 잘함과 못함, 호감과 비호감 중 하나다. 중간은 없다.

목표: 둘 중 하나의 자아상을 지켜라. | 가정: 우리 모두에게는 심리적으로 위태로운 요소가 있을 수 있다. 누구도 완벽하지 않으며 복잡한 존재다.

목표: 각자의 위태로운 정체성을 이해하고 균형을 잘 유지하기 위해 좀 더 복합적인 자아상을 세워라. |

표8 '메시지 전쟁'이 아닌 '배우는 대화'. 더글라스 스톤Douglas Stone, 브루스 패튼Bruce Patton, 쉴라 힌 Sheila Heen의 《우주인들이 인간관계로 스트레스 받을 때 우주정거장에서 가장 많이 읽는 책Difficult Conversations – How to discuss what matters most》

르게 전개되는 경우가 많다. 당면 문제에 대해 양쪽의 시각이 완전히 다르고 자신의 생각만 옳다고 주장할 때 그렇다. 이 경우 대화의 끝은 커피 한 잔이 아닌 불만이 들끓는 갈등으로 치닫는다.

이런 결과가 나오는 이유 중 하나로 성향의 차이를 꼽을 수 있다. 예를 들어 내향적인 사람은 어려운 상황에 직면했을 때 잠시 뒤로 물러나 충돌을 피하려는 경향이 강한 반면 외향적인 사람은 공세를 취하는 특징이 있다. 이 경우 문제를 해결하려는 시도가 상황을 개선할 수 있을지는 모르지만 결과는 예상과 다르게 나타날 수 있다. 한쪽이 불쾌감을 느끼거나 상처를 받아 서로의 대화가 피드백이 아닌 공격과 방어로 이어질 수 있기 때문이다.[95]

양쪽 모두에게 심각한 문제가 생길 수도 있다. 이를 테면 합의한 사항을 상대가 이행하지 않았거나 상대를 믿었는데 실망스러운 일이 생겼거나 중요한 기여를 했는데 무시를 당했거나 누군가 내 업적을 가로챘거나 한 동료가 유독 내 신경을 긁었거나 누군가 내게 불공정해 보이는 피드백을 한 경우가 그렇다.

감정이 섞이는 순간 문제는 복잡해진다. 이렇게 된 이상 문제에 대한 논의를 미루거나 감정을 배제한 채 문제를 해결하려고 노력한들 쉽지 않다. 마음속에서는 여전히 화가 끓고 있기 때문이다.

문제를 해결하기 위해서는 다른 방법으로 접근해야 한다. 현재 내 마음속에서 끓고 있는 것은 상황에 대한 나의 시각과 그로 인한 혼합된 감정이다. 이 모든 것이 지금 내 자아상과 충돌하고 있다. 인지하지 못하고 있는 편견이 있을 수 있음을 인지하라. 어쩌면 우리는 우리가 생각하는 것만큼 공정하지도, 친절하지도, 협업에 적극적인 사람이 아닐 수도 있다.

결론적으로, 어떤 상황에 대해 오직 하나의 가능성만 존재한다고 생각하지 않는 것이 건설적인 대화의 기초다. 각자의 기대와 경험, 평가는 상황을 판단하는 데 중요한 영향을 미친다. 그래서 무슨 일이 일어났는지, 그 일로 어떤 결과가 생겼는지 합의하려면 적어도 세 가지 종류의 대화가 이루어져야 한다.(표8) 그렇게 할 때 '메시지 싸움'을 피해 '배우는 대화'를 할 수 있는 토대를 만들 수 있다.[96]

더 나은 협업을 위한 조언

진행할 회의를 마음속으로 점검하라. 계획한 회의가 꼭 필요한 것인지, 모든 팀원이 참가해야 하는지, 그들이 기여할 부분이 있는지를 미리 검토하라. 회의 시간을 줄일 방법을 고민하고, 선 채로 하는 회의도 고려하라. 그러면 좀 더 간단하고 효율적인 회의를 할 수 있다.

핵심 조력자들을 확인하라. 자신의 책임이 아닌 업무에 평균 이상의 시간을 쓰는 팀원은 누구인가? 의도적인 지원인가, 타당한 상황인가? 적절한 보상을 받고 있는가, 아니면 과도한 업무를 맡고 있어 경계를 세워주고 자신의 업무에 집중하도록 해야 하는가?

공정하고 효율적인 기준을 세워라. 팀의 규모를 필요에 맞게 유지하라. 이를 위해 프로젝트의 성공에 필요한 기술과 경험을 가진 팀원을 뽑거나 프로젝트를 통해 배움의 기회를 얻을 수 있는 팀원을 선발하라. 그리고 그에게 결정 권한 등의 책임을 부여하라.

피드백을 주고받는 팀 문화를 만들어라. 피드백을 관행으로 삼아 비판적인 피드백을 일상적으로 주고받아라.

까다로운 의사소통을 연습하라. 세 가지 유형의 대화를 적용하라. 발생한 상황, 나의 감정에 미친 영향, 나의 정체성과 관련된 대화. 당면 문제에서 당신이 어떤 역할을 해야 할지 아직 받아들이지 못했더라도 대화를 시도하라. 혼자 속으로만 생각하면 과녁을 벗어난 추측만 하게 되어 건설적인 해결책을 찾을 기회를 놓칠 수 있다.

참여하고 승진하기

3부에서는 어떤 경력과 요소가 고용과 승진에 중요한 작용을 하는지 살핀다. 개인의 인구학적 속성이 노동 시장에 진입할 기회와 호감도, 그리고 승진 속도에 어떤 영향을 주는지 알게 될 것이다.

7장 '나는 완벽한 후보를 알고 있다!'에서는 사람들이 일자리를 어떻게 구하는지 살펴본다. 공석에 대한 정보를 누가 알고 있는지, 고용 과정에서 누가 거론되는지, 실제로 선발될 가능성에 영향을 주는 요소는 무엇인지 검토할 것이다. 공정하고 현명한 선발을 보장하는 방법도 다룬다.

8장 '그는 이 일에 맞지 않아!'에서는 누군가를 중요한 직책에 앉힐지를 결정하는 데 있어 자격 이상으로 영향을 주는 요소를 살핀다. 경력 향상을 돕거나 아니면 지지부진하게 하는 메커니즘, 경력을 차단하는 메커니즘도 함께 알아볼 것이다. 이를 통해 공평한 경쟁의 장을 만들 수 있는 방법을 제시한다.

피드백의 종류와 시기, 피드백을 받을 수 있을지 없을지 여부는 피드백을 받는 사람에 따라 다르다. 9장 '아직 피드백을 할 기회가 없었다'에서는 누군가 받게 되는 피드백의 의미를 살핀다.

7장

나는 완벽한 후보를 알고 있다!

• • •

적임자를 찾는 과정에서 지원자를 어떻게 배제하는가?

"그 자리에 완벽한 후보를 알고 있어요!"

야스민이 기대에 부풀어 피터를 바라보며 말했다.

"능력이 뛰어난 사람이에요. 열정적이고 융통성도 있어요. 지금은 비영리조직에서 일하고 있는데 꽤 큰 프로젝트를 맡고 있어요. 그 사람이라면 한몫 단단히 할 거예요!"

그 말에 존이 끼어들었다.

"일단 공고부터 해야죠. 그런 다음 지원자를 검토하는 것이 순서라고 생각합니다. 최대한 많은 지원자를 확보해야 합니다. 최근 들어 그 분야에 엄청난 변화가 있으니까요. 분명 출중한 사람들이 지원할 겁니다."

하지만 야스민은 절차를 위한 절차는 필요 없다는 듯 말했다.

"그래요? 잘 아시잖아요. 그러면 시간이 오래 걸려요. 인사 담당자들과도 논의를 해야 하잖아요. 우리는 급하다고요! 시간을 아끼는 것이 우선이에요."

"하지만 장기적으로 우리 팀을 강화할 기회입니다. 편하다는 이유로 기회를 그냥 버려서는 안 되죠."

존의 강력한 주장에 야스민은 어깨를 한 번 으쓱한 뒤 피터에게 말했다.

"피터, 당신 생각은 어때요? 두 분이 커피 한 잔 하면서 얘기하고 있을래요? 지금 바로 그 사람에게 전화해서 물어볼게요. 그 사람이라면 틀림없이 며칠 안에 그 일을 다 해낼 거예요."

개인의 인맥을 통한 고용이 늘어나고 있다. 독일만 해도 일자리 세 개 중 하나가 지인을 통해 채워지고, 직원 수 50명 이하인 회사에서는 두 곳 중 한 곳이 지인을 통해 직원을 구하고 있다.[97]

이러한 방식은 편리하고 효율적으로 보인다. 절차가 신속하고, 추천을 받아서 온 사람의 업무 능력이 자리에 적합할 가능성도 크기 때문이다. 하지만 이런 방식은 구직자에게는 장벽이 된다. 3장에서 살펴본 것처럼 대부분의 인간관계는 비슷한 사람끼리 이루어진다. 주류에 속하지 못하는 사람들은 '쓸 만한' 인맥이 없어 의미 있는 관계를 맺지 못할 가능성이 있다. 이렇게 되면 원하는 일자리를 얻을 가능성도 낮아진다.

지인을 통한 고용의 피해가 잠재적 지원자에게만 해당하는 것은 아니다. 조직도 피해를 보기는 마찬가지다. 아무리 재능이 뛰어나고 새로운 통찰과 놀라운 관점을 제시할 수 있는 지원자가 있다 해도 그 사람이 조직의 레이더망에서 벗어나 있으면 고용할 수 없기 때문이다. 지인을 통한 고용은 오히려 집단사고를 키우고 경쟁력을 감소시킨다.

물론 모든 공석을 공고를 통해 채우는 회사라고 해서 장벽을 다 제거할 수 있는 것은 아니다. 영국 경찰관 모집 사례가 이를 잘 보여준다. 공동체에 대한 봉사의 질을 더 높이기 위해 다양한 인종으로 경찰관을 구성하려는 시도는 성공하지 못했다. 흑인과 소수 인종의 지원자들이 온라인 상황 판단 테스트를 통과하지 못했기 때문이다. 온라인으로 다양한 판단을 테스트하는 이 절차는 지원자로 하여금 경찰관이 직면할 수 있는 실제 상황에서 어떻게 반응할지를 알아보기 위함이었다. 심지어 이것이 고용의 핵심 요소였다.

결국 이들을 위한 새로운 방법이 시도됐다. 행동 과학의 도움을 받아 테스트를 수정하지 않고 그들의 합격률을 높인 것이다. 이메일로 경찰관이 직면할 수 있는 상황에 대해 몇 문장을 추가함으로써 프라이밍 기법을 활용해 지원자가 특정 상황에서 어떻게 행동해야 하는지를 상상할 수 있게 했다. 그 결과 지원자들은 자신이 어떻게 해야 합격할 수 있는지, 그것이 공동체에 어떤 의미가 있는지를 생각할 수 있는 기회를 얻었다. 이렇게 단순한 개입으로 흑인과 소수 인종의 합격률을 높이는 동시에 다른 지원자들에게 불리한 영향을 주지 않으면서 경찰관을 선발했다. 작은 개입이 흑인 및 소수 인종과 그밖에 인종 테스트 통과율의 차이를 효율적으로 좁힌 사례다.[98]

러브콜은 모든 사람에게
해당하지 않는다 ─────

대상은 다르지만 비슷한 문제가 불거지는 상황이 있다. 남성 비중이 높은 직업군의 채용 공고에서 남성에게 러브콜을 보낼 확률이 높은 것도 그 예다. 심지어 공고에 사용된 시각 자료나 언어 표현만 봐도 최종 선발자의 성별에 대해 거의 정확한 예측을 할 수 있다.[99]

1장에서 6~12세 소녀들의 경우 어떤 직업에 여성이 특정되지 않으면 자신이 그 일을 할 수 없거나 그 직업을 가질 자격이 없다고 느낀다는 실험 결과를 살펴보았다. '엔지니어나 자동차 정비공'과 '여성 우주비행사' 또는 '남성 우주비행사'처럼 기업이 어떤 식의 표현으로 구인하는지에 따라 자신이 그 일을 할 수 있는지 없는지에 대한 생각이 달랐다.

성인 여성의 경우는 반응이 좀 달랐다. 그들은 채용 공고가 여성에게 러브콜을 보내지 않아도 자신의 자격에 대해 의심을 품지 않았다. 시각 자료와 언어 표현이 누가 봐도 남성 중심이라면 여성은 그 일이 매력적이지 않고, 그 회사가 자신과 맞지 않는다고 결론 내린다. 그리고 성별을 구별하는 단어를 포함한 언어를 사용하는 회사와 일자리를 더 긍정적으로 평가했다.[100]

자격 요건도 지원 여부에 영향을 미치는 요인이다. 수많은 자격 요건이 여성 지원자의 비중을 줄이고 있다. 잘 알려진 휴렛팩커드의 연구 사례를 보자. 그 연구에서 밝힌 바에 따르면, 여성은 자신이 자격 요건에 100% 충족될 때만 그 회사에 지원한다. 반면 남성은 항목의 60%에만 해당돼도 지원한다.

흔히 사람들은 여성은 자신감이 충분하지 않고 '용기'가 없다고 생각한다. 그런데 여기에 색다른 해석을 내놓은 결과가 있다. 연구자는 여성이 남성과 달리 자격 요건을 '곧이곧대로' 받아들인다는 사실을 발견했다. 그 결과 지원함으로써 생기는 낭비를 막았다. 자격 요건에 해당하지 않는 곳에 지원하는 것은 자신의 시간뿐 아니라 다른 사람의 시간까지 낭비하게 만드는 것이라고 생각한 것이다. 결론적으로 자신감의 차이가 아닌 게임 룰과 절차를 따르는 태도와 인식의 차이였다.[101]

스탠퍼드대학의 연구자는 '여성은 위험을 감수할 준비를 더 해야 한다'는 유명한 조언의 결함을 지적했다. 연구자들은 연구실 관리자 자리에 지원하는 가짜 이력서 두 개를 만들었다. 모든 것이 똑같고, 딱 한 가지 이름만 달랐다. 연구자들은 '제니퍼' 또는 '존'이라는 이름이 들어간 이력서를 연구소에 있는 100명이 넘는 과학자들에게 무작위로 배정했다. 결과는 어떻게 됐을까?

이력서에 기재된 경력이 똑같음에도 과학자들은 성별을 불문하고 제니퍼의 자격이 부족하다고 생각했다. 과학자들은 여성을 채용해 지도하려고 하지 않았다. 심지어 여성에게는 초봉도 더 낮게 제시했다. 그들은 제니퍼에게 존보다 13% 낮은 월급을 제안했다.[102]

이 실험은 성공에는 고정관념과 사교성, 사회적 기대가 포함된다는 사실을 보여준다. 자격만으로는 성공할 수 없다는 뜻이기도 하다. 여성이 남성 못지않게 똑똑하고 열정적이라는 사실을 알고 있으면서도 우리는 고정관념의 영향에서 벗어나지 못한다. 그것이 틀렸다는 것을 알면서도 그렇다.

이런 문제는 여성의 기회에만 영향을 주는 것이 아니다. 산업심리학자 비나 칸돌라Binna Kandola는 이렇게 설명한다. "리더십과 인종의 관계에 대한 최근 조사 결과를 보면 백인 지향적인 리더십 편견이 있음이 지속적으로 확인된다. 백인의 경우, 그런 편견은 내집단 선호도와 관련 있다. 내집단의 구성원이 주로 백인이기 때문이다. 하지만 소수 인종 역시 똑같이 백인 지향적인 편견을 드러낸다."

이 결과 어떤 일이 생길까? "백인 지향적인 리더십 편견을 가진 사람은 백인 리더가 리더의 특성을 가졌다고 생각하는 경향이 있다. 그런 특성을 직접 관찰하지 않았음에도 그런 믿음을 갖는다. 그리고 소수 인종인 리더와 백인 리더의 생각이 다를 때 그것을 백인에게 훨씬 더 유리하게 해석하고 설명한다."[103]

공정한 선발이 보장되려면 사람들에게 단지 용기를 내라고 말하는 것 이상의 조치가 필요하다. 실질적으로 필요한 자격 요건을 합리적으로 정하는 것이 출발점이 되어야 한다. 관행적인 요구 사항을 자격 요건으로 정하는 것은 좋지 않다. 업무와 직접적인 관련이 없는 활동, 다른 데서나 써먹을 수 있는 자격을 요건에 나열할 필요가 없다는 뜻이다. 이것은 그저 불필요한 심사를 유발할 뿐이다. 또 이러한 방식은 일상적인 업무에 원활하게 합류하겠다고 약속하는 사람만 뽑게 되는 문제를 유발한다.

그 자리에 꼭 필요한
'적임자' 선발하기 ─────

안타깝게도 자격과 아무런 관련이 없는 요소들이 '적합성'을 판단하는 데 영향을 준다. 그중 하나가 이름이다. 이름이 그 사람의 출신과 능력을 추측하게 하는 방아쇠 역할을 하여 누군가에게는 기회를 주고 누군가에게서는 기회를 차단하거나 빼앗는 경우가 생각보다 많다. 미국에서 '에밀리'나 '그레그'라는 이름을 가진 사람은 유색 인종을 암시하는 '라키샤'나 '자말'이라는 이름을 가진 사람보다 직장을 더 잘 구한다.[104]

미국뿐만 아니라 독일에서도 비슷한 현상을 발견할 수 있다. '뮈라'는 평점에 영향을 주는 이름이다. 사범대학에 다니는 학생들에게 독일 태생임을 암시하는 어린이와 독일 태생이 아님을 암시하는 어린이들의 시험지를 채점하도록 했다. 그 결과 틀린 개수가 똑같았음에도 터키계로 추정되는 '뮈라'라는 이름을 가진 아이가 더 낮은 점수를 받았다.[105]

사회적 지위가 낮은 집안 출신으로 추정되는 케빈이나 만디, 샨탈 같은 이름을 가진 어린이 역시 더 적은 기회를 받는다. 이런 이름을 가진 아이들은 초등학교 때부터 교사에게 잠재적 문제아로 취급당한다. 이와 반대로 소피나 샬럿, 쟈콥처럼 성공 또는 사회적으로 명성을 얻을 것 같은 이름을 가진 어린이들은 교사에게 큰 기대를 받는다.[106] 그런데 케빈이 단순한 이름이 아니라 진단[107]이라고 생각하면 그들의 의구심은 순식간에 자기 충족 예언으로 바뀐다. 그 결과 미래가 '촉망되는' 어린이에게 집중하는 일이 벌어진다.

1960년대에 로버트 로젠탈Robert Rosenthal 하버드대 교수가 초등학교 1,2학년의 학업 잠재력을 평가하는 새로운 테스트를 제시하자 많은 사람들이 열광했다. 테스트에 매료된 교장은 즉시 학생들에게 이를 적용했다. 그리고 테스트를 치른 학생 중 20% 정도가 남다른 잠재력이 있다는 사실을 확인했다. 교사들은 이 학생들이 '지적 능력 향상 테스트'에서 높은 점수를 받았으며, 앞으로 놀라운 성취를 보일 거라는 말을 들었다. 명단의 학생들이 지금까지는 성적이 좋지 않았지만 장래가 촉망된다는 믿음이 교사들에게 심어진 것이다.

8개월 후, 로젠탈은 학교를 다시 방문해 학생들의 발전 정도를 확인했다. 로젠탈의 실험은 성공적이었다. 해당 학생들의 지능지수IQ가 다른 학생에 비해 눈에 띄게 높아진 것이다. 거기서 그치지 않고 교사들은 명단에 있던 학생들이 호기심이 더 많고, 행복지수도 높으며, 문제 해결 능력이 뛰어나고, 미래 발전 가능성도 높다고 평가했다.

사실 로젠탈이 건넨 것은 아무 의미 없는 리스트였다. 명단에 있던 아이들은 지적 능력 테스트라는 명목 하에 무작위로 뽑혔을 뿐이었다. 그럼에도 8개월 사이 놀라운 발전이 가능했던 것은 잠재력이 아닌 그들이 받는 대우가 달라졌기 때문이다. 교사들은 장래가 기대된다는 명단 속 아이들에게 시선을 더 많이 맞추고, 더 많은 미소를 보여주었으며, 고개를 끄덕이며 인정해 주었다. 또 그 아이들에게 더 많은 활동을 시키고, 시간을 내어 그 아이들의 행동에 반응하고 높은 목표를 설정해 주었다.[108]

갈수록 어려워지는 계층 간 이동

케빈과 만디에게 장벽으로 작용하는 것은 관심 부족만이 아니다. 사람들이 케빈과 만디의 기대와 일치하는 정보를 받아들이고 그것을 더 잘 기억하는 경향도 두 사람에게 장벽으로 작용한다. 이른바 ✦ '확증 편향'이다. 만디가 잘못된 행동을 하면 사람들은 당연하다고 생각한다. 반대로 소피가 똑같은 행동을 하면 매우 이례적인 일이며, 소피가 두 번 다시 그런 행동을 하지 않을 거라고 확신한다.

이름으로 사람을 판단하는 것은 사회적 출신과 관련된 편견에 뿌리를 두고 있다. 이는 사회적 계층의 이동을 억제하는 요소이기도 하다. '외국인처럼 들리는' 이름만 그 사람의 스토리를 알려주는 것이 아니다. 특정 국가에서 오랜 전통을 지닌 이름은 사회 계층을 가늠하는 지표다. 게다가 교육 수준에 따라 부모가 선호하는 이름도 다르다. 한마디로 이름은 부모가 속한 사회적 집단을 알려주는 지표이며, 기회에 영향을 준다.[109]

사회적 계층의 이동 또한 갈수록 줄어들고 있다. 1955년에서 1975년 사이에 태어난 사람들은 계층 이동이 가능했지만 그 이후로는 쉽지 않다. 이 말은 곧 현재 소득분배 하위 계층에서 태어난 아이들은 자신의 부모와 이전 세대에 비해 상위 계층으로 올라갈 수 있는 기회가 적다는 의미다. 한마디로 이들이 좋은 직장을 얻거나 높은 소득을 얻을 가능성은 낮다. 경제개발협력기구OECD 평균을 보아도 부모 중 적어도 한쪽이 대학 교육을 받은 부모를 둔 아이들이 대학에 갈 확률은 60%

인 데 반해 중학교를 졸업하지 않은 부모를 둔 아이가 대학에 갈 확률은 15%에 불과했다.

세대 간 소득을 보더라도 부모 간 소득 격차의 40%가 다음 세대로 이어진다. 사회적 계층의 이동은, 북유럽 국가에서 '세대 간 대물림'이 일어날 확률이 20%인 데 반해 일부 신흥 국가에서는 70% 이상으로 나타났다. 이는 스칸디나비아 지역에 사는 저소득 가정의 아이는 상대적으로 낮은 소득으로 인해 오랜 세대가 지나야 평균 소득을 올릴 수 있다는 의미다. 심지어 독일에서는 저소득 가정의 아이 42%가 여전히 낮은 소득으로 살고 있으며, 그 자녀들이 평균 소득을 따라잡으려면 6세대가 걸린다.[110]

누가 적임자인가? 그게 그렇게 중요한가?

국가와 업계를 불문하고 기업가의 80% 이상이 인사 결정의 핵심 요소로 '자사 문화에 적합한 사람'을 꼽는다.[111] 당연하다. 기업들이 자사의 가치를 중시하는 직원을 구하는 것은 더 이상의 재고가 필요 없는 일이기 때문이다. '100% 고객 만족'을 추구하는 기업은 서비스 정신이 강한 사람을 우선순위로 구할 것이고, 혁신을 중요하게 생각하는 기업은 호기심이 많고 창의적인 사람을 가장 먼저 고용할 것이다.

하지만 안타깝게도 대개의 경우 '적합성'을 판단하는 방식은 전략적이지도, 체계적이지도 않다. 실제로는 기업의 가치관에 맞고, 핵심 관계자들과 협력하며, 비즈니스 관계를 성공적으로 관리하는 능력을 가진 사람이 항상 뽑히지 않는다. 그보다는 인사 담당자의 개인적 취향에 따라 뽑히는 경우가 더 많다. 심지어 '그 사람과 공항에서 함께 시간을 보내도 괜찮은가?'가 중요한 선발 기준으로 작용하기도 한다. 관심사와 배경이 비슷할 때 '그렇다'라는 대답이 나올 가능성이 크기 때문이다.

미국 대형 법률 회사를 대상으로 한 조사는 충격적인 결과를 보여준다. 이번에도 비슷한 이력서를 고용주에게 보냈다. 지원자들의 교육 정도와 경력은 모두 똑같았고, 취미만 다르게 기재했다. 결과는 어땠을까? 축구나 컨트리 뮤직, 육상 등의 취미는 선발에 도움이 되지 못했다. 이들 중 단 1%만이 채용 면접을 볼 기회를 얻었다. 반면 클래식 음악이나 요트, 승마에 관심이 있다고 기재한 지원자들은 다른 결과를 맞이했다. 기업의 16%가 그들을 만나고 싶어 했다.[112]

지원자의 희망을 꺾는 것이 단지 부적절해 보이는 취미만은 아니다. 무언의 복장 규정도 사회적 장벽을 허물지 못한다. 런던 금융가에는 지금도 '갈색 구두 금지' 규정이 유지되고 있다. 심지어 지원자의 신발만 보고도 '적절하지 않은' 사람으로 배제하는 일이 허다하다.[113]

기대에 미치지 못하는 게 어떤 의미인지 나는 경험을 통해 알고 있다. 나는 휴렛팩커드의 홍보 부서에서 일했다. 처음에는 프린터와 PC 홍보 책임자를 보조하는 인턴이었고, 그 다음에는 주 1~2회 정도 수습생 생활을 했다.

내가 학위를 막 받았을 무렵 홍보 부서의 관리자 자리가 비었다. 나는 그 자리가 내 자리라고 확신했다. 그 분야를 잘 알고 있었고, 팀원들과도 잘 지냈으며, 성과 면에서도 뛰어났기 때문이다. 인사 담당자와의 인터뷰는 그저 하나의 회의에 불과하다고 생각했다. 바쁜 업무에 더해진 일상적인 회의라는 생각으로 편안한 마음을 가지고 담당자에게 향했다.

그녀에게 가서 말을 거니 그녀가 아무 말 없이 나를 바라봤다. 그러더니 "지금은 시간이 없는데……. 지원자를 기다리고 있거든요."라고 말했다. "지원자가 바로 접니다."라는 내 말에 그녀는 다소 짜증스러운 눈빛으로 나를 다시 쳐다봤다.

인터뷰는 그런대로 괜찮았다. 그녀는 내게 일반적인 상황에 대한 문제 처리 방법을 물었고, 나에게 그것은 식은 죽 먹기나 다름없었다. 그렇게 나는 홍보 부서 관리자가 됐고, 1년 6개월에 걸쳐 관리자로 일했다.

하지만 인사 담당자인 그녀는 내가 눈에 차지 않았던 모양이다. 그녀는 나를 너무 어리고, 직설적이며, 그저 속편한 사람으로 생각했다. 내가 즐겨 입고 다니던 줄무늬 티셔츠를 결정적인 증거로 여겼을 것이다.

내게 탈출구를 열어준 것은 나중에 내 상사가 된 사람이었다. 그는 내게 "자네는 기자들을 만나야겠군."이라고 말하며 내게 맞는 첫 번째 일자리를 알려줬다.

도움을 받아라 ───

피드백은 한 사람의 무의식적인 의구심과 편견을 알게 해주는 중요한 열쇠다. 다른 사람이 나를 보는 모습과 내가 나를 보는 모습은 대체로 다르다. 다른 사람의 시각을 통해 우리는 스스로의 모습을 알 수 있으며, 그 덕분에 행동 영역을 넓힐 수 있다.

그림6 '조하리 창'은 인식의 차이를 이해하는 데 도움이 된다. '열린 영역'은 내가 다른 사람에게 알려주고 다른 사람이 나에 대해 알고 있는 정보 영역이다. 즉 나에 대해 나와 다른 사람이 알고 있는 정보다. 열린 영역에서 스스로에 대한 인식은 다른 사람의 인식과 일치한다. 그리고 이 영역은 자신이 생각하는 것보다 작은 경향이 있다.

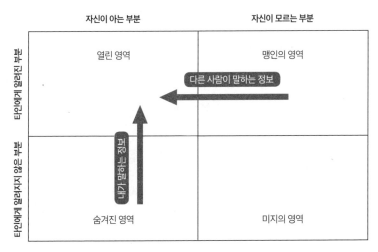

그림6 조하리 창

'숨겨진 영역'은 나는 알고 있지만 다른 사람에게는 알려주지 않은 부분이다. 여기에는 다양한 이유가 있다. 특정한 관계에서는 말할 필요가 없는 정보이기 때문일 수도 있고, 그 정보가 중요하지 않다고 생각해 알리지 않아서일 수도 있다. 사생활과 관련된 정보일 수도 있고, 알렸을 때 사회적으로 배제 당할까봐 두려워서 숨긴 정보일 수도 있으며, 굳이 언급할 필요가 없다는 생각에 알리지 않은 것일 수도 있다. 하지만 이런 생각들은 잘못된 생각일 때가 많다. 한 실험에서 실험 참가자에게 협상을 하면서 미리 정해진 전략 네 개 중 한 개를 쓰라고 했다. 그런 다음 연구자들은 협상 상대에게 실험 참가자가 협상을 통해 얻으려고 했던 것이 무엇이었냐고 물었다. 협상에 나선 참가자 가운데 60%가 자신은 모든 것을 투명하게 밝혔다고 했지만 상대가 참가자의 의도를 정확하게 읽은 경우는 26%에 불과했다.[114]

이런 일은 매우 흔하게 일어난다. 대학 기숙사의 룸메이트도 서로의 생각을 합리적으로 조정하는 데 9개월이 걸린다.[115] 따라서 주변 사람들과 함께 보내는 시간의 절대량이 많지 않은 경우라면 자신에 관한 정보를 적극적으로 알리는 것이 좋다. 서로를 이해하는 사람들이 더 행복하고, 사생활과 직장생활에 대한 만족도가 높으며, 관계를 더 오래 유지한다.[116]

이제 '맹인 영역'을 살펴보자. 이 영역은 자신은 모르고 남들은 아는 부분이다. 그래서 이 영역을 줄이기 위해서는 다른 사람들에게 많은 피드백을 요청해야 한다. 조언을 얻을 수 있는 대상이 다양하고 많을수록 자신에 대해 더 많이 알 수 있다. 외집단의 구성원들은 내집단의 구성원이 보지 못하는 면을 볼 수 있기 때문이다. 가치와 경험, 의견을 공유하는 내집단의 구성원은 정보도 비슷한 방식으로 해석하기 때문에 다양한 사람에게 물어야 '미지의 영역'에 대한 통찰을 얻을 수 있다. 이렇게 할 때 일상에서는 자각하지 못한 자신의 편견과 고정관념을 알아챌 수 있다.

인식의 차이 때문에도 자신에 대한 정보를 적극적으로 알릴 필요가 있다. 내가 '정상적'이라고 생각하거나 '자명한' 일로 여기는 것을 누군가는 매우 다르게 생각할 수 있다. 내 행동과 결정의 이유를 설명해야 다른 사람이 내 행동과 의도를 이해할 것이다. 나에 대한 정보를 주지 않으면 다른 사람들은 나의 행동과 의도를 놓고 잘못된 추론을 할 가능성이 높다.

인공지능 면접의 한계 ─────

자격 요건이 명백하게 규정되어 있어 개인의 선호가 선발에 영향을 주지 않을 때 더 많은 지원자가 면접 기회를 얻는다. 한 IT 회사의 경우 채용을 익명으로 진행할 때 소수 인종에 속하는 지원자가 더 많은 면접 기회를 얻는다는 사실을 발견했다. 일정한 자격 요건을 갖춰야 특정 업무를 맡길 수 있다는 기준을 세웠을 때 인사 담당자는 익명 채용 과정을 통해 그에 맞는 새로운 인력을 찾을 수 있었다. 2차 심사에 통과한 지원자 중 40%가 '일반' 채용 과정에서는 탈락했을 학벌과 경

력을 갖고 있었다.[117]

머지않아 인공지능이 고용에 변화를 가져오고, 따라서 채용에 더이상 사람이 개입할 필요가 없을 것이라는 기대는 십중팔구 틀렸다. 2018년 말 아마존은 큰 기대를 품고 야심차게 시작한 AI 매칭 프로젝트를 중단했다. 이 시스템이 기술적인 일자리에 남성을 선호하는 것이 문제였다. AI가 과거 10년의 데이터를 근거로 인력을 선별했기 때문이다. 남성 취업자가 압도적으로 많은 일자리는 여성에게 불리했다. 하지만 장벽을 만드는 것은 성별만이 아니었다. '과거의' 데이터에서 강조된 성공 사례와 그런 성공을 설명하는 방식이 AI가 유망한 지원자를 찾은 검색 조건에 영향을 주면서 다른 방식으로 이력을 내세우는 지원자는 배제됐다.[118]

링크드인Linkenin도 알고리즘을 기반으로 한 새로운 서비스를 시작했다. 기업들은 이 서비스를 활용해 자신들의 기준에 적합한 지원자를 찾고 있다. 하지만 링크드인 탤런트 솔루션의 부사장 존 저신John Jersin은 이렇게 말한다. "나는 스스로 채용을 결정하는 AI 시스템을 완전히 신뢰하지 않습니다. 그런 기술은 아직 준비되지 않았습니다."

그렇다고 해서 인공지능을 활용한 지원자 선발을 멈추는 것은 아니다. 하이어 뷰Hire Vue 같은 회사들은 화상 면접을 통해 지원자를 평가하기 시작했으며, 채용 과정에서의 편견을 줄이기 위해 지원자의 언어 및 비언어적 단서를 AI 시스템을 통해 평가하고 있다. 문제는 이런 방식이 안면 인식과 관련해 이전과 비슷한 문제에 직면했다는 사실이다. 예를 들면 AI 시스템은 흑인 얼굴의 신뢰도가 백인보다 떨어진다고 인식한다. 이는 아마존에서처럼 과거 고용 사례에 영향을 준 선호도 때문에 결과가 조작될 수 있다는 것을 의미한다. 테스트 결과, 관리자에 대한 과거 선호도가 고용 결정에 실제로 반영됐다. 게다가 지원자의 문화적 차이, 그리고 그것이 지원자의 몸짓과 선호도에 미치는 영향 또한 선발의 고려 대상이 되었다.[119]

정리하자면, 기존 데이터베이스는 추천 수에 영향을 받으며, 어느정도 편견이 내재되어 있다. 마치 '쓰레기를 넣으면 쓰레기가 나오는 식'의 출력이다. 새로운 시스템은 이를 보완하고 있지만 이미 사용되고 있는 시스템은 그렇지 않다. 결국 AI 면접에서 많이 활용되는 심리 측정 테스트는 리더의 행동에 공통적인 특징이 있다는 편견을 더욱 강화시킨다. 지원자들의 태도와 선호도를 리더로 성공한 사람의 과거 이력과 비교하고 있기 때문이다. 이 말은 곧 과거에 성공했던 방식으로 현재에 행동하는 사람이 성공할 가능성이 크다는 의미다.

체계 없는 면접은 일반적이지만 공정하지는 않다

불행하게도, '이상적인 후보'라는 기대에 미치지 못하는 사람이 많다. 그들에게 유일한 장벽은 불공정한 사전 선발이 아니다. 면접관의 선호도도 선발에 영향을 미치는 중요한 요소다.

면접이 진행되는 동안 중간중간 끼어들어 부정적인 질문을 던지거나 믿지 못하겠다는 듯이 고개를 갸우뚱하는 행동은 지원자의 자신감을 떨어트린다. 이와 대조적으로 면접관의 관심을 한 몸에 받는 지원자는 확신을 가질 수 있다. 면접관이 자신이 선호하는 지원자의 대답에 만족을 드러내면서 편안한 분위기를 조성하고 암묵적인 응원을 할 때다. 이를 가리켜 ✦'미묘한 확언'이라고 한다.

미묘한 확언은 결정적인 순간에 지원자를 돕는다. 면접관이 지원자의 말에 조용히 고개를 끄덕이며 동의의 뜻을 드러낼 때 그렇다. 좀 더 명확하게 말해 보라고 하거나 더 말해 보라고 격려하는 것도 마찬가지다. 면접관이 자신의 경험을 말해 주며 면접이라는 상황이 스트레스를 줄 수 있고 질문이 애매하고 까다로울 수 있다는 점을 인정함으로써 지원자와의 관계를 강화하고 자신의 응원이 진심임을 드러내는 것도 '미묘한 확언'이다.[120]

여기에 지원자가 훌륭한 리더의 일반적인 특성까지 갖췄다면 이것은 불공정한 장점으로 작용한다. 면접관 자신이 무슨 행동을 하고 있는지 인식하지 못할 때 더욱 그렇다. 면접관은 어떤 지원자에게는 심호흡을 하라고 말하고, 또 어떤 지원자에게는 연달아 질문을 했다는 사실조차 기억하지 못한다. 고개를 끄덕였을 수도 있고 짜증스러운 눈빛으로 고개를 흔들었을 수도 있다. 그들의 기억에 남는 건 흥미로운 토론 아니면 의미 없이 지나간 토론이라는 인상뿐이다.

체계 없는 면접은 공정한 선발에 치명타가 된다. 자격에 대한 심사는 거의 없이 자격을 판단하려는 면접관의 의도가 면접 곳곳에서 드러났을 것이기 때문이다. 서류 심사 때는 인지하지 못한 지원자의 인상이 문제가 되기도 한다. 인상 때문에 면접관이 그 사람을 평가할 수 있는 정보에 집중하지 못하고 흔들릴 수 있다.[121] 이처럼 체계 없는 면접은 합리적인 기준이 아닌 개인의 선호도와 직감에 따라 결정을 내리게 만든다. 지원자와 면접관 사이의 '공감대'가 직무에 필요한 능력과 경험보다 더 중요한 평가 요소로 작용한 결과다.[122]

많은 기업이 필요 이상의 정보를 모으는 반면 어떤 기업은 이력서마저 받지 않기로 결정하고 있다. 직무와 관련 없는 정보 때문에 주의가 분산되는 것을 막고 지원자의 실제 능력에 온전히 초점을 맞추려는 시도다.

사람들은 객관적이지 않다 ───────

✦ '편견'은 공정한 시각을 잃게 만든다. 이 장의 앞부분에 나온 소피와 만디의 경우가 생각나는가? 이렇게 생각해보자.

처음 학교에 가는 날, 소피는 부모와 함께 갔다. 소피의 부모는 매우 근사한 사람들이다. 어머니는 교사이고 아버지는 화학자이다. 단정하고 예의바른 소피는 첫날부터 선생님께 좋은 인상을 남겼다. 이러한 첫인상은 그 사람에 대한 인식에 장기적으로 영향을 준다. 그리고 첫인상과 어울리지 않는 행동을 하더라도 생각은 크게 달라지지 않는다. 확증 편향 때문이다.

사람들은 자신의 기대와 일치하는 정보에 더 민감하게 반응하는 경향이 있다. 자신의 생각을 지지하는 정보를 더 많이 받아들이고, 그것을 더 잘 기억한다. 반대로 자신의 생각과 충돌하는 정보는 인식조차 하지 못하는 경우가 많다. 아니면 그러한 정보를 자신의 생각과 맞게 해석한다(◆센스메이킹).

소피가 만디를 때렸다고 치자. 사람들은 소피의 행동에 대해 잘했다고 하지 않을 것이다. 하지만 속으로는 틀림없이 만디가 소피를 괴롭혀서 소피가 참지 못하고 만디를 때린 거라고 생각할 가능성이 크다. 만디는 항상 문제를 일으키고 소피를 귀찮게 구는 아이라고 생각할 것이다.

사람들은 자신이 합리적인 판단력을 가지고 있다고 생각한다. 그렇기 때문에 직감에 따라 행동하는 것을 막고 공정한 기회를 보장하기 위해서는 체계적인 접근이 필요하다. 텍사스 의대에서 실시된 한 연구는 이를 확실하게 증명한다.

연구자가 사전 예고 없이 의대 측에 학생 수를 50명 늘리라고 요청했다. 하지만 그것은 시간적으로 다소 늦은 요청이었다. 공식적인 등록 절차가 끝났고, 관심이 있는 학생들은 이미 등록을 마친 상태였기 때문이다. 할 수 있는 방법이라고는 지원했다가 떨어진 학생들의 명단을 재검토하여 그중 50명을 등록시키는 것이었다.

결과는 놀라웠다. 떨어졌다가 합격한 학생들의 학업 수행력이 처음에 합격한 지원자들 못지않게 뛰어났다. 학기 중에는 물론 졸업할 때도 두 그룹의 격차는 거의 없었다. 입학 시험을 분석한 뒤에야 연구자들은 그런 놀라운 결과가 나온 이유를 설명할 수 있었다. 처음에 떨어겼던 학생들은 객관적인 기준으로 평가하는 테스트에서는 합격한 학생들과 점수 차이가 없었다. 하지만 체계가 없는 면접에서는 그 학생들이 '감점을 받았다.' 이 면접은 심사위원의 주관적인 관점으로 진행됐다.[123]

모두에게 공정한 기회를 주려면 ─────

다양한 사람들을 객관적으로 평가하기 위해서는 체계적이고 효율적인 절차가 필요하다. 그러기 위해서는 직무에 맞는 핵심 자격 요건을 규정하는 것이 가장 중요하다. 어떤 업무를 하는 자리인지, 그 업무를 성공적으로 해내기 위해 필요한 기술은 무엇인지, 그 기술을 평가하는 가장 좋은 방법은 무엇인지, 채용 과정에서 필요한 자격 사항을 다루고 일반적인 문제들을 검토하기 위해 할 수 있는 일은 무엇인지, 적절한 경력은 무엇인지, 지원자를 더 정확하게 판단하기 위해 무엇을 해보라고 할 수 있는지 등을 고려해야 한다.

예를 들어 '문화적 적합성'이 중요하다고 생각된다면 그것이 어떤 의미인지를 정확하게 규정해 두어야 한다. 축구나 일본의 다도 문화에 공통적으로 관심을 갖고 있다면 흥미 있는 대화를 이어갈 수 있을 것이다. 하지만 이것이 직무를 성공적으로 수행할지 알려주는 적절한 지표는 아니다. 지원자가 문화적으로 적합한지 평가하려면 기업 문화의 핵심을 잘 알고 있어야 한다. 무엇이 중요하고 그것이 왜 중요한가? 특정 능력과 행동이 조직의 성공에 어떻게 기여하는가? 그러한 자질을 현실적으로 어떻게 측정할 것인가? 이런 문제들을 따져봐야 한다.[124]

모든 지원자에게 동일한 질문지를 작성하게 하는 것도 중요하다. 다른 문항보다 더 중요한 문항이 있다면 사전에 알려줘야 한다. 또 면접 흐름에 방해가 되더라도 공정한 비교를 위해서는 똑같은 순서로 질문해야 한다. 그리고 ◆'후광 효과'를 방지하기 위해서는 지원자의 대답을 들은 즉시 점수를 매겨야 한다. 후광 효과를 피하지 못할 경우 지원자의 어떤 특성에 면접관의 마음이 쏠릴 수 있기 때문이다. 지원자의 태도가 마음에 들어서 심각한 결점을 보지 못하거나 반대로 태도가 마음에 들지 않아 그 사람의 장점이 보이지 않는 것이 그 예다.

지원자의 성적을 비교할 때는 전반적인 인상이 아닌 항목 하나하나를 따져보며 평가해야 한다. 그래야 면접관의 선호도와 지원자에 대한 인상을 가지고 평가할 때와는 달리 객관성을 높이고 균형 잡힌 결정을 할 수 있다. 또 여러 명의 지원자를 동시에 평가할 때 고정관념의 영향을 덜 받는다.[125]

채용은 심사위원단을 통해 이루어지더라도 면접은 일 대 일로 진행되어야 한다. 그래야 집단사고가 토론과 채점 과정에 영향을 미치는 것을 막을 수 있다. 그리고 면접관들의 의견이 모이기 전에 각각의 지원자들에 대한 점수가 확정되어야 한다. 그래야 집단사고와 팀의 역학으로 인해 중요한 정보가 누락되는 일을 막을 수 있다.

공정한 선발을 보장하고
무의식적인 선호와 편견을 없애기 위한 조언

피드백을 구하라. 맹인 영역을 줄이려면 다른 사람에게 피드백을 요청해야 한다. 내집단의 구성원에게만 피드백을 구해서는 안 된다. 다양한 관점을 지닌 사람들에게 자신에 대한 의견을 말해달라고 하라.

체계 없는 면접을 지양하라. 어떤 자격 요건이 해당 직무에 가장 중요한지 시간을 내어 숙고하라. 그러한 자격이 지원자에게 어떻게 드러나는지, 자격을 어떻게 테스트할 수 있는지 고려하라. 사전 심사를 할 때 관심이 가는 지원자를 미리 정해 두어서는 안 된다. 체계적인 면접을 진행하고, 집단사고가 결정에 영향을 미치지 않게 하라.

마음속에서 주인공을 바꿔라. 사람에 따라 그 사람의 말과 질문에 자신이 다르게 반응하는지 스스로를 점검하라. 상대의 나이, 성별, 종교, 인종, 민족 등이 달라지면 당신의 반응도 달라지는가? 당신의 판단에 영향을 주는 요소는 없는지, 다른 식으로 상황을 해석하는 경우는 없는지 검토하라.

마음속에서 영화를 전개하라. 앞으로 만나는 세 사람에 대해 자신의 반응을 관찰하라. 그 사람을 보고 떠오른 첫 생각은 무엇인가? 첫 생각을 바탕으로 그 사람에 대한 짧은 영화를 만들어라. 그 사람의 직업, 관심사, 취미, 능력 등을 스토리에 포함시켜라. 그 다음 그 사람의 나이, 성별, 인종, 옷차림, 그 외의 다른 요소가 스토리에 영향을 미쳤는지 관찰하라. 그리고 고정관념과 편견을 줄이기 위해 세 사람을 각각 완전히 다른 영화의 주인공으로 삼아보라.

으로 대통이

8장
그는 이 일에 맞지 않아!

. . .

승진에 능력이 결정적 요소가 아닌 이유는 무엇인가?

"그 자리에 적합한 후보가 세 명 있습니다. 무척 흥미로운 논의가 되겠군요."

그러면서 스티븐은 인사팀 관리자를 바라보았다.

"그들에 대해 설명해주실 수 있습니까?"

"물론이죠. 여러분 모두 피터를 아실 겁니다."

다들 동의한다는 표정으로 미소를 지었다.

"대학을 졸업하자마자 우리 회사에 입사해서 오랫동안 다양한 리더십 과정에 참여했습니다. 결과도 항상 좋았고요. 현재 직책을 3년이나 맡아 왔으니 이제 승진할 때가 됐습니다."

"진심으로 피터가 준비됐다고 생각합니까? 최근에 보니 섣부른 아이디어를 내던데요."

"그는 자신의 역할에 온 마음과 정신을 쏟고 있습니다. 가끔 의욕이 앞설 때가 있긴 하지만 지금 논의하고 있는 자리는 책상에 앉아서 펜만 굴리는 사람에게는 적합하지 않습니다."

"또 누가 있죠?"

"줄리아입니다. 그녀는 항상 최고의 성과를 내고 있습니다. 경력도 그 직책에 아주 적합합니다. 그녀에게 맡기면 경력 확장은 물론 나중에 더 큰 역할을 기대할 수 있을 겁니다."

"그녀에게는 아직 어린 막내아들이 있죠? 기껏해야 두 살쯤 됐을까."

"네, 그 자리는 출장을 많이 다녀야 합니다."

"그렇군요. 엄마에게나 아이에게나 좋지 않은 일이군요."

"하지만 줄리아는 집안일로 지장을 받지 않습니다. 남편이 파트타임으로 일하고 있습니다."

"그렇긴 하지만 상황을 배제할 수는 없죠. 줄리아의 잠재력에 대해선 전적으로 인정합니다. 하지만 지금 당장 그녀에게 그 자리를 맡아달라고 할 필요는 없어 보이는군요."

"다음 후보는 누구입니까?"

"스벤입니다. 제 생각에는 스벤이 가장 적임자로 보입니다."

"스벤? 그 왜소한 친구 말인가요? 키가 한 170센티미터 정도 되려나. 비쩍 마르고, 두꺼운 안경을 끼고, 목소리도 날카롭던데……. 문제가 생겼을 때 그런 사람이 어떻게 대처할지 모르겠군요. 그리고 외부에서 그 사람을 어떻게 볼지 생각해보세요. 고객 입장에서 말이에요. 아무도 그를 진지하게 대하지 않을 겁니다. 관리자처럼 보이지 않는군요."

앞에서 나는 승진에 장애를 만드는 요소, 그 지난하고 좌절감을 주는 요소들을 언급했다. 이어지는 내용에서는 그것을 몇 가지 더 설명하고, 그 요소들이 관련자에게 미치는 영향에 초점을 맞출 것이다. 사람들이 차별받는다고 느끼면 무슨 일이 생기는지, 어째서 우리는 종종 공평함을 저해하는 나쁜 결정을 내리게 되는지 살펴보자.

리더 능력 탐지기 ————

줄리아에 대해서는 5부 '남성과 여성'에서 더 많은 이야기를 할 것이다. 여기서는 리더로 승진할 가능성이 적은 스벤을 먼저 살펴보자. 그의 자격을 의심하게 하는 요소는 적어도 두 가지다. 작은 키와 깡마른 몸이다. 이런 모습은 '진정한' 리더의 모습과 어울리지 않는다.

여러 연구에서 키 큰 사람이 더 성공한다는 결과를 거듭해서 내놓고 있다.[126] 특히 남자의 경우 키가 큰 백인이 성공한 리더가 될 가능성이 높다. 실제로 커다란 키와 남성다운 모습, 결단력 있는 모습이 백인 남성에게는 유리하게 작용한다. 하지만 같은 조건일지라도 흑인 남성에게는 이것이 '성난 흑인 남자'라는 고정관념을 심어주어 기회에 부정적인 영향을 미치는 경우가 많다.

백인 남성에게 큰 키는 유리하게 작용한다. 자격과 경험이 똑같은 경우라도 키가 10센티미터 더 큰 사람이 작은 사람보다 연봉이 253만 원 더 높다.[127] 또 남성은 몸무게가 몇 킬로그램 더 나가도 유리하다.[128] 마른 남성은 동년배에 비해 연 963만 원을 적게 번다. 하지만 이런 결과를 심각하게 생각할 필요는 없다. 사람들은 외모보다는 자기 수양이 부족해 보이는 사람에게 신뢰를 거두고[129] 자격이 없다고 생각한다.

여성에게는 '자기 수양'이 훨씬 더 가혹한 평가 수단으로 작용한다. 평균에 비해 체중이 10킬로그램 더 나가는 여성은 연 1,586만 원에 해당하는 임금 페널티를 받는다. 남성과 달리 여성은 마른 것이 유리하다. 평균 체중보다 11킬로그램 덜 나가는 여성은 연 1,756만 원의 임금을 더 받는다.

어떻게 그렇게
모질게 굴 수 있을까 ─────

정말이지 공정하지 않다. 그렇다면 당신은 공정한가? 스스로를 예의 바르고 지혜로운 사람이라고 생각하겠지만 우리는 알게 모르게 사람들을 차별하고 있다. 그 이유를 알기 위해서는 뇌가 작동하는 방식을 이해해야 한다. 행동의 중심에는 뇌가 있기 때문이다.

뇌는 많은 에너지를 필요로 한다. 휴식 상태에 있을 때도 그렇다. 인간의 몸은 총 소비 에너지의 20%를 뇌 활동에 쓴다.[130] 그런데 깊이 생각하는 것은 말할 것도 없고, 복잡한 문제로 고민하다 보면 체력이 떨어진다.[131] 생존하기 위해서는 에너지가 부족해서는 안 된다. 이런 필요로 인해 인간의 뇌는 효율적인 프로세스를 발전시킬 수밖에 없었다.

사회심리학자 수전 피스크Susan Fiske와 셸리 테일러Shelley Taylor는 이를 '인지적 구두쇠'라는 용어로 설명한다. 뇌는 생각을 해야 할 때 마치 구두쇠처럼 꼭 필요한 만큼만 일한다. 우리는 최대한 ✦'휴리스 틱heuristic'이나 경험에 기반한 방법과 가정에 의존하여 판단한다. 이 것은 매우 영리한 방법이다. 사무실에 갈 때마다 처음부터 방향을 다 시 설정해야 한다고 생각해보라. 회의실에서 어디에 앉을지 모르겠다 면? 생활 용품을 제자리에 놓아두지 않아 그것을 찾을 수 없다면?

우리가 일상생활을 무리 없이 해나갈 수 있는 이유는 정보를 분류 하고 난 뒤 대부분의 정보는 무시하기 때문이다. 뇌는 초당 1,100만 개의 정보를 받아들이는데, 그중 의식적으로 처리할 수 있는 정보는 40개에 불과하다.[132] 게다가 인식은 자동조종장치처럼 작동되기 때문 에 주변에서 벌어지는 일을 거의 인식하지 못한다. 이때 휴리스틱이 마치 스팸 메일을 걸러내는 필터처럼 작용한다. 휴리스틱은 수많은 정 보를 자동으로 걸러내면서 관련이 있다고 생각되는 정보는 의식의 영 역으로 넘긴다.[133]

노벨상 수상자인 대니얼 카너먼Daniel Kahneman은 이를 '시스템 1사 고' 또는 '빠른 사고'라고 불렀다.[134] 깊이 생각하는 것이 아니라 자동 으로 빠른 사고를 하는 것을 뜻한다. 그런데 이 과정에서 종종 버리지 말아야 할 정보까지 버리는 일이 발생한다. 이를 방지하기 위해 '시스 템 2사고', 즉 느린 사고가 필요하다.

이러한 사고의 차이를 알아보는 좋은 방법이 스트룹 검사Stroop test 다.[135] 그림7에 있는 단어를 보며 무슨 색깔인지 말해보라. 시간을 재

검정색	회색	흰색	흰색
회색	회색	검정색	검정색
흰색	회색	검정색	흰색
회색	검정색	흰색	흰색
검정색	흰색	회색	흰색

그림7 스트룹 검사

며 해봐도 좋다. 그런 다음 그림8의 단어를 보고 색깔을 말해보라.

두 그림에 어떤 차이가 있는지 알아챘는가? 첫 번째 검사는 시스템 1사고로, 잠결에도 할 수 있다. 아이들도 할 수 있다. 색깔과 의미가 일치하기 때문이다. 하지만 두 번째 검사는 다르다. 두 번째 검사에서 우리의 뇌는 서로 충돌하는 정보에 직면한다. 이러한 충돌을 해결하기 위해 시스템 2사고가 필요하다.

시스템 2사고는 집중하고 숙고하는 과정에서 대안을 저울질한다. 그렇게 하려면 시간과 노력이 든다. 그래서 우리는 이 사고를 잘 쓰지 않는다. 우리는 대부분 자신이 신중하고 합리적인 결정을 한다고 생각하지만 우리 생각의 90%는 시스템 2사고를 거치지 않고 직관적으로 끝내고 만다.

경험을 바탕으로 판단하는 가장 중요한 방법 중 한 가지는 분류다. 전에 어떤 정보를 받아들인 적이 있는 상태에서 그와 비슷한 정보를

검정색	회색	흰색	흰색
회색	회색	검정색	검정색
흰색	회색	검정색	흰색
회색	검정색	흰색	흰색
검정색	흰색	회색	흰색

그림8 스트룹 검사

다시 접했을 때 우리는 두 가지 정보를 거의 똑같은 것으로 받아들인다. 진화적 관점에서 볼 때 이는 매우 획기적인 일이다. 친구가 날카로운 이빨을 가진 호랑이에게 잡아먹히는 모습을 보며 이제 곧 내게 달려들 것이 큰 고양이인지 호랑이인지 생각할 필요조차 없는 것처럼 말이다.

생존에 도움이 된 행동 패턴은 지금도 우리의 행동에 영향을 미친다. 사과는 사과고 배는 배다. 그 과일을 한 번 먹어본 기억은 나중에 그 과일을 다시 봤을 때 그것에 대한 생각에 영향을 준다.

어린 시절 어머니는 내게 비트를 먹였는데, 정말이지 고역이었다. 40년 동안 나는 내가 비트를 싫어한다고 확신했다. 어느 날 친구에게 저녁 식사 초대를 받았다. 친구는 하루 종일 주방에 서서 나를 위해 행복한 표정으로 비트 요리를 만들었다. 나는 친구에게 비트를 좋아하지 않는다는 말을 도저히 할 수 없었다. 그래서 억지로 비트를 먹었는데,

최고의 맛이었다. 그날 이후로 나는 비트를 먹는다. 지금도 비트를 바라보는 내 눈은 의심으로 가득하지만 식단의 질은 그야말로 향상됐다.

시스템 1사고를 할 때는 대체로 허술한 분류에 의존하게 된다. 그리고 우리는 분류 항목을 점점 줄여나간다. 누군가에게서 어떤 모습을 보든 그것이 그 사람을 대표한다고 생각한다. 예를 들어 한 번 약속에 늦은 사람은 늘 늦는 사람이 되고, 한 번 불평불만을 털어놓은 사람은 늘 문제만 찾는 사람이 된다.

인식은 현실이다 ─────

자신에 대한 다른 사람의 인식과 판단은 별개의 문제일 수 있다. 하지만 당사자는 자신에 대한 인식이 부당한 판단으로 이어질 수 있다는 불안을 늘 안고 있다. 재능혁신센터는 여기에 초점을 맞춰 흥미로운 연구 하나를 진행했다.[136] 사람들이 자기가 불공정한 대우를 받고 있다고 생각하는지, 그로 인한 영향은 무엇인지 알아보기 위함이었다. 아울러 성별, 피부색, 장애 유무, 성적 취향, 정체성, 융통성, 출신지 등 개인의 인구학적 속성이 다른 사람들에게 받는 대우에 어떤 영향을 미치는지도 함께 조사했다.

단순하다고 생각할지 모른다. 자신이 생각하는 이유 때문에 차별을 받는 게 아닐 수도 있기 때문이다. 흑인이라는 사실이 고용이나 승진에 아무런 영향을 끼치지 않을 수도 있다. 하지만 실제 공정성 여부와 상관없이 불공정하다는 인식은 관련자들에게 영향을 미친다. 이 실험은 직원들이 이런 인식에 어떻게 대처하는지를 알아보려 한 것이다.

연구자들은 직원들에게 자신의 인구학적 속성이 자신에 대한 다른 사람들의 인식에 영향을 주었는지 물었다. 그런 배경 때문에 사람들이 자신을 능력과 야망, 열정이 부족하고, 사람들과 잘 어울리지 못하며 정서 지능과 리더로서의 자질을 의심했는지에 대한 질문이었다. 결과는 어떻게 나왔을까?

불이익을 받는다는 느낌이 부정적인 영향을 준다 ————

조사 결과 응답자의 9.2%가 자신이 상사에게 불공정한 대우를 받는다고 대답했다. 그리고 이는 다른 부분에도 부정적인 영향을 주었다. 불이익을 받는다고 응답한 사람은 그렇지 않다고 응답한 사람에 비해 여러 부분에서 점수가 낮았다. 그들은

- 임금 인상 가능성이 32% 낮았다.
- 업무 책임이 늘어날 가능성이 42% 낮았다.
- 경력 개발 기회를 얻을 가능성이 41% 낮았다.
- 승진 가능성이 25% 낮았다.

불이익을 받는다고 생각하면 회사에 대한 애정이 줄어들기 때문에 냉소적으로 변하고, 자부심을 느끼지도 못한다. 회사에서 자신의 정체성을 숨기려는 경향도 강해진다. 안타깝게도 이런 부정적인 감정은 함께 일하는 동료와 고용주에게도 직접적인 영향을 미친다. 이를 테면 그들은

- 1년 안에 회사를 떠날 계획을 세울 가능성이 세 배 가량 높았다.
- 6개월 동안 아이디어나 해법을 내놓지 않는 경우가 다른 사람에 비해 두 배 이상 많았다.
- 회사에 대해 부정적으로 말하는 경우가 다섯 배 이상 더 많았다.

"상관없어. 회사는 잘 돌아가고 있고, 중요한 건 실적이야."라고 말할 수도 있다. 하지만 십중팔구 그건 잘못된 생각이다. 연구 결과에 따르면 성과 중심적이고 공정함을 자랑하는 회사들이 자신들의 가치를 스스로 훼손하는 경우가 의외로 많았다. 이를 ✦ '능력주의의 역설'이라고 한다.

사람들이 공정을 최고의 가치로 삼는 것은 일부 업무가 특정 직원에게만 유리하게 작용한다는 생각이 들기 때문일 것이다. 모두가 공평한 대우를 받고 실력과 실적으로 평가를 받는다고 생각하면 회사가 굳이 개입할 필요가 없다. 하지만 안타깝게도 현실은 그렇지 않다. 여성과 소수 인종, 그리고 외국에서 온 직원은 더 열심히 일하고 더 높은 실적을 올려야만 겨우 남들과 같은 수준의 임금을 받을 수 있다. 기업

들은 이 사실을 알아야 한다.[137]

문제는 자신을 객관적이라고 생각하는 사람은 자신의 결정에 의문을 품지 않는다는 것이다. 이런 사람들은 자신이 정확하고 바른 평가를 하고 있다고 믿는다.[138] 역설적이게도 이런 사람들 중에 편견에 사로잡힌 결정을 하는 경우가 많다. 말로만 평등을 외치지 말고 투명성을 확보하는 것이 잠재적 불평등을 파악하고 해결하는 데 더 중요하다는 사실을 깨닫는 것이 중요하다.

평가할 때 편견 줄이기

조직의 평가 시스템이 중립적인 역할을 하지 못하고 보상 배분 방식에 영향을 미친다는 것을 보여주는 연구가 점점 많아지고 있다. 공정한 결정을 하려면 개인의 행동과 편견이 평가에 미치는 영향을 이해하고 그것을 해결하기 위한 계획을 세워야 한다.

예를 들어 남성과 여성 사이 또는 출신 문화가 다른 사람들 사이에는 위험을 감수하려는 의지에서 상당한 차이가 있다. 이러한 위험 감수 성향의 차이는 오래전부터 많은 국가의 대학 입학 시험으로 활용되는 SAT만 보아도 확인할 수 있다. 이 시험에서는 틀린 답을 적으면 감점이 되는데, 확신이 없는 문제에 대해 남성이 답을 추측해서 적는 것과 달리 여성은 건너뛰는 경우가 많았다. 결과는 남성이 택한 전략이 더 성공적이었다. 통계적으로 틀린 답에 대한 감점보다 우연히 답을 맞혀 얻은 점수가 더 높았기 때문이다. 결국 남성이 더 높은 총점을 받았다. 참고로 틀린 답에 대한 감점이 없는 시험에서는 남녀 상관없이 모든 수험자가 빈칸을 채웠다.[139]

또 다른 예를 살펴보자. 많은 관리자들이 팀원의 업무를 평가하고 승진을 논의하기 전에 팀원들에게 직접 자기 평가를 해보도록 하고 있다. 조사 결과 이때도 개인의 인구학적 속성이 평가에 큰 영향을 미쳤다. 또한 이는 그 사람이 받게 되는 점수에도 직접적인 영향을 주었다. 자신감과 자존감, 자신의 실적에 대한 평가 정도, 그리고 자라온 환경에 따라 스스로를 보는 시각이 달랐기 때문이다.

관리자 입장에서는 자신이 상황을 면밀하게 판단하고 있으므로 이것이 문제가 아니라고 생각할 수 있다. 하지만 ✦'닻 내림 효과'는 자기 평가를 넘어 다른 사람의 판단에도 영향을 준다. 예를 들어 자기 평가에서 높은 점수를 준 팀원에 대해 관리자는 자신이 너무 가혹한 평가를 한 게 아닌가 고민할 수 있다. 반대로 관리자의 생각보다 자신을 더 부정적으로 평가한 팀원을 보면서는 그를 과대평가한 것이 아닌지 고민하게 된다. 이런 이유로 관리자가 평가하기 전에 팀원으로 하여금 스스로를 평가하게 하는 자기 평가는 바람직하지 않다.

참고로 기준 점수를 제시하면 누군가에 대한 평가 점수가 달라진다. 특히 낮은 기준 점수를 제시했을 때 더 정확한 평가가 이루어진다. 여기 실험 결과를 보자. 먼저 학생들에게 동일한 강의록을 건넨 뒤 처음에는 10점을 기준으로, 다음엔 6점을 기준으로 강의록을 평가하도록 했다. 강사의 성별은 무작위로 기록했다.

결과는 어땠을까? 뛰어난 강의력과 도움이 되는 강의라 판단되면 10점을 주라고 했을 때 남성 강사가 10점을 받은 경우가 여성에 비해 훨씬 더 많았다. '존'의 강의가 10점을 받을 때 '줄리아'의 강의는 8점이나 9점을 받았다. 그런데 기준 점수를 6점으로 바꾸니 결과가 달라졌다. 여기서도 최고 점수인 6점은 탁월한 강의를 한 강사에게 주어졌다. '존'은 연속해서 최고 점수를 받았고, '줄리아'의 강의에 대해서도 학생들은 6점을 받을 만하다고 생각했다.[140]

이것은 ✦'프레이밍Framing'으로, 제공하는 정보의 내용뿐 아니라 정보를 제공하는 방식이 어떻게 공정한 판단에 도움이 되는지를 보여주는 사례다.

전형적인 직관적 사고를 체계적인 사고로 바꾸라

직관에 의존하지 않는 것은 매우 중요하다. 우리는 직감에 의문을 품고 고정관념이나 선호도, 무의식적인 편견이 우리의 인식과 행동에 얼마나 영향을 미치는지 검토해야 한다. 다양한 상황에서 판단에 영향을 줄 수 있는 편견은 200가지가 넘는다. 물론 이 모든 편견을 인지하는 것은 불가능하다. 버스터 벤슨Buster Benson의 '인지적 편견 치트 시트'를 활용해보자.(그림9)[141]

인지적 편견 치트 시트

1. 정보가 너무 많다

따라서 다음의 요소만 확인한다.

- 변화
- 특이사항
- 반복
- 증거

2. 의미가 명확하지 않다

따라서 다음의 방법으로 의미의 차이를 메꾼다.

- 패턴
- 보편성
- 유리한 해석
- 더 쉬운 문제
- 현재의 사고방식

3. 시간이 충분하지 않다

따라서 이렇게 가정한다.

- 우리가 옳다
- 할 수 있다
- 가장 빠른 게 최상이다
- 시작한 것을 끝내야 한다
- 여러 가능성을 열어두어야 한다

4. 잘 기억하지 못한다

따라서 다음의 방법으로 기억 공간을 절약한다.

- 기억할 내용을 줄인다
- 일반화한다
- 사례를 검토한다
- 외부의 기억 도구를 활용한다

그림9 인지적 편견 치트 시트

이 시트는 네 가지 이유에 따라 불공정한 결정을 야기하는 요인들을 한 데 모아 보여준다. 여기에 나온 요인들을 인지하고 있으면 자신의 행동을 돌아보는 것을 넘어 더 나은 결정을 하는 데 도움이 될 것이다.

정보가 너무 많다

우리는 색다르고, 특이하고, 반복적이고, 믿고 있는 것과 관련된 정보에 주의를 기울인다. 하지만 수많은 정보에 휩쓸리기보다는 정말로 관련이 있는 정보에만 집중해야 한다. 해당 직무와 프로젝트에서 가장 중요한 것은 무엇인가? 누가 그 일을 맡을 자격이 있는가? 팀원이 새로운 것을 배우고 기술을 발전시킬 수 있는 업무인가? 이를 고려하여 가장 중요한 것에 초점을 맞춰야 한다.

의미가 명확하지 않다

어떤 정보를 놓쳤을 때 우리는 그것을 채우려고 한다. 그 과정에서 무언가를 일반화하고, 고정관념에 사로잡히고, 자신의 해석에 의존하는 일이 발생한다. 중요한 결정을 내리기 전에 알고 있는 내용이 자신의 믿음과 다르다면 반드시 점검해야 한다. 성과를 달성하는 데 필요한 정보를 제대로 알고 있는가? 어떤 정보를 놓치고 있으며, 그 정보를 입수하려면 어떻게 해야 하는가?

시간이 충분하지 않다

빨리 업무를 끝내고 정시에 퇴근하고 싶다. 스트레스와 피곤함은 고정관념과 추측을 생산한다. 이런 상황에서 중요한 결정을 해야 한다면 다음 날로 미루고 새로운 마음으로 다시 검토하는 게 좋다. 생체 리듬 또한 결정에 영향을 미친다. 우리의 뇌는 휴식을 취해야 한다.

잘 기억하지 못한다

피드백을 주는 것은 생각보다 더 어려운 일이다. 무슨 말을 하려고 했는지 갑자기 생각나지 않을 수도 있고, 논의가 과도하게 확장되어 무슨 논의를 했는지 아무도 기억하지 못할 수도 있다. 이에 대비하여 기록을 하거나 벽에 핵심 질문을 적은 차트를 붙여놓는 것을 권한다. 무언가 중요한 일에 온 정신을 집중해야 할 때 우리는 가던 길이나 하던 행동을 멈춘다. 이는 신체가 에너지를 아끼는 대표적인 방법이다. 그래야 사고하는 데 더 많은 에너지를 쓸 수 있기 때문이다.

당신은 지금까지
공정하지 않았다 ──────

특정 상황에서 직관적으로 판단해본 경험이 있는가? 있다면 그때 상황을 떠올려 보라. 대부분의 리더들은 어떤 일이 발생했을 때 과거를 떠올리며 숙고한다. 많은 상황들이 지금까지 발생한 일련의 사건들과 경험의 영향을 받기 때문이다. 예를 들면 누군가에게 더 중요한 자리를 맡기고, 월급을 올려주고, 승진을 시키는 결정을 하기까지 그 결정에 영향을 미치는 여러 사건들이 있다. 앞장에서 이러한 점들을 검토했다. 누구에게 어떤 책임을 맡길지, 누구에게 그것을 요청하고 누구의 말을 경청할 것인지를 두고 리더는 많은 고민을 한다.

모든 팀원을 공정하게 대하고 있는지 확인하는 데 도움이 되는 또

능력 낮음 신뢰 높음	능력 높음 신뢰 높음
능력 낮음 신뢰 낮음	능력 높음 신뢰 낮음

그림10 능력과 신뢰 매트릭스는 팀에 대한 새로운 관점을 제시한다.

하나의 분석 결과가 있다. 이 그림은 '능력과 신뢰 매트릭스'에서 팀원이 어느 위치에 있는지를 잘 보여준다.(그림10)

당신은 이 중 누가 가장 능력이 있다고 생각하는가? 이 중 꾸준하게 탁월한 성과를 낸 사람은 누구인가? 주요 업무를 맡아 실적을 올리는 사람은 누구인가? 당신은 누구를 가장 신뢰하는가? 문제에 봉착했을 때 누구에게 의지하고 싶은가? 중차대한 프로젝트를 진행할 때 누구를 우선적으로 배정하겠는가?

이 기준에 따라 팀원을 배치했다면 그 다음 단계는 당신의 추론 과정을 이해해야 한다. 누구를 어디에 배치하는가? 그 이유는 무엇인가? 당신의 인식에 영향을 주는 요소는 무엇인가? 누군가를 아주 뛰어나다고 또는 형편없다고 여기는 이유는 무엇인가? 그 판단의 기준은 무엇인가? 왜 특정 팀원이 다른 팀원보다 더 믿음직스럽다고 생각하는가? 당신이 특정 팀원을 신뢰하지 못한다면 그 이유는 무엇인가? 혹시 그가 그럴 만한 이유를 제공했는가? 그가 당신을 실망시켰는가? 아니면 단지 다른 팀원이 더 편안하기 때문인가?

팀원 개개인에 대한 업무 배치 결과는 어떠한가? 그로 인해 당신의 행동은 어떻게 달라지는가? 더 인정받는 팀원은 누구이며 덜 인정받는 팀원은 누구인가? 누가 자신의 능력을 더 발휘할 수 있는 기회를 얻었으며 누가 그렇지 못한가? 팀 내 자신의 역할을 초월해 가시적인 성과를 올리는 사람은 누구인가? 누가 유용한 인맥을 쌓을 기회를 잡는가?

당신은 다양한 요소를 바탕으로 누군가의 능력을 판단하고 있다고 생각하겠지만 그런 요소들은 실제 능력과는 크게 관련이 없다. 객관적인 기준으로 누군가를 판단하는 것도 아니다. 결국 우리가 누군가의 능력을 평가할 때 고려하는 것은 그 사람과 나의 공통점, 비슷한 가치관, 그리고 경험이다. 한마디로 당신은 모든 팀원을 공정하게 대하지 않았다. 이 말은 곧 모두가 공정한 대우를 받지 않았다는 뜻이다.

리더라면 현재 무슨 일이 벌어지고 있는지 알고, 그 결과를 자각하고 이해해야 한다. 이러한 인식이 있을 때 리더가 불공정을 극복하기 위한 행동을 취할 수 있다.

다양한 사람들을 공정하게 대하기 위한 조언

자신의 고정관념을 자각하라. 여성, 노인, 다양한 계층의 사람들에 대해 당신은 어떤 생각을 갖고 있는가? 그 생각의 기준은 무엇인가? 당신과 비슷한 근거로 누군가 당신과 당신의 행동을 판단한다면 어떤 기분이 들겠는가?

공통점을 찾아라. 당신과 다른 점에 초점을 맞추지 말고 공통 관심사에 집중하라. 공통점은 신뢰와 안정의 기반을 만들어주고 상대를 내집단의 구성원으로 볼 수 있게 한다. 그러면 내집단 구성원끼리 갖는 유익을 얻을 수 있다.

다른 사람의 판단이 아닌 자신의 판단에 의지하라. 당신이 신뢰하는 사람이 누군가에 대해 부정적으로 말하면 그 말에 영향을 받을 수밖에 없다. 그 결과 열린 마음이 아닌 다른 사람의 판단으로 그 사람을 대하게 된다. 확증 편향 때문이다. 다른 사람의 말이 아닌 당신의 판단에 따라 행동하라.

호기심을 가져라. 다른 사람의 경험에 대해 질문하되 세 가지를 주의하라. 상대를 섣불리 판단하지 말고, 고정관념을 피하고, 관련이 없는 정보는 묻지 마라. 필요하면 도움을 구해도 좋다. 당신이 모르는 것이라면 배우고 싶다고 말하라. 그 일에 진심으로 관심이 있고, 실수를 두려워하지 않는다는 점도 밝혀라. 사람들에게 강하게 보이려고 하지 않아도 된다. 기꺼이 당신의 취약함을 드러내라.

9장

아직 피드백을
할 기회가 없었다

· · ·

왜 우리는 피드백하기를 주저하는가,
어떻게 하면 그 일을 잘해낼 수 있을까?

"존의 실적이 너무 부진해."

피터가 눈살을 찌푸리며 말했다.

"예전에는 참신하고 창의적인 아이디어를 곧잘 내놨잖아. 틀에 박히지 않아서 좋았는데, 최근에는 그런 일이 거의 없네."

"왜 그런지 알아?"

"모르겠어. 야스민과의 관계가 썩 좋지 않은 것 같긴 해. 야스민에 대한 존의 반응을 보면 항상 부정적이거든. 다른 사람들이 좋은 아이디어를 많이 내서 힘들어하는 것 같기도 하고. 그가 다른 일을 찾고 있다는 느낌이 들어."

"존이랑 얘기해봤어?"

"아니, 기회가 없었어. 나도 요즘 너무 바쁘고 스트레스도 많거든.

그리고 굳이 벌집을 건드리고 싶지 않아."

"그래도 한 번 얘기해보는 게 좋을 것 같아."

"그래야지. 그런데 지금은 아니야. 마음이 흔들리고 있는 사람을 어떻게 하겠어."

"그건 그렇지. 그런데 인사팀 요청에 답은 했어? 리더 프로그램에 누구든 지명해야 하지 않아?"

"아직 못 정했어. 더 생각해봐야지."

"존도 가능하지 않아?"

"아마 안 될 거야. 지금 상황에선 때가 아니야."

직장생활을 하면서 팀원 또는 상사와의 의견 충돌이나 언쟁을 즐기는 사람은 많지 않을 것이다. 실제로 직장인의 30%는 동료와의 대립을 피하는 쪽을 선호한다. 동료와의 관계를 끝내려는 사람은 20%도 안 된다. 하지만 문제가 생겼을 때 그것을 적극적으로 해결하려고 하는 사람은 많지 않다.[142] 불편한 감정을 처리하지 않고 그냥 놔두는 데 익숙해져 버린 것 같다. 시간이 자연스럽게 해결해줄 거라는 믿음도 있을 것이다.

조사에 따르면 관리자의 36%는 팀원의 성과에 대한 평가를 제 시간에 끝낸다. 인사팀에서 근무하는 세 명 중 한 명이 관리자가 팀원에게 피드백을 하려는 능력과 의지가 없는 게 성과 관리에서 가장 어려운 부분이라고 토로한다. 팀원들 역시 불만이기는 마찬가지다. 절반이상의 직원들이 가장 최근의 인사고과가 부당하고 정확하지 않다고

말했으며, 네 명 중 한 명은 이러한 평가를 직장생활에서 가장 두려운 일로 꼽았다.[143]

남들과 배경이 '다른' 팀원은 상대적으로 더 적은 피드백을 받는다. 내용 또한 피상적이고 경력에 별로 도움이 되지 않는 경우도 많다. 심지어 관리자는 그런 팀원에게 피드백하는 것을 차일피일 미룬다. 여기에는 여러 가지 이유가 있는데, 가장 큰 이유는 피드백 자체가 어렵고 까다로운 일이기 때문이다. 자신이 차별을 한다는 비난을 받을까봐 두려운 것도 피드백을 주저하게 만드는 큰 이유다. 솔직하게 말하자면, 사람은 자신과 배경이 다른 사람에게 큰 친밀감을 느끼지 못한다. 이런 이유로 그런 팀원에게까지 피드백을 할 필요가 없다고 생각하는 것이다.[144]

이렇다 보니 피드백을 받아야 하는 입장에서는 더 힘들 수밖에 없다. 피드백을 받아도 그 내용이 명확하지 않고, 심지어 제대로 알지도, 이해하지도 못하는 규정을 어겼다는 평가를 받는 경우도 많다. 당사자의 문화나 가치관에 부합하지 않는 기준을 근거로 한 피드백이 이루어지기도 한다.[145]

여성 역시 피드백에 대한 불만을 갖는다. 그들은 남성 동료에 비해 발전 지향적인 피드백을 상대적으로 덜 받는다.[146] 구체적이지도, 건설적이지도, 도움이 되지도 않는다. 그 이유에 대해 관리자는 여성 팀원에게 마음의 상처를 주거나 그들을 울리게 될까봐 염려돼서라고 말한다. 하지만 이런 염려를 무색하게 하듯 실제 피드백에는 부정적이고 상처가 되는 온갖 심한 말이 들어 있다.

그는 결단력이 있고, 그녀는 공격적이다 ─────

연간 인사고과를 분석해보면 여성이 더 주관적인 피드백을 많이 받으며, 피드백의 내용 역시 성 고정관념에 대한 내용이 포함되는 경우가 많다. 팀원에 대한 기대도 피드백에 포함되는데, 이를테면 불공평한 기준으로 팀원을 평가하거나 동일한 행동에 대해 다른 해석을 한다. 예를 들면 남성이 여러 대안을 저울질하고 주의 깊게 고민하는 행동을 여성이 똑같이 하면 결단력이 부족하다는 피드백이 돌아온다. 남성에게는 "결정을 주저하는 것처럼 보이지만 다양한 대안을 실행할 능력이 있으며 가장 적절한 방안을 찾으려고 한다."는 피드백이 여성에게는 "결정을 내려야 할 시간이 촉박해지니 당황해서 아무것도 못하는 것 같다."로 나타난다. 이러한 이중 잣대는 여성의 승진 기회에 부정적인 영향을 미친다.[147]

문제는 또 있다. 남성도 비판적인 피드백을 받을 때가 있는데, 이때도 남성에게는 건설적이고 능력 향상을 위한 실용적인 조언이 담긴다. 하지만 여성은 도움이 되는 조언보다는 부정적인 평가를 받는 경우가 훨씬 많다. 이 경우 남성은 "팀원의 능력을 개발해 그들을 이끄는 전략을 잘 써야 한다. 우선순위와 관련된 적절한 지침을 세우고 설계 및 제품 결정 단계에서 필요한 도움을 베푸는 것이 중요하다."라는 말을 듣지만 여성은 "당신의 말이 귀에 거슬린다는 인상을 줄 수 있다. 일부러 그러는 것은 아니겠지만 목소리 톤에 주의를 기울여야 한다."거나 "가끔 당신 동료들은 당신이 여지를 주지 않는다고 생각한다. 그들이 좀 더 능력을 발휘할 수 있도록 뒤로 물러나야 할 때도 있다."라는 말을 듣는다.[148]

여성이 받는 피드백이 칭찬이든 비난이든 그것은 대개 도움이 되지 않는다. 이와 대조적으로 남성은 그가 무엇을 잘했는지, 그 이유가 무엇인지, 실적을 더 향상시키기 위해 무엇을 해야 할지 등 전체적인 관점에서의 피드백을 받는다. 어디에 초점을 맞춰야 더 나은 성과를 올리고 승진 기회를 잡을 수 있는지에 대한 조언도 포함된다. 하지만 여성에게 돌아오는 말은 기껏해야 "근사하네." 또는 "잘했어." 정도이다. 이런 말이 처음에는 좋게 들릴지 모르지만 성과 관리 시스템에 따르면 그 결과는 상당히 다르게 나타난다. 여성이 받은 모호한 피드백은 낮은 고과 점수로 이어지기 때문이다. 적절한 피드백을 받지 못하는 여성은 능력을 발전시킬 기회를 얻지 못하고 장벽에 부딪히고 만다.[149]

안정감이 피드백에 주는 영향 ─────────

적절한 피드백을 받을 수 있을지, 또 누가 나에게 어떤 말을 할지에 영향을 미치는 것은 단지 성별만은 아니다. 3장 유유상종에서 살폈듯이 우리는 비슷한 사람과 함께 있을 때 편안함을 느낀다. 문제가 생겼을 때도 비슷한 사람들과 함께 있을 때 해결하기기 더 수월한데, 그들이 상황을 잘 이해해주기 때문이다. 실수를 했을 때 느끼는 부담도 더 적다.

반대로 성별과 나이, 개인적 또는 문화적 배경 등에서 차이가 나는 사람과 대화를 나누는 것은 어려운 일이다. 그런 사람들과 대화할 때 불편한 것은 자연스러운 현상이며, 그래서 우리는 어떤 문제가 심각하게 불거지기 전까지는 그 문제를 수면 위로 끌어올리지 않는다. 특히 사석에서 그 문제를 이야기하는 경우는 거의 없다.

하지만 공정한 조건을 만들려면 자신과 다르다고 생각되는 사람들을 더 자주 만나야 한다. 뿐만 아니라 개인적인 경험과 가치관이 자신의 인식과 판단에 어떤 영향을 주는지도 인지하고 있어야 한다. 이를 통해 개인의 차원을 넘어 상대를 인정하는 피드백을 주어야 한다.

누군가에게 적절하지 않은 조언이나 뜬금없는 제안을 해본 경험이 있을 것이다. 왜 그랬을까? 그 이유를 이해하기 위해서는 학습 능력의 4단계를 살펴보아야 한다. 이를 통해 터무니없는 안도감이나 근거 없는 공포가 어떻게 생기는지 이해하면 효과적인 피드백을 하는 데 도움을 받을 수 있을 것이다.(그림 11)

일반적으로 우리는 새로운 상황을 접할 때 '무의식적인 무능'을 경험한다. 이때는 아는 게 전혀 없기 때문에 누군가와 비교하거나 평가할 기준 자체가 없다. 그야말로 더없이 행복한 무지의 단계로, 이때는 스스로를 완전히 과대평가한다. 이를 ✦'더닝 크루거 효과Dunning-Kruger effect'라고 부른다.

하지만 몇 번 벽에 부딪히면서 우리는 자신이 문제의 복잡성을 과소평가했으며 더 깊이 조사할 필요가 있음을 깨닫는다. 이제 해당 내용에 관심을 갖고 관련 자료를 읽거나 공부를 시작한다. 이는 '의식적 무능'

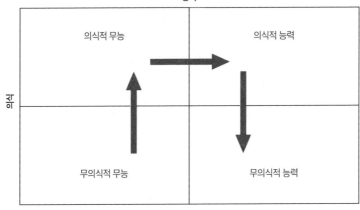

그림11 학습 능력의 4단계[150]

단계로, 이 단계에서는 자신의 자격이 부족하다는 생각에 불안감과 압박감을 느낀다.

시간이 흐르면서 우리는 새로운 상황과 관련된 더 많은 지식을 쌓고 상황을 더 잘 이해하게 된다. 처음에는 온 정신을 집중하고 많은 에너지를 쏟아야 할 것이다. 관련된 문제들을 극복하기 위해 많은 토론을 준비하고, 발생할 수 있는 문제에 대비한 해야 한다. 연습을 많이 하면 할수록 대처하기가 쉬우며, 마침내 능숙한 단계에 도달한다. 새로운 지식은 이렇게 우리의 피와 살이 되고, 우리는 '무의식적 능력' 단계로 진입한다. 이 상태는 마치 자전거를 타는 것과 비슷해서 우리는 페달을 밟고 있다는 사실도 모른 채 저절로 앞으로 나아간다.

이것이 피드백과 어떤 관련이 있을까? 이 모형은 다른 사람이 보는 것을 우리는 보지 못한다는 점을 강조한다. 능력이 커지면서 우리는 그 사실을 자각하게 되고, 그에 따라 적절한 행동을 할 수 있다. 또한 이 모형은 기대와 희망을 준다. 바람직하고 의미 있는 피드백을 하는 게 처음에는 어렵지만 시간이 흐를수록 수월해신다는 사실을 깨닫게 될 것이다.

안정감 주기 ─────────

피드백에 대한 투명성을 요구하는 목소리가 커지고 있다. 나는 그와 더불어 팀원 개인의 상황도 고려되어야 한다고 생각한다. 당신의 회사도 넷플릭스처럼 완전히 오픈된 피드백 문화를 자랑하는가? 신속하고 솔직한 피드백이 개인의 발전에 중요하다는 주장에는 의문의 여지가 없다. 하지만 단순히 의견을 제시하는 데 그치지 않고 진심으로 팀원의 성장을 돕기 위해서는 몇 가지를 유념해야 한다.

먼저 피드백은 공포를 유발할 수 있다는 점을 깨달아야 한다. 자신의 실적에 대해 확신하지 못하는 사람에게는 응원과 지지가 필요하다. 그들을 낙담시키는 말은 삼가라. 공포 속에서는 어떤 것도 귀에 들어오지 않는다. 자신이 발전하고 향상될 가능성이 있다고 믿는 사람은 더 열심히 노력한다. 다시 말해 발전해가는 자신의 모습을 즐긴다. 실수할까봐 두려워 가만히 있는 게 아니라 실수를 배움의 한 부분으로 받아들이고 자신의 영역을 넓혀간다. 일에 대해서는 철두철미하며, 일에 대한 동기도 계속해서 키워 나간다. 물론 실수도 많지 않다.[151]

각 개인이 처한 상황이 다른 만큼 팀원이 피드백을 제대로 받아들이려면 심리적 안정감을 느껴야 한다. 안정감을 줄 수 있는 한 가지 방법은 적절한 프레이밍을 만드는 것이다. 말과 행동은 하나의 신호로, 상대는 그것을 보고 걱정을 하거나 안심을 한다. 예를 들어 관리자가 얼굴을 붉히며 당장 자기 방으로 오라고 하는 상황과 피드백할 것이 있으니 커피 한 잔 하자고 하는 상황은 그 느낌이 매우 다르다.

《문화 코드Culture Code》의 저자 다니엘 코일Daniel Coyle의 말은 이 주장을 증명해준다. "나는 당신에게 큰 기대를 하고 있고, 당신이 내 기대에 부응하리라는 것을 알기에 이런 말을 하는 겁니다." 이런 식의 피드백을 받은 학생은 다른 학생에 비해 과제를 훨씬 더 많이 검토하고 수정했으며, 당연히 성적도 눈에 띄게 향상됐다.

이 방법이 특별한 이유는 무엇일까? 이러한 피드백을 받은 사람은 자신의 노력이 가치 있다는 점을 알려주는 세 가지 중요한 단서를 포착했다는 데 있다.[152] 그 단서는 아래와 같다.

- 당신은 이 집단의 구성원이다.
- 이 집단은 특별하다. 우리의 기준은 높다.
- 나는 당신이 그 기준에 도달할 수 있다고 믿는다.

한마디로 이 단서들은 소속감을 느끼게 해주며, 그 사람의 능력을 인정한다는 생각을 전달한다. 뿐만 아니라 학습에 대한 방아쇠를 당겨 기꺼이 새로운 도전에 맞서게 해준다.

성장을 돕는 피드백 하기 ─────────

팀원이 잘하고 있는 부분을 드러내주는 피드백을 하면 좋다. 가시적인 성과를 내고 업무를 성공적으로 처리한 것은 그 사람의 능력 덕분이다. 따라서 피드백은 잘못이 아닌 잘하는 부분에 초점이 맞춰져야 하며, 실수와 능력은 반드시 구분되어야 한다. 특히 팀원들의 배경이 다양한 상황에서는 성공을 위한 전략도 저마다 다를 수밖에 없다. 그러므로 피드백을 할 때는 피드백을 받는 사람이 누군가와 비슷한 과정을 밟도록 도울 게 아니라 그 사람이 자신의 능력을 최대한 발휘할 수 있게 도와야 한다.

가장 효과적인 방법은 그가 잘한 일과 당신의 눈길을 끈 일을 언급하는 것이다. 그가 한 일 중 어떤 일이 회사에 도움이 되고, 어떤 식으로 도움이 됐는지를 확실하게 알려라. 그런 식의 업무 처리를 더 자주 경험하고 싶으며, 그 일이 가치 있음을 강조하라는 것이다. 그 순간 팀원은 '좋은' 모습이 어떤 것인지를 판단하는 동시에 구체적인 경험을 축적한다. 아울러 자신의 행동을 돌이켜보며 앞으로 어떤 상황에서 그와 같은 행동을 해야 할지 숙고한다. 이를 통해 업무 생산성을 향상시키기 위한 효과적인 도구를 얻는다.[153]

반대로 진행이 원활하지 않은 업무에 대해 비판할 때는 '잘못된 문제'나 '바꿔야 할 업무'에 대한 얘기는 할 필요가 없다. 관리자는 그 업무가 회사에 미친 영향에 대해 자신의 생각만 말할 것이다. 아니면 자신이라면 그 상황에서 어떻게 했을 것이라고 하면서 다른 대안을 제

지양해야 할 말	지향해야 할 말
피드백을 좀 해도 될까요?	내 생각은 이렇습니다.
잘했어요!	회사에 정말로 도움이 되는 게 세 가지가 있군요. 어떤 생각으로 이렇게 했습니까?
당신은 이렇게 해야 합니다.	나는 이렇게 하려고 합니다.
바로 이 부분에서 발전해야 해요.	회사에 가장 좋은 것이 이것입니다. 이유는 바로 이렇습니다.
그건 전혀 효과가 없습니다.	당신이 한 일에 대한 내 생각은 조금 다릅니다. (또는) 이해가 잘 안 되는군요.
당신은 소통 능력을 키워야 해요.	그 지점부터 이해되지 않았어요.
적극적으로 호응해주세요.	당신의 호응이 없으면 우리의 생각이 다를까봐 염려가 됩니다.
당신은 전략적 사고가 부족하군요.	당신의 계획을 이해하기가 어렵습니다.
조언을 구했으면 조언받은 대로 해주세요.	문제를 겪고 있는 심정이 어떻습니까? 과거 비슷한 상황에서는 어떤 행동이 효과적이었나요?

표9 팀원이 능력을 발휘할 수 있도록 돕는 말(마커스 버킹엄Marcus Buckingham과 애슐리 구달Ashley Goodall)

시할 수도 있다.

하지만 관리자의 말이나 경험이 모든 일의 기준은 아니다. 느낌은 말 그대로 느낌일 뿐이다. 그런 느낌은 자신이 살아오면서 어떤 생각과 기대를 갖고 상황을 헤쳐 왔는지에 따라 달라진다. 다시 한 번 강조하건대, 관리자의 느낌은 궁극적인 참이 아니다. 하지만 그런 느낌이 피드백에 영향을 미치는 것은 사실이다.(표9)

누군가 적극적으로 조언을 구하더라도 즉시 조언하는 것은 삼가라. 그럴 땐 현재 어떤 업무가 원활하게 진척되고 있는지 묻는 게 우선이다. 그러면 대화의 초점을 걱정과 실패에서 자기 효능감으로 옮길 수 있다. 자신이 잘하는 부분에 초점을 맞추면 사람들은 더 이상 뱀을 보고 겁먹은 토끼처럼 가만히 있지 않는다. 뇌의 화학 반응에도 변화가 생겨 새로운 해법을 받아들이게 된다.

다음 단계는 당신이 과거에 겪은 일을 돌아보는 것이다. 이와 비슷한 일이 예전에 언제 일어났었는가? 그때는 무엇이 효과적이었나? 이런 질문을 할수록 미래와 맞설 수 있는 힘이 생긴다. 이미 알고 있는 것은 무엇인가? 무엇을 해야 하는가? 경험에 비추어 볼 때 이런 상황에선 무엇이 효과적이었나? 이러한 정보를 바탕으로 당신의 경험을 이야기해줄 수 있다.[154]

이렇게 할 때 상대에게도 긍정적인 반응을 이끌어낼 수 있다. 안 되는 이유만 붙잡고 늘어지거나 다른 사람의 방법을 모방하는 것은 해결책이 아니다. 그보다는 현재 직면한 상황에서 문제를 돌파할 수 있는 해법을 찾는 것이 중요하다.

뇌가 스스로 방향을 잡도록 돕는 또 다른 전략이 있다. 바로 샌드위치 피드백을 피하는 것이다. 부정적인 피드백을 잘 포장해 받아들이기 쉽게 만드는 방법으로 샌드위치 피드백이 자주 거론되는데, 이는 혼란만 가중시킬 뿐이다.

우리의 뇌는 정보가 충돌할 때, 다시 말해 샌드위치 피드백을 받을 때 어떻게 해야 할지 몰라 결국 자신에게 가장 익숙한 방식으로 문제를 처리한다. 가장 크게 울려 퍼지는 메시지를 골라 그에 맞게 움직이는 것이다. 이때 자신감이 약하고 자기 비판적인 사람은 부정적인 메시지만 고른다. 반대로 자신감과 자존감이 넘치는 사람은 상사가 자신에 대해 만족하고 있으며 칭찬을 억제하지 못한다고 믿고 만족스러운 마음으로 회의실을 나선다.

피드백이 긍정적이든 발전 지향적이든 그것은 성과나 목표와 관련이 있어야 한다. 누군가가 회의 시간에 적극적으로 임하지 않았다고 불평하기보다 기여하지 않는 팀원의 태도 때문에 그 팀이 중요한 것을 놓쳤다고 말해야 피드백으로 인한 이익을 더 많이 얻을 수 있다.

신뢰 쌓기

서로가 서로에게 친근감을 느낄수록 까다로운 주제를 다루는 데 도움이 된다. 그래서 여기서는 에드거 샤인Edar Schein과 피터 샤인Peter Schein이 변혁적 리더십에 초점을 맞춰 고안한 모형을 소개하려고 한다.

관리자가 팀원에게 업무를 지시하고 팀원은 단순히 지시사항을 따르는 거래적 리더십(1단계)과 달리 변혁적 리더십(2단계)은 당면 문제에만 초점을 맞추지 않고 협력적이고 신뢰하는 관계를 쌓는다. 격한 경쟁과 급변하는 기술, 끊임없는 변화로 가득한 업무 환경에서 1단계 리더십은 거의 모든 분야에서 그 유용성을 잃었다. 협업을 통해 아이디어를 발전시키고 공유하며, 서로 의지하면서 문제를 해결하고 성과를 달성하는 환경일수록 협력적 리더십이 요구된다. 그리고 여기서 가장 중요한 가치는 신뢰다.

앞서 8장에서 관리자가 팀원 개개인들과의 관계가 모두 동일한지 그렇지 않은지, 또 동일하지 않다면 어떻게 다른지를 살폈다. 에드거와 피터는 저서 《겸손한 리더십Humble Leadership》에서 능력과 신뢰 매트릭스를 바탕으로 개발한 관계 지도를 소개했다.[155]

이 지도는 당신에게 기대를 갖고 있는 핵심 관계자들과 당신의 연결성을 시각적으로 보여주고, 당신이 맺는 관계의 강점을 알려준다. 1단계인 L1은 거래적 관계를 가리키며, 이 관계에서는 공통 규칙과 전문적인 기준을 근거로 협력한다. L2는 협력과 자발적인 도움, 신뢰를 바탕으로 협업을 하는 것이 특징이다. L3은 상호간의 약속을 기반으로 감정적인 친밀함을 갖는다. 원의 위치와 크기, 화살표의 길이와 굵기를 통해 다양한 관계의 적절성과 질을 시각적으로 확인할 수 있다. 피터의 관계 지도는 아마 그림12처럼 나타날 것이다.

쉽게 확인할 수 있듯이 피터는 자신과 다르다고 생각되는 팀원에게는 친밀감을 느끼지 않는다. 유대감 수준도 다르다. 아마 피터는 크게 개의치 않을 것이다. 하지만 개인적 관계의 질을 향상시키고 싶다면 대책을 강구해야 할 것이다. 피드백을 할 때와 비슷한 효과적인 방법을 찾고 과거의 긍정적인 경험에 초점을 맞추는 것이 방법이다. 이렇게 해보자.

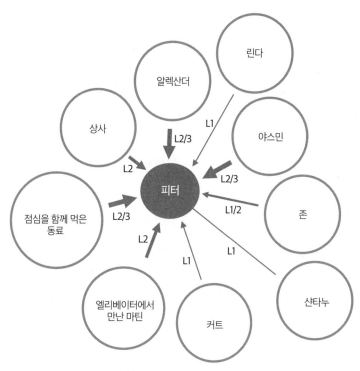

그림12 에드거 샤인과 피터 샤인의 관계 지도

- **첫째, 효과적인 방법을 찾아라.** 2단계에 있는 연결성에 주의를 기울여라. 무엇이 발단이 되어 더 깊은 관계를 맺게 됐는지 주목하라. 당신은 무슨 일을 했는가? 다른 사람은 무슨 일을 했는가? 무엇 때문에 친밀한 관계를 쌓을 수 있었는가? 무슨 이유로 당신은 인간적인 감정이 느껴지는 팀원과 그저 자신의 업무에만 충실한 팀원을 인식하기 시작했는가? 어떤 행동과 기회 때문에 누군가를 더 신뢰하게 됐으며 그 관계를 발전시켰는가?

- **둘째, 패턴을 찾아라.** 행동이나 상황과 관련된 공통점을 찾아라.
- **셋째, 성공을 재현하라.** 다른 관계에도 똑같은 메커니즘을 적용할 방법을 고민하라.

8장에서 다룬 능력과 신뢰 관계에 대해 기록해둔 내용이 있다면 여기서 다시 검토해보라. 그 매트릭스를 활용하면 당신의 관계에 영향을 주는 요소, 이를테면 잠재적 의구심이나 고정관념의 결과, 관점에 영향을 미친 과거의 경험들을 고민할 수 있을 것이다.

이제는 당신이 팀원들에게 느끼는 친밀감에 따라 그들에 대해 알고 있는 게 얼마나 다른지 알아볼 시간이다. 이를 위해서는 구체적인 계획을 세워야 한다. 그저 '줄리아를 좀 더 알고 싶어.'라는 생각만으로는 부족하다. 그보다 명확한 목표를 설정해야 한다. '줄리아와 튼튼한 관계를 맺기 위해 세 가지 공통점을 찾아내겠어.'라는 식의 계획이 필요하다. 이런 목표가 있어야만 실행 계획을 만들 수 있고 실제로 행동할 수 있다.

목표를 완수하기 위해서는 그로 인한 이익을 고려해 봐야 한다. 그렇게 할 때 어떤 기분이 드는지, 그게 중요한 이유가 무엇인지, 왜 가치 있는 일인지 생각해보라. 그런 다음에는 장벽도 고려해야 한다. 목표 달성에 방해가 되는 것은 무엇인지 따져 보라. 줄리아가 부당한 대우를 받았다고 생각할지 몰라 걱정되는가? 이익과 장벽 둘 다 생각해 보는 것을 심리적 대조라고 한다. 목표를 설정하고 완수하는 데 있어이는 매우 효과적인 방법이다.[156]

피드백과 관계 강화를 위한 조언

노력할 가치가 있음을 알려라. 발전 지향적인 피드백을 할 때는 다음의 세 가지 메시지를 담아라. '당신은 우리 소속이다', '우리의 기준은 매우 높다', '당신은 그 기준에 도달할 수 있다'. 팀원에게 도움이 되도록 구체적인 피드백을 하라.

당신이 무의식적으로 전달할 수 있는 신호를 고려하라. 당신의 표정과 목소리 톤이 상황에 미칠 수 있는 영향에 대해 생각하라. 그런 신호를 의식적으로 사용하고 있지는 않은가? 또 그런 신호가 메시지를 전달하는 데 도움이 되는가 아니면 메시지를 왜곡하는가?

잘하고 있는 일에 대해 언급하라. 그 말은 즉시 하는 게 가장 좋다. 팀원들이 자신의 강점을 더욱 강화할 수 있도록 도와라. 이는 잘하고 있는 일에 대해 즉각적인 피드백을 할 때 가장 효과가 좋다. 그리고 구체적으로 말하라. 어떤 일이 마음에 드는지, 그 이유는 무엇인지, 그 일이 회사에 어떤 영향을 주는지 자세히 알려줘라.

팀원들이 자신만의 해법을 찾도록 하라. 당신에게 효과적이었던 방법을 알려주기보다 팀원들이 자신의 경험을 바탕으로 해법을 찾도록 돕는 게 좋다. 긍정적인 부분에 먼저 초점을 맞춰라. 현재 원활하게 진행되고 있는 일이 무엇인지 검토한 다음 당면 문제를 살펴라. 언제 비슷한 문제를 겪었는지도 물어보라. 당시 상황에서 무엇이 도움이 됐는지, 현재 직면한 문제에 활용할 수 있는 부분은 없는지 질문하라.

유대를 강화하라. 관계 지도를 작성해 어느 지점에서 조치를 취해야 하는지 확인하라. 관계를 강화하기 위해 다른 상황에서 성공적이었던 전략을 활용하라.

4부

원격 근무, 디지털, 세계화

한 장소에서 함께 근무하는 조직이 갈수록 줄어들면서 협업은 새로운 도전에 직면하고 있다. 특히 문화적 차이가 두드러진 조직일수록 이런 경향이 강하다. 워라밸work-life-balance을 확대할 수 있는 결정적인 요소로 많은 사람들이 유연한 근무 환경을 꼽는다. 하지만 이는 직원의 외로움을 키울 수 있고, 심지어 경력에 부정적인 영향을 끼칠 수도 있다. 국제적인 조직이나 원격 지원팀의 팀원이 이런 문제에 직면할 가능성이 높다. 10장 '눈에서 멀어지면 마음에서도 멀어진다'에서 그 이유와 장벽을 극복할 수 있는 방법을 다룬다.

국제적인 협업을 하는 과정에서 '무슨 말인지 전혀 모르겠다'라는 생각이 들 때가 있을 것이다. 11장을 통해 문화 차이가 협업에 미치는 영향에 대한 통찰을 얻기 바란다.

오늘날 국제적인 프로젝트에 참여하는 일은 많은 직장인에게 현실이 됐다. 이런 상황에서 서로 다른 가치관과 규범이 충돌하는 것은 당연하다. "순탄치 않을 거야!"라고 불평하기 전에 12장을 살펴보길 권한다.

10장

눈에서 멀어지면
마음에서도 멀어진다

· · ·

거리가 기회에 영향을 주는 이유와
그것을 해결하기 위한 방법

알렉산더는 의자를 굴려 커트의 책상으로 갔다.

"이사회 프레젠테이션에 대해 물어볼 게 있어."

"흠……."

"1차 검토는 끝냈는데 일부 내용이 생각만큼 명확하지 않아. 한 번 봐 줄래?"

"기꺼이 봐주지. 그런데 린다에게 물어봤어? 프레젠테이션 전략 파트는 린다 담당이잖아."

"그렇긴 한데 린다가 지금 재택근무 중이거든. 나는 지금 바로 이 일을 처리하고 싶고. 린다에게는 나중에 기회가 되면 물어볼게."

"편한 대로."

1970년대 MIT 교수 토마스 알렌Thomas J. Allen은 놀라운 발견을 했다. 그는 미국 정부를 대신해 기술적으로 복잡한 프로젝트의 성공에 영향을 미치는 요소를 조사하고 있었는데, 조사를 시작하자마자 한 가지 패턴을 발견한 것이다. '의사소통이 뛰어난 집단'의 팀원과 협력하여 추진하는 프로젝트가 성공적이라는 사실이었다. 그는 성공적인 프로젝트의 참여자들이 어떤 공통점을 지녔는지 좀 더 자세히 알아보기 위해 자료들을 조사했고, 예상치 못한 공통점을 발견했다.

누군가와 '가까이' 지내면 진실해진다 ────

결정적인 요소는 팀원들의 책상 간의 물리적 거리였다. 그 거리가 팀원들이 얼마나 자주 대화를 나누는지와 직접적인 상관관계가 있었다. 이에 대해 알렌은 "팀원들이 어디에 앉아 있는지, 각 층에 누가 있는지 몰라도 대화의 빈도를 보면 서로의 물리적 거리를 파악할 수 있다. 시각적인 접촉처럼 단순한 요소지만 이것은 매우 중요하다. 당신이 생각하는 것 이상이다. 다른 사람을 볼 수 있다면, 그 사람이 일하는 공간이라도 볼 수 있다면 그 사람을 떠올리게 된다. 이것은 엄청난 결과를 가져온다."라고 말했다.[157]

세상은 변했다. 소셜 미디어와 영상 서비스, 협업을 원활하게 하는 도구의 증가로 물리적 거리와 상관없이 서로의 거리가 좁혀지고 있다.

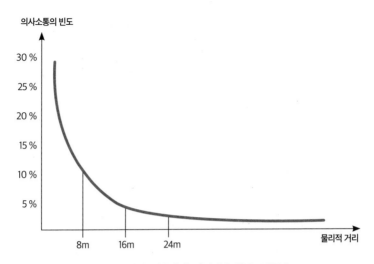

그림13 알렌의 곡선은 물리적 거리와 상호작용의 빈도가 관련이 있음을 보여준다.

원거리 협업은 더 이상 문제가 되지 않는다. 그런 점에서 물리적 거리와 상호작용 빈도의 상관관계를 보여주는 알렌의 곡선(그림13)은 과거의 모형으로 남아야 하지 않을까? 하지만 알렌이 발견한 것은 그뿐만이 아니었다. "대면 접촉이 줄어들고 거리가 멀어진다고 해서 전화로 의사소통을 할 가능성이 반드시 증가한다고 볼 수는 없다. 연구 자료가 보여주는 것은, 거리가 멀어지면 모든 의사소통 수단의 사용 빈도 자체가 줄어든다는 점이다."[158]

한 전자상거래 회사는 대대적인 자리 재배치 프로젝트를 통해 자리 배치가 실제로 미치는 영향을 확인했다. 4만 건에 가까운 사례를 분석한 결과 새로운 자리에 배치된 직원은 평균 40% 더 높은 수익을 올렸다. 주변에 있는 동료와 직접적인 협업을 하지 않았음에도 이 같은 결과가 나왔다. 조사 결과 그들은 어떤 논의 내용이나 비공식적인 대화를 바탕으로 아이디어를 생각해내고, 그것을 기반으로 과거에 썼던 방법과는 다른 새로운 방법을 적용했다.[159]

근접성은 창의성에 영향을 주는 동시에 경력을 발전시키는 데 도움을 준다. 재택근무를 하는 사람은 그렇지 않은 사람과 업무 수준이 똑같아도 승진 속도에서 최대 50% 차이가 난다.[160]

직장생활에서는 발전 지향적인 대화가 중요한데, 재택근무를 할 경우 그런 대화를 할 수 있는 시간이 25%나 줄어들기 때문이다.[161] 심지어 그들은 직무 평가에서도 낮은 점수를 받고, 임금 협상 시에도 낮은 인상률을 제안 받는다.[162]

거리에 따른 대가, 과연 근접성이 답일까?

'모두 사무실로 복귀하라는 말이군.'이라는 생각이 들지 모른다. 하지만 그렇게 간단한 일이 아니다. 이 교훈을 얻기까지 재택근무를 폐지했던 야후의 CEO 마리사 메이어Marissa Meyer는 직원들의 반발이라는 대가를 치러야 했다.

환경운동에 동참하는 사람들이 점점 많아진다는 관점에서 재택근무가 가져다주는 생태계의 이점을 먼저 살펴보자. 놀랍게도 최근 조사에서 응답자의 단 2%만이 '환경 파괴 없는 지속 가능성, 생태계에 대한 책임, 탄소 발자국 줄이기'가 재택근무를 결정하는 데 중요한 영향을 준다고 응답했다. 참고로 2011년에는 네 명 중 한 명이 그렇게 대답했다.[163]

사람들이 환경과 재택근무의 관련성을 중시하지 않는다고 해도 재택근무는 환경에 엄청난 영향을 끼친다. 재택근무를 희망하고 동시에 업무 특성상 재택근무가 가능한 사람들이 재택근무를 한다고 치자. 이 경우 지구는 뉴욕에 있는 모든 직장이 문을 닫아야 줄일 수 있는 양만큼의 온실가스를 줄일 수 있다. 뿐만 아니라 7,000억 달러에 달하는 국가 예산도 절약할 수 있다. 이뿐만이 아니다. 재택근무를 실시할 경우 일반 사업체는 직원 한 명당 연 1만 1,000달러를 절약할 수 있으며, 원격 근무자는 연 2,000에서 7000달러에 달하는 금액을 아낄 수 있다. 미국 의회 예산국은 공공기관에서 원격 근무를 실시할 경우 5년간 들어가는 총 비용을 3,000만 달러로 추산한다. 이는 폭설로 인해 워싱턴 D.C.에 있는 연방정부 기관이 하루 동안 폐쇄됐을 때 생산성에서 1억 달러의 손실을 본 것과 비교되는 수치다.[164]

무엇보다 재택근무자는 더 높은 생산성을 기록한다. 휴식 시간과 병가, 방해받는 빈도가 줄어들면서 재택근무자의 성과가 13% 향상됐다는 연구 결과가 나와 있다. 게다가 업무 만족도가 높아져 이직률도 감소했다.[165]

여러 요소를 고려할 때 원격 근무는 앞으로도 계속 이어질 전망이다. 오늘날 직장인의 43%는 원격 근무를 하고 있다. 업무의 일부만 원격으로 진행하는 경우도 많다. 원격근무는 단지 직원만의 요구가 아니다. 점점 분산되고 있는 팀을 이끌기 위해서는 유연한 업무 형태가 필요하고, 그 필요를 충족시키기 위해서는 원격 근무가 늘어날 수밖에 없다.

기업의 요구가 변하고 있는 것도 중요한 요인이다. 많은 기업들이 사무 공간을 줄이고 있다. 민첩한 팀과 변화에 유연한 조직, 부서 간 협업이 점점 중요해지는 것도 원격 근무가 늘어나는 요인 가운데 하나다. 직장인의 84%가 어떤 식으로든 이런 근무를 해야 하는 게 현실이 되었다.[166]

다른 추세, 즉 새롭게 성장한 시장과 혁신의 중심, 확장된 근무지 같은 시장 변화도 근무자의 입장에서는 중요한 변수다. 이런 공간이 근무자가 일하는 곳과는 다른 곳(멀리 떨어진 곳)에 있을 수 있기 때문이다. 이러한 물리적 거리는 경력 발전에 영향을 미칠 수밖에 없다.

어떤 프로젝트에 가장 적절한 능력을 갖고도 거리 때문에 그 사람이 프로젝트에서 배제되는 일은 없어야 한다. 원격 근무를 하는 팀원이 경력 발전에 도움이 되는 기회가 있는지조차 모르고 넘어가는 일이 발생해서도 안 된다. 종종 비공식적으로 프로젝트의 팀원을 모집하는 경우가 있는데, 이로 인해 그 자리에 적합한 사람이 배치되지 못하는 일은 없어야 할 것이다.

전문가들은 기업에 확실하게 조언해야 한다. 과거의 방식으로 돌아가려 하지 말고 직원이 어디서 근무하든 필요한 프로젝트에 온전히 참여해 성공할 수 있는 해법을 찾으라고 말이다.

소속감은 저절로 생기지 않는다 ─────

직접 만나서 서로 대화를 나누면 상대적으로 쉽게 관계를 맺을 수 있다. 하지만 멀리 떨어져 있는 사람과는 그것이 쉽지 않다. 게다가 단단한 관계는 업무적인 교류만으로 이루어지지 않는다. 협업에 수반되는 사회적 교류를 가상의 환경으로 끌어들여야만 온라인 환경에서 관계 맺기가 가능하다.

하지만 모든 리더가 이 문제에 적극적으로 나서는 것은 아니다. 최근 조사에 따르면 팀과 떨어져서 근무하는 팀원들이 자신의 관리자와 관계성을 느끼지 못하는 경우가 많다고 응답했다.[167] 이는 팀원과 관리자 사이의 관계에만 영향을 주는 것이 아니다. 응답자들은 동료들과의 관계성도 느끼지 못한다고 대답했다. 업무 수행에 필요한 정보를 원활하게 얻지 못한다고 말한 사람도 많았다. 안타깝게도 많은 응답자들이 더 좋은 기회가 생기면 회사를 떠날 것이라고 답했다.

소속감을 높이려면 세 가지를 고려해야 한다. 기술 지원, 공통된 규칙, 확립된 관행이 그것이다.

원활한 협업을 지원하는 도구와 플랫폼은 많다. 이 중 팀의 필요에 가장 적합한 도구를 찾기 위해서는 기술을 다루는 각각의 수준이 다르다는 걸 인지해야 한다. 집에서는 회사에서만큼 IT를 원활하게 활용할 수 없다는 점도 고려해야 한다. 그렇다고 해서 지나치게 거창한 방법을 도입해 직원의 절반이 그 도구를 다루지 못해 오히려 어려움을 겪게 해서는 안 된다. 그보다는 모두가 자신 있게, 불편하지 않게 사용할 수 있는 기능을 추가해야 한다. 팀원이 근무하는 모든 지역의 기술적인 요건이 동등하지 않다면 기준을 낮추는 것이 좋다. 누구나 쉽게 접근할 수 있는 방식을 선택해 모두가 같은 입장이 되게 하는 것이 포용이다. 기술 자체가 목적이 아니다. 원활한 상호작용이라는 목표에 도움이 되는 것이 우선이다.

회의를 통해 협의를 이끌어낼 필요가 있는 경우에는 적극적으로 화상 회의를 활용하고, 문서를 보며 얘기할 필요가 있을 때는 문서가 모두에게 공유되어야 한다. 이런 방식들이 실제로 얼굴을 보며 하는 만큼의 긴밀한 관계를 맺는 데는 효과적이진 않겠지만 기술의 적극적인 활용은 중요하다.

일상적인 상호작용 ─────

사무실에서 함께 근무하는 사람들이 깨닫지 못하고 있는 게 있다. 말 한마디 나누지 않아도 한 공간에 함께 있는 사람끼리는 많은 정보를 주고받는다는 사실이다. 함께 근무하는 사람끼리는 책상 상태가 어떤지, 커피 한 잔 하자는 말에 동료가 멍한 눈으로 바라보는지 아니면 얼굴조차 들지 않는지 등을 직접 볼 수 있다. 이런 모든 행동은 당장 저 사람에게 다른 프로젝트를 맡겨도 좋을지 아닐지를 결정하는 지표로 작용한다. 지금 당장 도움을 주는 게 좋을지 아니면 좀 더 지켜보는 게 좋을지를 결정할 때도 빠른 선택이 가능하다.

하지만 원격근무를 하는 사람은 이런 신호들을 감지할 수 없다. 그렇기 때문에 명확한 의사소통과 공동의 합의가 중요하다. 연락이나 정보 교환과 관련해 규칙을 정하고 모두가 지켜야 할 규율을 정하듯 의사소통과 합의 내용에 대해서도 분명한 규칙을 정해두어야 한다. 지나치게 형식적으로 보일지라도 이것이 필수다. 특히 팀원들이 다양한 문화권 출신으로 구성된 팀이라면 더더욱 그렇다. 예를 들어 회의를 할 때는 처음과 마지막 안건을 미리 정해놓고, 회의가 길어질 것에 대비해 휴식 시간도 포함시켜야 한다. 또 원격 근무하는 팀원들을 당황스럽게 만드는 일을 막기 위해 그들이 거주하는 지역의 특성도 고려해두는 것이 좋다. 영상을 활용하는 것도 방법이다. 영상을 활용하면 누가 어떤 의견을 내는지, 상황이 어떻게 진행되는지를 쉽게 파악할 수 있다. 이러한 방법을 포함해 팀원들이 더 적극적으로 참여할 수 있는 방법을 소개한다.

- 회의의 원활한 진행을 위해 토론이 한창 진행 중일 때는 자리를 비우지 말아야 한다.
- 모든 팀원이 기술적으로 동등한 조건에서 일해야 하며, 모든 팀원이 접속할 수 있도록 미리 합의해둬야 한다.
- 특정 주제를 논할 때는 가상의 테이블을 마련해 모든 팀원이 준비된 자료를 볼 수 있게 해야 한다.
- 균형 있는 토론을 위해 회의실 안팎에서 누가 얼마나 많은 말을 했는지 기록해두어야 한다.

- 회의 중에 침묵이 오래 지속될 때는 무슨 문제가 있는지 바로 파악해야 한다.

이뿐만 아니라 사소해 보이는 부분에도 신경을 써야 한다. 회의를 언제 하느냐도 매우 중요하다. 회의 시간을 주기적으로 바꾸는 것도 필요하다. 최근 조사에 의하면 유럽이나 미국에서 화상 회의에 참가하는 사람들은 대부분 시간 차이가 큰 문제가 아니라고 말했다. 하지만 아시아에서 일하는 사람들의 생각은 달랐다. 세 명 중 한 명이 시간 차이가 큰 영향을 준다고 말했다. 그들에겐 한밤중 또는 새벽에 회의에 참가해야 하는 일이 수시로 일어난다.[168]

리더는 다양한 지역에서 근무하는 사람들에 대한 지원을 아끼지 말아야 한다. 거주하는 곳이 달라 불편을 겪는 팀원을 고려하는 것이 마지못해 하는 행동이 되어서는 안 된다. 오히려 이를 표준 방식으로 이해해야 한다. 9장에서 다룬 학습 능력의 4단계를 고려하라. 무의식적 능력, 이것이 리더의 목표가 되어야 한다.

무의식적 능력이 '평범한' 수준이 되게 하려면 팀원들과 업무적으로 교류하는 것만으로는 충분하지 않다. 일부 팀원이 정기적으로 또는 항상 원격근무를 하고 있다면 협업 환경으로 끌어들여야 한다. 온라인을 통한 커피 챗이나 소셜 미디어를 활용하면 팀원들끼리 서로의 일상을 엿볼 수 있고, 다른 팀원을 따라 컨퍼런스나 이벤트에 참가하는 것도 가능하다. 그 자리에 없다는 이유로 배제되는 일은 절대로 없어야 한다.

연락해도 좋은 시간대를 서로 합의해두어도 유용하다. 그런 다음 편한 시간대에 서로 연락을 취하면 긍정적인 관계 맺기가 이루어진다. 아이디어나 어떤 일에 대한 실행 계획이 떠올랐을 때 그것을 잊어버리지 않도록 하는 통로를 만들어 공유할 수 있게 하는 것도 좋은 방법이다.

'유대감'을 만들어라

지원을 많이 받지 못하는 팀원은 인사고과 점수가 낮고 자연스럽게 연봉 인상 가능성도 낮아진다. 이 장 초반부에서 나는 자주 볼 수 없는 팀원은 관리자의 인정을 받을 가능성이 상대적으로 낮다고 말했다. 그렇다면 진짜로 물리적 근접성이 팀원에 대한 신뢰도를 높일까? 주변에 있는 팀원의 업무 내용을 더 잘 알고 있기 때문에 그들이 더 유능하다고 생각하는 걸까? 9장에서 살펴본 관계 지도에서의 거리는 물리적 거리도 포함되는가?

이러한 점들을 다시 살피면서 거리가 실제로 영향을 주는지, 거리로 인해 팀원과 접촉하는 형태가 어떻게 달라질 수 있는지 점검해야 한다. 다른 지역에서 근무하는 팀원이 바로 옆 책상에서 일하는 팀원과 비슷한 수준으로 토론에 참여하는지, 업무 진척 정도가 같은지 다른지도 확인해야 한다. 온라인으로 얘기할 때보다 직접 얼굴을 보고 커피를 마시며 말할 때 자신의 생각을 더 잘 드러내는 경향이 있는지도 살핀다. 이렇게 했는데 눈에 보이는 팀원과 그렇지 않은 팀원과의 상호작용에 차이가 있다고 느꼈다면 그 간극을 줄일 수 있는 방법을 찾아라. 원격 근무하는 팀원들을 프로젝트에 적극적으로 참여시키고, 정기적으로 연락을 하고, 회의를 계획해야 한다. 리더는 사무 공간에 함께 있지 않은 팀원도 놓치지 않고 살펴야 한다. 체크리스트를 만드는 것도 방법이다.(체크리스트에 관해서는 14장에서 자세히 다룬다.)

어떤 계획을 실현시키는 또 하나의 방법은 '~라면 ~하겠다' 전략이다. '나중에 알게 되겠지'라고 생각해서는 안 된다. '~라면 ~하겠다' 전략은 이 문제에 대한 해결책을 제시한다. 예를 들면 '화요일에 린다에게 전화를 하겠다'라고 말하는 방법이 결과를 만들 가능성을 더 높여준다. 실제로 이렇게 했을 때 성공적인 결과가 나왔다. 우리의 두뇌도 '~라면 ~하겠다'를 좋아한다. 계획한 것을 더 잘 기억할 수 있기 때문이다. 다른 업무로 바쁠 때도 '~라면'에 해당하는 순간을 포착하기가 쉽다. 게다가 어떤 행동을 할지 미리 생각해 놓았기 때문에 그 순간이 왔을 때 계획한 대로 행동하기 쉽다.[169]

이 방법만으로는 충분하지 않다고 생각하는 사람도 있을 것이다. '~라면 ~하겠다'라고 계획했지만 그 일을 하지 못하는 일이 생길 수 있다. 이럴 땐 한 단계 더 시도해보라. 예를 들어 '화요일에 출장을 가면 동료에게 부탁해 린다에게 전화를 걸도록 하겠다'라고 계획하면 된다. 이런 방법은 팀 전체의 관계성을 강화하는 데도 도움이 된다.

거리를 극복하기 위한 조언

롤 모델이 되라. 직접 정기적으로 원격 근무를 하고 그것에 대해 얘기를 나눠라. 그러면 원격 근무가 팀원들에게 좋다는 것을 직접 체험할 수 있을 뿐만 아니라 원격 근무의 장점을 이해하고 그로 인한 장벽을 해결하는 데 도움이 될 것이다.

같은 공간에 함께 있지 않은 팀원도 보려고 노력하라. 합의하에 영상 통화를 시도하고 팀원들이 소셜 미디어에 올린 프로필 사진을 종종 들여다보라.

꾸준히 연락하라. 원격 근무하는 팀원들과 정기적으로 연락하라. 특별한 안건이 없어도 간단한 대화를 나눠라. 각자 커피를 마시면서 담소를 나누는 것도 좋다. 연락하는 게 생각만큼 쉽지 않다면 시간을 정해 놓고 시도하라. 이렇게 온라인 공간을 적극적으로 활용하는 것은 바람직하다.

팀 전체를 통합하라. 성공적인 팀은 팀원끼리 완벽하게 연결되어 있다. 모두와 연락할 도구와 해법을 활용하라. 예를 들어 공식적이지 않은 짧은 전화 통화지만 그것이 새로운 관계를 맺어주고 공통점을 찾게 해준다.

11장
무슨 말인지 전혀 모르겠다

· · ·

누군가의 남다른 행동이 당황스럽게 느껴지지만
그것이 정상적인 행동인 이유

피터는 새롭게 팀에 합류한 인도인이 전혀 기대에 미치지 못한다며 불평을 털어놓았다.

"일류 대학을 나와서 근사한 추천서를 갖고 들어왔으면 뭐해."

"뭐가 문젠데?"

"나는 다양한 관점을 제시하는 사람이 팀에 들어오길 원했어. 다양한 상황에 의문을 던질 수 있는 사람 말이야. 그런데 샨타누는 회의에 들어와서 다정한 미소만 띠고 앉아 있어."

"그에게 말해봤어?"

"물론이지! 토론할 때 어떻게 생각하느냐고 계속 물어본다고. 그런데 대답이 늘 어정쩡해."

"어렵군."

"그렇다니까. 그는 팀에 전혀 도움이 되지 않아. 얼마 전에 아주 간단한 업무를 맡겼거든. 급한 일은 아니었지만 2주 뒤 회의 때 진척 상황을 물으니 그때까지 시작도 안 했다는 거야. 제대로 한 소리 했지."

"문제는 문제네."

"그랬더니 기분 나쁘게 받아들이더라고. 그래, 실수는 봐줄 수 있어. 하지만 피드백은 받아들여야지. 피드백을 받아들이지 않는 사람을 어떻게 신뢰할 수 있겠어?"

이 사례에서처럼 요즘은 국적이 다른 사람, 출신지가 다른 사람과 일하는 경우가 매우 흔하다. 같은 사무 공간에 앉아 일할 수도 있고, 다른 공간에 앉아 화상을 통해 협업할 수도 있다. 그렇다 보니 좋은 점도 있지만 나쁜 점도 분명 있다.

출신이 다양한 팀원들의 협업은 가치 있지만 힘든 일이다

다양한 문화적 배경을 가진 사람들은 관점과 생각, 가치관이 다를 뿐 아니라 의사소통 방식도 다르다. 어떤 결정을 내리는 데 있어서도 다른 근거를 기준으로 삼는 경우가 많다. 이런 현상이 지속되면 팀 내 오해와 갈등을 유발할 수 있으며, 결국 팀의 잠재력마저 끌어내릴 수 있다.

이 장의 처음으로 돌아가보자. 피터는 스스로를 팀의 대표라고 생각한다. 명확한 지침과 직접적인 피드백을 중요하게 생각하고 시간관념도 다소 엄격한 편이다. 한편 산타누는 연장자를 존중하고 상사에게 예우를 갖추는 문화에서 성장한 것으로 보인다. 이런 문화에서 성장한 사람은 서로간의 조화를 중시하며, 가급적 충돌을 피하려 한다. 다른 사람이 보는 앞에서 누군가를 비난하는 것을 선호하지 않으며, 부정적인 피드백을 하더라도 상대가 잘 받아들일 수 있게 좋은 말로 포장해야 한다고 생각한다. 하지만 피터는 다르다. 시간에 대한 관념도 둘이 완전히 다르다.

각기 다른 문화에서 성장한 사람들은 다른 행동을 선택하고 가치관에서도 큰 차이를 보인다. 한 예로 중국 아이들은 사람은 귀가 두 개, 눈도 두 개지만 입은 한 개이며 이러한 특징이 행동에 반영되어야 한다고 배운다. '가장 시끄러운 오리'가 가장 먼저 사냥당한다고 생각하는 것도 이 때문이다. 이와 반대로 미국에서는 자신이 다른 사람들의 관심을 끌 만한 많은 이유를 가지고 있다고 생각한다. 기름을 얻는 것은 '삐걱거리는 바퀴'라는 생각으로 다른 사람의 시선을 자신에게 집중시키려고 한다. 독일에도 '자신의 재능을 감추지 말라'는 뜻의 속담이 있다.

우리는 태어나 엄마 젖을 먹으면서부터 어떤 행동이 바람직하고 내 행동이 언제, 누구에게 어떻게 받아들여지는지에 대한 정보를 흡수한다. 그리고 주변에 나와 같은 가치관을 가진 사람들만 있는 이상 그 행동들이 문제를 일으키는 경우는 거의 없다. 문제는 주변이 다양한 사람들로 구성될 때 생긴다.

예를 들어 서구 문화 출신은 자신의 능력을 평균보다 높이 평가하는 경향이 있다. 하지만 아시아계 출신은 대개의 경우 그렇지 않다. 익명으로 조사를 해보아도 똑같다. 이는 자신감이 부족해서가 아니라 주변 사람들과 조화롭게 어울리고 싶은 생각의 결과이다. 하지만 이런 태도가 다국적 기업의 평가 시스템에서는 불리하게 작용한다.

국제 평가 기관에서 근무하면서 나는 아시아 출신들의 이런 성향을 알게 됐다. 안타깝게도 아시아 출신 팀원들이 '낙오자'로 분류되는 경우가 많았는데, 토론에서 자신의 의견을 주장하지 않고 '격렬한 논쟁'을 하지 않는다는 이유였다. 반대로 외향적인 사람들은 자신을 과대포장하며 분위기에 개의치 않고 자신을 드러내는 모습을 보였다.

차이를 바라보는 시각

네덜란드의 심리학자 기어트 홉스테드Geert Hofstede는 국가별 문화를 체계적으로 조사해 협업에 영향을 주는 문화적 공통점과 차이점을 발견했다. 그는 국가별 문화를 여섯 가지 차원에서 설명한다. 권력 간격, 개인주의 대 집단주의, 남성성 대 여성성, 불확실성 회피, 장기적 및 단기적 방향, 쾌락 추구 대 금욕이라는 차원이다.(표10)[170]

비평가들은 이러한 모형이 고정관념을 부추긴다고 말하며 이런 식의 분류가 아닌 각각의 개인을 판단하는 것이 중요하다고 주장한다. 하지만 한 명 한 명을 만날 때마다 아무런 사전 지식 없이 누군가를 판

권력 간격 지수 =PDI	PDI는 계급과 서열의 차이를 설명한다. 이 지수가 높을수록 권력의 배분이 공평하지 않다는 의미다. 이 지수가 높은 문화의 사람들은 자신의 사회적 지위에 대해 의문을 갖지 않고 받아들인다. 반대로 덴마크처럼 권력 간격 지수가 낮은 문화에서는 평등주의자가 많다. 아시아 국가나 아랍에서 이 지수가 높게 나타난다.
개인주의 대 집단주의 =IDV	개인주의적인 사회에서는(대표적인 나라가 미국) 자기 결정과 자기 책임이 중요하다. 인도네시아 같은 집단주의적 사회에서는 사회적 환경이 중요한 역할을 하며, 이것이 사람들의 결정에 영향을 미친다. 상호 지원을 위해 무조건적인 충성이 기대된다.
남성성 대 여성성 =MAS	남성성이 두드러지는 사회는 경쟁 지향적이고, 여성성이 특징인 사회는 합의 지향적이다. 성공 추구, 경쟁 의지, 자신감이 대표적인 남성성이고, 배려와 협동, 겸손은 여성성이다. 남성성 지수가 높으면 '전형적인 남성적' 가치가 우세하다. 독일어권 국가들이 여기에 해당된다. '여성성'이 특징을 이루는 네덜란드의 사회적 분위기는 이와 다르다.
불확실성 회피 지수 =UAI	이 지수는 얼마나 많은 사람이 불확실성과 미지의 상황을 위협적으로 생각하는지 나타낸다. 벨기에나 프랑스처럼 불확실성 회피 지수가 높은 국가는 확실한 규칙과 지침에 의존한다. 이들은 비전통적인 방법은 부정하는 경향이 있다. 영국처럼 불확실성 지수가 낮은 문화에서는 여유로운 관점을 지닌다. 브렉시트가 그런 예일 수 있다.
장기적 방향 =LTO	이 차원은 사회가 단기 또는 장기 중 어디에 더 가치를 두는지 보여준다. 브라질이나 사우디아라비아처럼 이 지수가 낮은 문화는 과거와 현재를 중시하기 때문에 전통을 강조한다. 체면을 세우고 사회적 의무를 이행하는 것이 중요하며, 변화에 대해서는 부정적이다. 반면 홍콩이나 중국처럼 이 지수가 높은 사회는 실용적 가치를 추구하며 변화에 잘 적응한다.
쾌락 추구 대 금욕 =IND	많은 라틴아메리카 국가들처럼 협동적인 문화에서는 자기 자신에게 보상을 주고 삶을 즐기며 재미를 추구하는 것이 관행이다. 반면 아시아처럼 통제된 문화의 사람들은 엄격한 사회 규범을 따른다.

표10 기어트 홉스테드의 국가별 문화의 여섯 가지 차원[171]

단한다는 것은 매우 힘든 일이다.

다양한 문화권에서 성장한 사람들로 구성된 팀의 협업을 돕는 모형들은 수많은 경험을 모아 만든 틀을 제시한다. 물론 이것이 다양한 문화 출신들의 상호작용을 항상 순조롭게 해준다고 할 수는 없다. 가치관과 규범이 행동에 영향을 준다고 해서 같은 국적의 사람이 모두 같은 행동을 하는 것은 아니기 때문이다.

사람들의 특성처럼 문화의 다양한 차원들도 가우시안 정규 분포를 따른다.(그림14) 그림에서 정점은 '대표적인' 특성으로 묘사되는 것을 의미한다. 하지만 '미국인은 평등주의자다'라거나 '일본인은 계급주의자다'라는 식의 단순한 분류로 다른 문화를 이해할 준비가 되었다고 생각하는 건 잘못이다.

인시아드 비즈니스스쿨의 에린 메이어Erin Meyer 교수는 문화적 차이가 구성원 간의 상호작용에 영향을 주는 여덟 가지 영역을 확인했다. 그리고 이를 기초로 타당하다고 생각되는 문화 지도를 만들었다.[173]

의사소통

의사소통 스타일은 '고맥락' 또는 '저맥락'을 축으로 분류된다. 저맥락 문화권에서는 메시지를 이해하기 위한 사전 지식이 거의 또는 전혀 필요 없다. 정확하고, 간단하고, 직접적인 의사소통이 '좋은' 의사소통이다. 글을 쓸 때 오해를 없애기 위한 지침도 주어진다. 이와 달리 고맥락 문화에서는 메시지에 여러 가지 의미를 담는다. 메시지를 직접적으로 표현하는 경우는 거의 없다. 메시지에 숨겨진 의미가 있

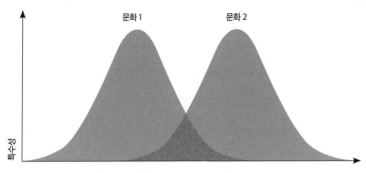

그림14 모든 사람이 자신의 문화의 '대표적인' 행동을 하는 것은 아니다.[172]

다는 것을 서로 알고 있고, 그래서 메시지를 받는 사람이 행간까지 읽을 것이라고 추정한다. 네덜란드인 친구(저맥락 의사소통)가 최근에 겪은 일이 이러한 맥락에 따른 의사소통의 문제점을 잘 보여준다. 그녀의 프랑스인 사장(고맥락 의사소통)이 그녀에게 특별한 프로젝트를 맡아줄 수 있겠느냐고 물었다. 그녀는 조금의 주저함도 없이 바로 할 수 없다고 말했고, 그 대답에 화를 내는 사장 때문에 당황했다. 친구는 "사장은 왜 원하는 것을 확실하게 말하지 않는 거야?"라며 불만을 터트렸다.

평가

피드백은 건설적이어야 한다는 말에 동의하는 사람이 많겠지만 무엇이 건설적인 피드백인지에 관해서는 사람마다 생각이 다를 것이다. '명확하고 직접적인 피드백'에서 '잘 포장된 피드백'까지 사람마다 선

호하는 형태가 다르다. 기억에 남는 경험이 있다. 이스라엘 출신의 참
가자(극도의 직접적인 피드백 선호)가 역할극을 마친 뒤 영국인 감독관(아주
잘 포장된 피드백 선호)에게 피드백을 받았다. 감독관은 그에게 다른 참가
자들과 거래하는 장면이 매우 직접적이었다며 잘 포장된 피드백을 했
다. 이스라엘 출신의 참가자는 그게 칭찬인 줄 알고 크게 기뻐하며 우
쭐대기까지 했다.

설득

이 영역은 다른 사람을 설득하려고 시도하는 방법과 자신이 설득력
있는 요소라고 생각하는 것에 관한 내용이다. 이 영역에는 각 나라의
문화와 철학, 종교 등이 강력한 영향력을 행사한다. 따라서 어떤 것을
기준으로 삼느냐에 따라 원칙과 적용이 달라진다. 독일인은 명제를 먼
저 제시한 다음 결론에 이르는 경향이 있다.(연역적 방법) 이에 반해 미
국인과 영국인은 결론을 먼저 내린 다음 그것을 지지하는 자료를 제
시한다.(귀납적 방법)

조직 관리

이 영역은 권력 간격과 관련이 있다. 예를 들어 권위에 대한 존중과
존경 또한 평등주의자나 계급주의 문화와 관련된 내용이다. 이 주제에
대해서는 의사소통 스타일 및 결정 방식과 함께 다음 장에서 집중적
으로 다룬다.

의사 결정

이 영역에서는 다양한 문화의 사람들이 어느 정도까지 합의를 이루려고 하는지를 고려한다. 평등주의 문화에서는 대체로 민주적인 방법으로 결정이 이루어진다. 반면 계급주의 문화에서는 상의하달 방식으로 결정이 이루어지는 경우가 많다. 하지만 이러한 규범이 있음에도 탈선하는 일이 종종 발생한다. 평등주의 문화인 미국에서는 관리자가 집단 의견과 다른 요구를 할 가능성이 많다. 한편 계급주의 문화가 강한 독일에서는 합의가 더 중요한 의미를 갖는다. 이 부분 역시 12장에서 더 다룰 것이다.

신뢰

인지적 신뢰(이성적인 신뢰)와 정서적 신뢰(직감적인 신뢰) 사이에는 차이가 존재한다. 업무 위주 문화에서 신뢰를 쌓으려면 시간이 필요하다. 긍정적인 업무 경험을 통해 누군가에 대해 믿을 수 있다는 점이 증명되어야 비로소 신뢰가 생긴다. 관계 위주 문화에서는 정서적 관계성이 강하고 개인적인 경험을 공유할 수 있을 때 신뢰가 형성된다.

이의 제기

논쟁과 대립이 팀이나 조직에 얼마나 생산적인지에 대한 판단은 문화마다 다르다. 이의를 제기했을 때 공개적인 대립을 받아들이는지, 그것이 협업에 도움이 된다고 생각하는지 아니면 방해가 된다고 생각하는지에 대한 판단은 상이하다. 한 중국인 친구는 내게 자신의 동포들이 논쟁을 어떻게 생각하는지 알려주었다. 중국인 동료가 어떤 문제와 관련해 생각해보겠다고 말했다면 그 문제에 대한 의견을 들을 수 있을 거라는 기대는 하지 않는 것이 좋다.

일정 관리

약속을 의무로 보느냐 아니면 개략적인 지침 정도로 보느냐는 협업에 상당한 영향을 미치는 요인이다. 이 축은 체계적이고 단계적인 방식이 두드러지는지 아니면 유연하고 민첩한 방식이 중요한지를 보여준다. 그림15를 참조하라.

개인적 위치 결정하기 ─────────

문화적 차이를 더 잘 이해하기 위해서는 자기 자신을 더 정확하게 알아야 한다. 문화 지도에 나타난 다양한 축에서 나는 어디에 위치하는가? 내게 중요한 것은 무엇이며, 무엇 때문에 화가 나는가? 나는 어디에서 성장했고, 이것이 내 가치관에 어떤 영향을 미쳤는가?

자신이 속한 문화에서 나타나는 대표적인 행동을 자기 스스로 인식하기란 매우 어렵다. 자신의 행동과 그것을 인식하는 것에는 큰 차이가 있기 때문이다. 친구나 지인에게서 이를 쉽게 목격할 수 있다. 게다가 우리는 자신의 행동을 문화의 대표적 행동이라고 인정하고 싶어 하지 않는다. 독일의 대표적인 미덕이 시간 엄수와 근면함이라고? 이런 특성이 내게는 없을 것이라고 생각하는 것이다.

우화 하나를 생각해보자. 나이 든 물고기가 젊은 물고기 두 마리를 만났다. 나이 든 물고기가 말했다. "오늘 물이 정말 좋군." 젊은 두 물고기는 공손한 태도로 머리를 끄덕였다. 그런데 한 물고기가 잠시 생각하더니 이렇게 물었다. "그런데 물이 뭐죠?"

여기서 문화는 곧 특권이라고 생각할 수 있다. 우리는 문화를 너무 당연하게 누리고 있기 때문에 그것을 눈으로 보기가 어렵다. 문화적

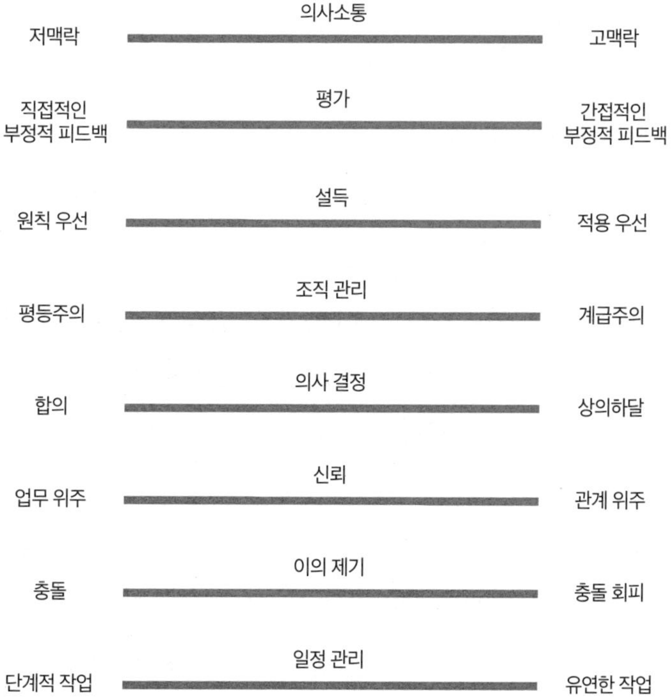

저맥락	의사소통	고맥락
직접적인 부정적 피드백	평가	간접적인 부정적 피드백
원칙 우선	설득	적용 우선
평등주의	조직 관리	계급주의
합의	의사 결정	상의하달
업무 위주	신뢰	관계 위주
충돌	이의 제기	충돌 회피
단계적 작업	일정 관리	유연한 작업

그림15 에린 메이어의 문화 지도

특성은 그 문화 사람들에게 매우 '일반적'이고 '자연스러운' 것이다. 어떤 행동을 이해하지 못하거나 반대로 눈을 감아주는 것도 문화의 영향이다.

문화의 다양한 차원을 자각하고 자신과 다른 사람이 어떤 축에 속하는지 이해하는 사람은 팀에서 충돌이 일어날 가능성을 항상 염두에 두고 있다. '나는 정상이다'라는 생각이 다른 문화를 바라보는 시각에 영향을 미칠 수도 있다는 사실을 항상 생각하고 있어야 한다. 예를 들어 독일인이 계급주의자인지 평등주의자인지에 대한 질문에 덴마크인(평등주의자가 대세)과 일본인(계급주의자가 대세)의 대답은 다를 것이다. 그렇더라도 독일인이 직접적이고 일정을 엄격하게 고수하는 민족이란 점에서는 생각이 같을 것이다.

네덜란드에서 열린 다문화 워크숍에 참여했을 때 나는 개인적 관점이 특히 중요하다는 사실을 경험했다. 그것은 현지 IT 팀과 인도 파견팀의 협업 성과를 높이기 위한 워크숍이었다. 그 과정에서 네덜란드 관리자들은 인도 팀이 기한을 제대로 지키지 않고 제멋대로라며 계속 불평을 쏟아냈다. 그 말은 악마의 달콤한 속삭임 같았다. 네덜란드 출신 동료들과 함께 일하면서 나도 그들과 똑같은 느낌을 받았기 때문이다.

자신이 받는 대우는 자신이 만든 결과라는 생각이 들 수 있지만 이보다 더 중요한 것이 있다. 문화 지도의 여덟 가지 축에서 내가 어디에 위치했는지에 따라 다른 문화를 보는 방식이 달라진다는 점이다. 예를 들어 어떤 문화가 내게는 엄격하고, 융통성이 없고, 혼란스럽고, 믿을 수 없는 것으로 보일 수 있다. 인도인의 관점에서 보면 네덜란드의 문화는 계획에 차질을 줄 수 있는 요소를 고려하지 않고, 유식한 체하며, 한 번 정한 약속을 고집하는 것으로 보일 수 있다.

국제적인 팀의 성공 ─────────

신뢰는 협업을 성공시키는 가장 중요한 요소이자 팀원들로 하여금 프로젝트에 마음을 다해 개입할 수 있게 하는 가장 큰 원동력이다. 이것이 선행되어야 즐거운 마음으로 어려운 업무를 해낼 수 있다.

신뢰를 바탕으로 팀의 성과를 내려면 공동의 목표와 성공에 필수적인 정보와 도구가 필요하다. 서로 간의 차이와 마찰, 충돌, 그러한 충돌로 인한 피해를 투명하게 밝히는 것도 중요하다. 그래야 협업을 위한 규정에 동의할 수 있는 토대가 만들어지고, 서로를 대하는 기준을 정할 수 있다.

각자의 관점에서 보면 다른 문화 출신의 팀원이 자신의 '기준'에 벗어나는 것이므로 합의된 사항은 거듭 확인해야 한다. 한마디로 원활한 의사소통이야말로 성공의 핵심 요소다. 의사소통을 통해 각자에게 필요한 정보를 전달할 수 있고, 함께해야 할 과업이 무엇인지, 누가 공동의 목표를 달성해야 하는지를 명확하게 밝힐 수 있다.

팀원들이 서로 다른 지역에서 근무하는 경우라면 정기적인 회의와 영상 회의, 이메일을 통한 소통, 일 대 일 대화를 적극 활용해야 한다.

정기적이고 시기적절한 의사소통은 팀원들이 업무에 효과적으로 임할 수 있게 해주기 때문이다. 또 이것은 자신의 주장을 적극적으로 표현하지 않는 팀원을 다른 팀원들에게 합류시킬 때도 도움이 된다. 단순 협력보다 경험을 공유하고 있는 상황에서 협력할 때 신뢰가 높아지기 때문이다. 따라서 이를 위한 계획도 세워야 한다. 업무의 진척 상황만 알리지 말고 업무와 관련이 없더라도 관심사나 취미, 개인적으로 힘든 일에 대한 대화를 나누는 것도 방법이다. 이 과정에서 서로 간에 공통점을 발견했을 때 개인적 관계를 더 발전시켜 나갈 수 있다. 이 방법은 협업의 초기 단계나 팀 구성이 달라질 때 이용하면 좋다.

서로 멀리 떨어져 근무하는 팀과 성공적인 협업을 이뤄내려면 기술을 적극적으로 활용해야 한다. 가장 최신의, 가장 비싼 기술을 말하는 것이 아니다. 팀이 사용하는 플랫폼에 대해 모든 팀원이 편안함을 느끼는 것이 중요하다. '빠르고 복잡하지 않음'과 '원활한 의사소통' 사이에서 합리적인 균형을 찾으면 된다. 이메일과 채팅은 편리하지만 오해를 낳기 쉽고 후속 대화도 필요하다. 이에 비해 영상 플랫폼을 사용하면 정보가 정확하게 전달됐는지를 쉽게 확인할 수 있고, 애매한 부분을 그 자리에서 바로잡을 수 있다.

다문화 팀원 간의 협업을 위한 조언

당신의 문화와 팀원의 문화에 대해 인지하고 있으라. 어디서 문화적 오해가 싹트는지 알아야 한다. 당신 주변에 있는 다양한 사람들의 문화를 비교해보라.

사람들을 분류하지 마라. 출신은 자신의 스타일과 행동에 영향을 미치는 여러 요소 가운데 하나일 뿐이다. 그 사람이 어떤 문화의 영향을 받았다고 해도 그 모습은 우리의 생각과 완전히 다르게 나타날 수 있다. 열린 마음으로 사람을 만나고 선입견을 벗어던져라.

다른 스타일을 인정하라. 다른 출신의 사람들을 그저 '다르다'고 생각하지 말고 그들의 방식에서 나타나는 강점을 배워라. 그러면 그들을 인정하고 존중할 수 있다.

다문화를 연습하라. 동일한 메시지를 전달해 동일한 결과를 얻으려면 다른 사람에 대해 유연하게 반응해야 한다. 다양한 필요와 기대에 부응하기 위해 자신의 스타일을 조정하는 연습을 하라.

다양한 필요를 충족시키기 위한 계획을 세워라. 서구 국가의 사람들은 직설적으로 말하는 것을 좋아하고 어떤 문제에서든 자신의 생각을 적극적으로 표현한다. 이와 달리 개인적인 성향이 약한 문화의 사람들은 조화를 중시한다. 따라서 이들에게 회의의 주제와 내용을 미리 알려줌으로써 차후에 생길 수 있는 충돌을 막아야 한다.

목표 문화를 이해하라. 특정 문화의 사람들과 많이 상대한다면 기회를 만들어 그들에 대해 배워라. 해당 국가를 방문하고 그들의 일상을 경험해보는 것도 좋다.

12장
순탄치 않을 거야!

· · ·

다문화 팀이 성공하는 방법

회의가 끝난 후 서로에 대한 인사가 끝나기도 전에 작은 소동이 벌어졌다. 컨퍼런스 콜이 진행되는 동안 프로젝트의 진행 방식과 일정에 대해 다양한 아이디어가 나왔는데, 샨타누만 자리에 앉아 침묵을 지키고 있었다.

"미국인 팀원들은 제정신이 아니야! 내놓는 아이디어마다 비현실적이잖아."

"그러게 말이야. 그리고 뭐 좀 기여했다고 영광스럽다느니 자랑스럽다느니 하는 말만 하네. 그리고 중요한 문제가 있으면 의견을 발표하면 되지 왜 토론을 하고 있는 거야."

"프랑스인 팀원도 못지않아. '고맙습니다.'라고 말해놓곤 전화를 끊자마자 합의 내용은 깡그리 무시하고 하고 싶은 대로 하거든."

"그래도 스페인 팀원보다는 낫네. 그들은 아예 회의에서 빠졌어."

"중국은 어떻고! 컨퍼런스 콜이 진행되는 동안 아무도 말을 하지 않 았어."

"솔직히 프로젝트가 엉망이 되도 놀랄 게 없어. 아무도 말을 하지 않 는데 어떻게 정보를 얻을 수 있겠어? 결국 아무도 책임지지 않는 거지."

"피터, 자네는 맞는 말만 하던데. 그들은 항상 예의 바르고 조직적인 우리에게 의지하는 것 같아. 결국 우리가 프로젝트를 완수하겠지."

국제적 프로젝트는 가시적 성과를 높이고 승진을 할 수 있는 중요 한 기회를 제공한다. 하지만 안타깝게도 그러한 프로젝트에 참가했다 가 오히려 위기에 몰리거나 핵심 인재 리스트에서 제외되는 일이 벌 어질 수도 있다.

문화 충돌 ————

문화 충돌은 오해와 불필요한 마찰을 야기한다. 문화 충돌의 원인 은 서로 다른 의사소통 스타일과 선호도에 있다. 충돌이 발생했을 때 그것을 공론화할 것인지 아닌지 여부도 충돌의 이유가 된다. 서열과 지위에 대한 생각, 자신보다 서열이 높은 사람에 대한 존중심에 대해 서도 각자의 생각이 다르다. 의사 결정을 얼마나 신속하게 할지, 그 결 정에 어떤 구속력이 있는지에 대해서도 의견이 다르다.

언어 역시 의사소통을 자주 방해하는 요소다. 종종 언어가 복잡한 문제를 복잡한 것이 아닌 것으로 만들기도 한다. 이는 토론이 주로 영어로 이루어지기 때문인데, 이 경우 참가자들은 모국어로 말할 때만큼 자신의 생각을 정확하고 미묘하게 표현하지 못한다. 이런 모든 문제가 극도의 혼란을 야기한다. 이번 장에서는 이 부분에 대해 자세히 살필 것이다.

의사소통 ─────

먼저 의사소통에 대해 생각해보자. 의사소통을 할 때 상대의 말을 이해하지 못하는 이유는 두 가지다. 하나는 서로의 언어가 언제나 똑같은 의미로 호환되지 않아서이고, 다른 하나는 대화를 나누면서 상대에게 충분한 여유를 주지 않아서이다.

음성의 빈도

대화나 토론을 할 때 말하는 빈도는 문화에 따라 매우 다르다.(그림16) 예를 들어 앵글로색슨어로 대화하는 경우 사람들은 상당히 빠른 속도로 말을 연달아 주고받는다. 한 사람의 말이 끝났다는 것은 다른 사람이 말을 시작해도 된다는 신호로 여겨진다. 이와 반대의 모습도 있다. 아시아에서는 상대의 말이 끝나자마자 자신의 말을 하는 것을 무례하다고 생각한다. 말을 주고받는 속도가 다소 느리고, 자신의 말을 하기 전에 상대의 말에 대한 의견을 표시하는 것을 존중의 의미로 여긴다. 라틴어에서는 대화 중에 말을 멈추는 것은 상상도 할 수 없다. 그것은 서로 할 말이 없다는 신호로, 매우 당혹스러운 상황으로 인식된다. 또한 대화의 흐름을 '낙관적인 요소'로 일관하는 사람은 대체로 성공적인 의사소통에 실패한다. 그들은 대화에 한마디도 끼어들지 못하는 경우가 있다. 또는 다른 사람이 어떤 문제에 대해 말할 여유를 충분히 주지 않아서 중요한 정보나 상대의 주장을 이해하지 못하는 경우도 있다.

대화 참가자들이 모두 한마디씩 한 것을 두고 성공적인 의사소통이라고 결론 내려서는 안 된다. 기본적으로 사람은 말하는 방식이 다 다

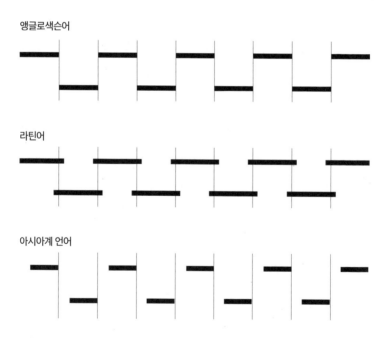

그림16 언어마다 완전히 다른 패턴을 띤다.[174]

르기 때문이다. 앞장에서 고맥락 또는 저맥락 의사소통에 대해 이야기했다. 어떤 식으로 비난과 부정적인 피드백을 하는지에 대해서도 다뤘다. 즉각적이고 직접적인 피드백을 하는 사람이 있는가 하면 상대의 체면을 생각해 포장을 해서 전달하는 사람도 있었다.

수준 높은 교육을 받았다고 해서 의사소통까지 잘하는 것은 아니다. 오히려 의사소통에 문제를 겪는 경우도 많다. 교육 수준과 지위가 높은 사람일수록 자신의 문화적 가치를 주장하는 경향이 있기 때문이다. 미국의 최고 리더(저맥락)는 '말하려는 바를 말하라. 그것을 정확하게 말하라. 방금 말한 것을 다시 말하라'와 같은 규범을 철저히 따른다. 그래서 말을 한 뒤에 이메일로 그 내용을 반복하는 일도 많다. 반대로 고맥락 의사소통이 두드러지는 일본에서는 이런 식의 말을 저차원적 대화로 여긴다. 아이에게조차 그런 식으로 말하지 않으며, 그렇게 말하는 것은 상대의 지능을 의심하는 것이라고 생각한다.

하지만 이런 생각은 문제를 악화시킬 뿐이다. 고맥락 문화의 사람들은 저맥락 의사소통을 단조롭고 세련되지 않다고 생각하겠지만 그들의 교양 있는 표현이 심각한 오해를 일으키는 경우도 많기 때문이다. 오래 알고 지낸 지인이나 수십 년의 결혼 생활을 한 부부는 공통적 가치관과 경험을 갖고 있기 때문에 대화하는 데 어려움이 없다. 하지만 공통의 맥락 없이 인위적으로 포장된 메시지를 상대에게 전하는 것은 매우 어려운 일이다.

그런데 예상과 달리 대화를 하면서 가장 심각한 오해를 낳는 경우는 고맥락 문화와 저맥락 문화사람 간의 대화가 아니다. 고맥락 의사소통을 하는 각기 다른 문화의 사람들이 대화를 할 때 의사소통이 아예 되지 않는 웃지 못할 일이 생긴다. 각자 자기 입장에서 열심히 행간을 읽으려고 노력하지만 완전히 잘못된 결론을 내리는 경우가 많다. 서로의 경험에 담긴 의미가 다르기 때문이다.

다양한 문화권의 사람들로 구성된 팀에서는 이론상 저맥락 의사소통을 하는 것이 더 효과적이다. 하지만 자신이 살아온 문화의 영향을 받은 팀원 입장에서는 그런 대화가 불편하게 느껴질 수 있는 만큼 의사소통 방식에 대해서는 서로 간의 협의를 해야 한다.

토론과 피드백

토론 진행 방법이나 비판 방식이 다르면 팀원 간에 충돌할 가능성이 커진다. 예를 들어 토론 방식에 대한 생각에서부터 차이가 날 수 있다. 격렬한 토론을 중시하는 '외향적인 문화권' 사람들은 적극적으로 아이디어를 내고 많은 대화를 하는 과정에서 좋은 아이디어가 도출된다고 생각한다. 이들에게는 활기찬 토론이 상대에 대한 신뢰를 보여주고 화합하는 증거다. 반대로 '내향적인 문화권'의 사람들은 다른 사람의 감정을 고려하는 것을 중시하며, 그것을 의사소통의 규범으로 삼는다. 한 예로 동양권에서는 공개적인 장소에서 누군가를 불쾌하게 하거나 그 사람의 체면을 깎아내리는 일은 상상도 할 수 없다. 아무리 중요한 문제를 다루는 토론이어도 다른 사람의 감정을 항상 염두에 두고, 그런 감정마저 하나의 관점이라고 생각한다.[175] 충돌이 생기면 집단이 해를 입을 수 있다는 생각 때문이다.

먼 데서 예를 찾을 것도 없다. 영국 해협을 사이에 둔 양쪽 지역 사람들의 차이만 봐도 충분하다.(표11) 내가 지금까지 만난 사람들 가운데 전형적인 영국인의 특성을 가장 잘 보여주는 사람은 데이비드라는 동료다. 60대 초반의 그는 완벽한 영국 신사다. 한 팀이었던 우리는 어떤 프로젝트를 검토하면서 하나에서 열까지 모두 잘못됐다는 점에 동의했다. 하지만 우리 둘을 제외한 다른 사람들은 그것을 알아채지 못했을 것이다. 나는 불쾌한 감정을 겉으로 다 드러내서 간접적인 표현을 선호하는 정중한 문화권의 사람들을 놀라게 했다. 하지만 데이비드

영국인이 이렇게 말하지만	그들의 속뜻은 이렇다.	그 말을 독일인은 이렇게 이해한다	독일인이라면 이렇게 말한다
당신에게 ~을 제안한다.	그것에 신경 써라.	그것을 고려할지 여부는 내가 결정할 수 있다.	그것에 신경 써라.
당신의 아이디어는 독특하다.	터무니없는 생각이다.	창의적인 생각이다! 사람들이 좋아할 것이다.	터무니없는 생각이다.
내 생각에는…	어떻게 이런 바보 같은 생각을 했지?	그것은 당신의 잘못이다. 안타깝다.	어떻게 이런 바보 같은 생각을 했지?
당신에게 약간 실망했다.	나는 무척 화가 났다.	그렇게 중요한 문제는 아니다.	나는 무척 화가 났다.
그런데…	여기서 진짜 문제는…	이건 그렇게 중요한 문제가 아니다.	여기서 진짜 문제는…

표11 다양한 문화권 사이의 의사소통은 오해의 소지가 많다.[176]

는 불쾌한 감정을 반어적으로 부드럽게 표현했고, 다른 문화의 팀원들은 상황의 심각성을 인식조차 하지 못했다.

독일에서는 부정적인 피드백을 할 때 대개 직접적으로 말한다. '어쨌든 그것은 문제를 따지는 것이지 사람을 탓하는 게 아니니까'라고 생각하기 때문이다. 미국이나 아시아 국가가 다른 식의 접근 방법을 선호하는 것과는 대조적이다. 게다가 독일은 의견 충돌이 일어나는 것을 전혀 꺼리지 않는다. 문제에 대해 거리낌 없이 토론해야 상황이 개선된다고 생각하기 때문이다.

예를 들어 당신이 어떤 행동에 대해 재고해보는 게 좋겠다는 식의 간접적 피드백을 받았다고 가정해보자. 가장 먼저 어떤 생각이 드는가? 크게 신경을 쓸 필요가 없는 친절한 제안으로 들리는가? 그렇다면 당신은 지금 이 생각이 나중에 어떤 결과를 가져올지 자각조차 하지 못하고 있는 것이다.

언어(외국어) 능력

모국어로는 다양한 표현을 정확하게 구사하는 사람도 '외국어'로 말할 때는 타인과의 상호작용에 어려움을 느낄 수밖에 없다. 동시에 언어 때문에 자신의 능력을 증명하기가 어렵다는 생각이 들 수도 있다. 이러한 문제는 당사자에게 좌절감을 안기고, 팀의 잠재력을 끌어내지 못하는 결과로 이어진다.

미국과 아시아 출신으로 구성된 팀에 대한 최근 연구는 '의사소통을 방치해서는 안 되는' 명확한 증거를 보여준다. 적절한 개입이 없으면 미국인은 아시아인에 비해 다섯 배 이상, 아니 열 배 이상 더 많은 발언권을 갖는다. 오직 공통의 규칙만이 적절한 균형을 만들 수 있다. 누가 언제 말할지에 대해 명확하게 합의하고, 자유로운 의견을 구하는 질문을 해서 누구나 자신의 관점을 말할 수 있게 해야 한다. 이러한 포용적인 방법을 썼을 때 미국인은 중국인, 일본인, 한국인, 대만인보다 1.5배 정도의 발언권을 갖게 되어 비율이 비슷해졌다.[177]

계급

포용적인 문화에서는 계급의 의미를 이해하는 것이 중요하다. 계급주의 문화에서는 연장자와 지위가 높은 사람에 대한 존중의 표현으로 자신의 생각을 쉽게 주장하지 못한다. 중국에서는 세대 변화로 인해 관리자에 대한 젊은 팀원들의 인식이 달라지면서 서양처럼 참여적 관리 스타일을 선호하는 추세다.[178] 하지만 아직까지도 중국 내의 계급 인식은 서구 국가와는 상당히 다르다.

나는 1990년대 초에 휴렛 팩커드에 입사했다. 이 회사에서는 모두가 서로의 이름을 불렀는데, 이는 독일 출신인 나로서는 매우 낯선 광경이었다. 게다가 독립된 사무실 없이 모두가 개방된 하나의 공간에서 일했다. 홍보부서는 최고 경영진 맞은편에 있었는데, 누가 봐도 우리는 즐겁고 에너지가 넘쳤다. 우리는 누구의 눈치도 보지 않고 잔뜩 흥분해 대화를 나눴고, 그렇게 시끄러워지기 시작하면 메노Menno나 프릿츠Fritz, 루디Rudi 같은 이사들은 모니터 위로 얼굴을 내밀어 좀 조용히 해달라고 부탁했다.

몇 년 뒤, 알카텔에서 근무하면서는 또 다른 경험을 했다. 내 부하직원 하나는 다른 사람에게서 나를 보호하기 위해 계속 대기실에 앉아 있었다. 이 일은 지금 생각해도 이해되지 않는다. 20세기가 끝나가던 무렵에 그런 일이 있었다니 말이다.

일하는 환경에 따라 사는 모습이 달라진다. 특히 지위의 의미가 완전히 다른 문화에서 살아가려면 자신의 생각을 상당 부분 조정해야 한다. 특히 지금처럼 평등이 중요해지고 있는 환경에서 아직도 상의하달 방식을 중시하는 계급주의 문화 출신의 사람들은 불안함을 느낄 수 있다. 그들은 자신의 자리를 잃을까봐 하는 불안과 싸우고 있다.

의사 결정 ────

계급주의는 결정을 누가 언제 어떻게 하는지에 관한 문제에도 작용한다. 또한 계급은 의사 결정 속도에도 영향을 준다. 종종 계급주의가 아닌 문화에서 지위를 이용해 결정을 내리는 일이 발생하기도 하는데, 이는 신속함을 중시한 결과다. 비교적 평등하다고 생각되는 미국에서도 결정이 최소한의 정보를 근거로 상의하달 방식으로 진행되는 경우가 흔하다. 지나치게 길어진 토론에도 아무런 결론도 내리지 못하는 '분석적 마비'를 미국인들은 몹시 싫어하기 때문이다. 미국 서부가 정복당했을 때 이런 의사 결정 방식이 사용됐다. 오늘날도 활용되고 있는 이 방법은 '빨리 실패하라'는 전략이며, 각 분야에서 도입하는 사례가 늘고 있다.

이와 비교되는 것이 독일이다. 독일은 계급주의적 특성이 더 강하지만 그와 동시에 합의 지향적인 특성도 뚜렷하게 나타난다. 매우 다양한 노동법과 감사위원회, 그리고 여러 위원회가 의사 결정에 강력한 영향력을 행사하며, 처음부터 성공적인 방법을 찾으려고 한다. 이런 의사 결정 방식에 섣부른 아이디어나 지침은 용납되지 않는다. 그러한 생각들에 대해 사람들은 신중하지 못하고 전문적이지 않다고 여기며, 그로 인해 토론이 지지부진해진다고 생각한다.(그림 17)

여기서 한 가지 문제는 '결정'의 실제적인 의미를 기본적으로 다른 개념으로 본다는 것이다. 내려진 결정에 대해 변경할 수 있는 것으로 보느냐 변경 불가의 규정으로 보느냐의 차이가 있다. 여기서 에린 메이어는 결정을 대문자D와 소문자d로 구분한다.[179]

이렇게 다른 관점과 접근법 때문에 독일인과 미국인의 협업에서 또

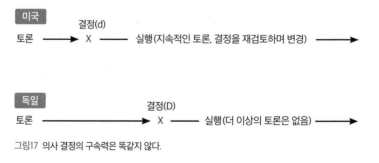

미국

토론 ──────→ 결정(d) X ────── 실행(지속적인 토론, 결정을 재검토하며 변경) ──────→

독일

토론 ──────────────→ 결정(D) X ────── 실행(더 이상의 토론은 없음) ──────→

그림17 의사 결정의 구속력은 똑같지 않다.

는 그와 비슷한 관습이나 법을 가진 국가들 사이의 협업에서 격렬한 논쟁이 자주 벌어진다. 일부 팀원들은 왜 빨리 프로젝트에 착수하지 않고 계속 토론만 하고 있는지 이해하지 못한다. 반대로 어떤 팀원들은 협의한 내용이 갑자기 의미가 없어지고 모든 걸 처음부터 다시 논의하는 건 지난 몇 주간의 고생을 포기해 버리는 거라 생각한다. 이런 사람들 사이에 충돌이 일어나는 것은 당연하다.

국제적인 프로젝트를 성공시키려면 어떻게 합의에 이르고, 실제로 무엇에 합의했는지를 이해하는 것이 중요하다. 이렇게 해야 누구는 너무 딱딱하게 군다거나 누구는 일에 질서가 전혀 없다는 식의 생각을 하지 않게 된다. 그리고 이렇게 할 때 실제로 성과를 낼 지점에서 힘을 모을 수 있다.

이는 결정이 어떻게 내려지고 회의에서 실제로 다루는 내용이 무엇인지를 이해하는 것과도 연결된다. 회의의 목적이 의사 결정이며 거기서 크고 작은 'D'를 내리는가? 대안들이 논의되는가? 아니면 오래 전에 결정된 내용을 합의만 하는 수준이어서 논의가 전혀 의미가 없는가?

국제적인 프로젝트의 성공을 위한 조언

유연해져라. 회의는 단지 의사 결정 과정의 일부일 뿐이다. 핵심 관계자들을 확인하고 그들에게 영향력을 발휘하기 위한 기회를 만들어라.

자신의 스타일을 조정하라. 의사소통 및 이의 제기의 축에서 당신이 어디에 위치해 있는지 생각해보라. 다른 문화 출신의 동료에게 의견을 물어보면 도움이 된다. 함께 일하는 사람들과 조화를 이룰 수 있도록 자신의 스타일을 조정하라.

다양한 관점을 들을 수 있는 방법을 찾아라. 반대 의견을 허용하는 문화를 만들어라. 팀원들에게 일부러 반대 의견을 말하도록 요청하는 것도 한 가지 방법이다. 또는 다른 사람들에게서 어떤 의견이나 걱정을 듣게 될 수 있는지, 그런 생각의 장점과 단점이 무엇인지 말해보라고 할 수 있다.

규칙에 합의하라. 한 팀이라는 이름의 공통된 업무 방식에 합의하라. 여기에는 회의, 안건에 관한 이메일 발송 시기, 회의록, 행동 방침에 대한 규칙이 포함된다. 이러한 규칙은 다른 업무에도 적용될 수 있다. 일부 문화 출신의 팀원들이 세세한 규칙을 신뢰 부족의 신호로 여기더라도 이러한 규칙이 꼭 필요함을 설명하라.

저맥락 의사소통을 활용하라. 다문화 팀에서 오해를 피하려면 저맥락 의사소통이 필요하다. 이러한 의사소통은 이메일이나 온라인 회의로 의사소통을 할 때도 중요하다. 반어적 표현으로 의사소통할 경우 상대의 분노를 살 수 있다. 공통의 경험과 맥락이 없는지라 다른 사람이 그 사람 말의 행간을 읽는 게 불가능하기 때문이다.

5부

남성과 여성

이 책의 마지막 부분에서는 직장에서 성별에 따라 어떻게 다른 경험을 하게 되는지 살펴본다. 다른 사람이 당신을 바라보는 시각과 당신에게 거는 기대, 받게 되는 도움에 성별이 어떻게 작용하는지도 함께 다룬다.

남성과 여성의 차이에 초점을 맞추는 일은 매우 제한적일 수밖에 없다. 성을 남녀로 가르는 시대는 이미 끝났기 때문이다. 그럼에도 내가 남성과 여성에 초점을 맞추는 이유는 단순하다. 지금도 이러한 연구가 유효하기 때문이다. 직장에서 남성과 여성이 다른 대우를 받는 이유에 대해 성별 말고는 다른 요인을 조사할 수 없다.

13장 '오늘은 일찍 퇴근해야 해요. 아이 발표회가 있어요'에서는 사람을 판단하는 두 가지 주요 기준인 따뜻함과 유능함을 살핀다. 이런 특성이 왜 중요한지, 남성과 여성에 대한 판단에 어떻게 영향을 미치는지 설명할 것이다.

14장 '자기 자랑은 자제하라!'에서는 똑같은 행동이라도 남녀에 따라 완전히 다르게 평가받는 이유를 찾아본다. 이와 함께 남성과 여성 모두에게 공동으로 적용되는 기준을 만드는 방법도 검토한다.

15장 '여성의 딜레마'에서는 여성들은 서로 돕지 않는다는 생각의 진상을 밝힌다. 이러한 인식이 어떻게 생겼는지, 또 왜 사라지지 않는지 설명한다. 변화를 이루기 위해 남성이 기여할 수 있는 부분도 강조한다.

13장

오늘은 일찍 퇴근해야 해요. 아이 발표회가 있어요

• • •

따뜻함과 유능함이 경력 향상에 어떤 영향을 주는가?

엘리베이터를 향해 걸음을 재촉하던 린다는 "또 반차예요?"라는 소리에 뒤를 휙 돌아봤다. 피터가 그녀를 향해 친절하게 손을 흔들고 있었다. 그와 잠깐이라도 얘기를 나누고 싶었지만 그러면 아이의 유치원 하원 시간에 맞추지 못할 것 같았다.

일찍 퇴근하기는 하지만 그녀는 기한에 맞춰 정확한 보고서를 작성했다. 린다는 자신이 빈틈없이 업무를 처리하고 있다고 생각했다.

"엄마들은 참 안타까워요. 늘 뛰어다닌다니까요."

커트가 상사 옆에 서서 말했다.

"집에 있든 회사에 있든 어디서도 제대로 집중을 못하네."

"제 아내는 막내가 학교에 들어갈 때까지는 복직하지 않겠대요. 복직해도 파트타임으로만 근무하겠다고 하고요."

"우리 집도 마찬가지야. 하지만 난 린다를 이해해. 각자 사정이 다 다르니까. 나는 린다가 일을 잘할 수 있도록 돕고 싶어."

"훌륭한 생각입니다. 그런데 저도 오늘 일찍 퇴근해야 합니다. 아이 어린이집에서 발표회가 있거든요. 막내 공연을 보러 가야 해요."

"근사하군. 아이가 무척 좋아하겠어. 자네도 그렇고!"

"그럼요. 그동안 얼마나 열심히 연습했다고요. 우리 아이 역할은 나무예요."

"와, 정말 멋지군!"

피터는 린다를 돕고 싶다고 말했지만 그가 커트와 나눈 대화는 린다에게 도움이 되지 않는다. 종종 분위기를 띄우기 위해 즉흥적으로 말하는 경우가 있는데, 이런 말이 의도와 달리 사람들에게 규범을 상기시키곤 한다. 그런데 규범에 대해 모든 사람이 진심으로 순응하는 것은 아니다.

아마도 린다는 약간의 죄책감을 느꼈을지 모른다. 엄마를 기다리는 딸에게만이 아니라 학부모를 기다리느라 퇴근을 못하고 있는 유치원 선생님에게도 미안한 마음이 들 것이다. 업무에 전념한다는 인상을 주지 못한 것에 대한 죄책감도 있을 수 있다. 그러는 한편으론 충분히 인정받고도 남을 자신의 노력에 대해 확실하게 인정해주지 않는 상사에게 화가 날 수도 있다.

그런데 이런 부정적인 생각들이 린다의 마음에만 뿌리내릴까? 아니다. '린다는 반나절만 일한다'는 생각이 피터의 무의식에 뿌리박힐 수 있으며, 이런 생각은 다음 인사고과 점수에 영향을 줄 것이다. 특히 린다의 행동은 동료들의 행동과 달리 해석되기 때문에 더더욱 부정적인 평가를 받을 수 있다. 예를 들어 그녀가 자리에 없으면 사람들은 보통 그녀가 딸과 함께 집에 있을 거라고 생각할 것이다. 남성이 자리를 비웠을 때 회의에 참석했거나 고객을 만나러 갔을 거라고 추측하는 것과는 매우 다른 반응이다.[180]

8장 시작에서 우리는 줄리아의 상황을 접했다. 그녀에게는 두 아이가 있고, 남편은 파트타임으로 일하고 있다. 이런 상황은 그녀의 경력에 도움이 되지 않았다. 리더십 담당자들은 잦은 출장이 요구되는 자리에 그녀가 적합하지 않다고 생각했다. 이는 ✦'성 고정관념'이 남성과 여성이 어떤 모습이어야 하는지에 대한 인식에 ✦'기술적' 영향을 준 결과다. 또한 성 고정관념에는 ✦'규정적' 요소도 있는데, 남성과 여성이 각기 갖춰야 할 태도에 대해 명확한 기대가 있다는 뜻이다.

어쩌면 관리자는 여성 팀원에 대해 그들의 바람대로 엄마 역할을 수행할 수 있도록 관리자 자신이 돕고 있다고 생각할지 모른다. 문제는 이때 여성의 생각이 항상 고려되는 것은 아니라는 데 있다. 사실 여성은 도움이 필요하냐는 질문조차 받지 않는 경우가 대부분이다. 여성의 관점이 다를 수 있다고 생각하는 사람은 거의 없다. 그게 아니면 여성이 자신에게 적절하지 않은 자리를 거절하는 것이 불편할까봐 처음부터 그런 일을 맡기지 않음으로써 상사가 나서서 여성 팀원을 보호하는 경우도 있다.

엄마와 아빠에 대한
다른 기대 ─────

일과 가정 사이에서 균형을 잡으려고 애쓰는 사람은 엄마들만이 아니다. 아빠들도 가정의 중요성에 대해 목소리를 높이고 있다. 독일에서는 남성 직장인의 92%가 일과 가정의 균형을 유지하는 게 매우 중요하다고 말한다. 하지만 가정이 있는 남성 직장인은 남성 육아에 대한 기업의 지원을 전적으로 신뢰하지 않는다. 이들 중 38%가 육아 휴직을 쓸 경우 경제적 어려움이 생길 수 있다는 점을 두려워하고, 세 명중 한 명은 육아 휴직이 업무 평가에 불리하게 작용할 거라고 생각한다.[181] 실제로 아이가 생긴 뒤 유연 근무를 원하는 직장인은 일반적인 근무를 하는 사람보다 업무 평가에서 더 낮은 점수를 받았다.[182]

한편 유연 근무를 한다고 해서 실제로 가정에 더 많은 신경을 쓸 수 있는 것도 아니다. 아이들과 함께 보내는 시간을 조사한 결과 근무 시간을 자유롭게 쓸 수 있는 아빠들이 아이들과 함께 보내는 시간이 일반 근무 시간에 일하는 아빠들보다 오히려 1시간 더 적었다. 심지어 그들은 일주일에 3시간 30분 정도의 초과 근무를 했다.[183] 규정적 성 고정관념이 그들에게 영향을 미친 결과다. 엄마들에게는 아이들이 있는 집으로 돌아가도록 정시에 퇴근하라고 권하는 반면 새롭게 아빠가 된 사람들에게는 부양해야 할 가족이 늘었으니 더 열심히 노력하라고 한다.

엄마들은 직장에서 고정된 역할을 맡는 경우가 많기 때문에 경력 발전 속도가 더디다. 회사가 그 사람을 판단하는 핵심 요소가 따뜻함과 유능함이라는 사실도 여성을 희생자로 만들고 있다.[184] 따뜻함은 도덕성, 신뢰성, 성실, 친절, 우정 같은 가치를 나타낸다. 반대로 유능함은 목적성, 효능, 능력, 창의성, 자신감, 지적 능력 등과 연관된다.

엄마가 되면 자연스럽게 따뜻함이 많아진다. 문제는 유능함이 줄어든다는 인식도 함께 생긴다는 것이다. 낮아졌다고 판단되는 유능함은 승진을 더디게 만들고 더 커진 따뜻함 역시 경력에 도움이 되지 않는다. 하지만 새롭게 아빠가 된 사람들은 엄마가 된 사람과 다른 반응을 얻는다. 효능과 지적 능력이라는 유능함에 전혀 부정적인 영향을 받지 않고, 심지어 따뜻함이 더해졌다며 더 많은 점수를 받는다.[185]

엄마들이 아이와 관련된 활동이나 아기 사진을 자랑하지 않고 오히려 '커버링'하는 것은 어쩌면 당연하다. 이와 달리 남성들은 그 반대 전략을 사용해 이익을 얻을 수 있다. 새로 태어난 아기를 보며 흐뭇하게 웃는 모습은 경력에 긍정적인 영향을 준다.

친구인가, 적인가?

따뜻함과 유능함이 다른 사람을 판단하는 데 중요하게 작용하는 이유는 그것이 두 가지 질문에 대한 정확한 대답을 주기 때문이다.

- 당신은 나와 어떤 관련이 있는가? 친구인가, 적인가?
- 당신은 목적하는 바를 이룰 수 있는가? 내게 해를 끼칠 수 있는가?

누군가 내게 적대감을 품고 있다 한들 그 사람이 내게 해를 끼칠 능력(유능함)이 없다면 나는 그의 감정을 무시할 수 있다. 그런데 반대로 친절하고 다정한 사람이 나를 돕겠다고 한다면 더할 나위 없이 좋은 일 아닌가? 이런 이유로 따뜻함과 유능함은 다른 사람을 판단하는 열쇠로 작용한다. 따뜻함과 유능함 모형을 바탕으로 몇 가지 유형을 배치해보자.(그림 18)

성 고정관념은 우리의 판단에 강력한 영향을 미친다. 단지 엄마나 아빠만의 문제는 아니라는 말이다. 일반적으로 여성은 '따뜻한' 존재로, 남성은 '유능한' 존재로 인식된다. 미 육군의 업무 수행 점수 8만 1,000건을 분석한 결과가 이를 잘 보여준다.

객관적 지표로 보면 남성과 여성의 업적은 같았지만 주관적 평가는 상당히 달랐다. 여성을 표현하는 데 가장 많이 쓰인 긍정적 용어는 동

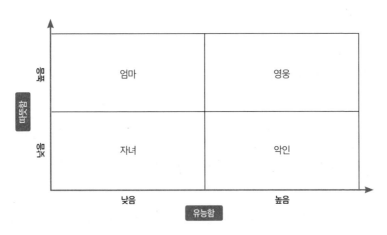

그림18 사람을 따뜻하게 대한다고 해서 자신의 가치가 올라가는 것은 아니다.(에이미 커디Amy J.C. Cuddy의 따뜻함과 유능함 모형[184])

정심이었던 반면 남성에게는 분석력, 유능함, 탄탄한 체격, 신뢰성 등의 용어가 많이 쓰였다. 또한 여성을 열정, 활발함, 정리정돈, 위계질서로 묘사했는데 마지막 특성을 제외하고는 국민의 안전을 보장해준다는 느낌보다는 호감은 가지만 능력이 없는 구피를 연상시킨다.[187]

이 외에도 많은 연구들이, 다정하고 친절하다는 여성에 대한 기대가 여성의 경력 확장에 장벽으로 작용하고 있음을 증명해준다. 스탠퍼드대학의 사회학자 마리안 쿠퍼Marianne Cooper는 이렇게 말한다. "여러 연구에서 나타나는 지속적인 결과처럼 탁월한 성공을 거둔 여성이 사회적 반발에 직면하고 있는 게 현실이다. 그들의 뛰어난 업적과 그 업적을 만들어낸 행동들이 여성에게 기대되는 행동이 아니기 때문이다. 여성에게는 착하고, 따뜻하고, 친절하고, 아이를 돌보는 특성을 기대한다. 그래서 여성이 단호하거나 경쟁적이고, 팀을 몰아붙이고, 결단력 있고, 강압적인 리더십을 발휘하면 여성이 '보여줘야 하는' 행동을 규정한 사회적 규약을 벗어난다고 생각한다. 여성의 모습에 대한 기대를 저버렸다는 이유로 성공한 여성은 여성성이 없고 남성적이라는 반발에 직면한다."[188]

이 말에 동의하지 않을 수도 있다. 여성이 리더십을 발휘하는 게 어렵긴 하지만 불가능한 건 아니라고 생각할 수도 있다. 물론이다. 자신만의 스타일을 발전시켜 특별한 리더십을 보여줄 수도 있고, 합의와 협상을 통해 목표를 달성할 수도 있다. 하지만 이 역시 잘 안 된다. 때때로 결단력이 부족하고 강력한 태도를 취하지 못하는 여성의 리더십에 사람들이 의문을 품기 때문이다.

"나는 '얼간이' 아니면 '몹쓸 여자'로 불렸어요. 사람들은 나를 나약하거나 아니면 냉혹하고 건방지다고 평가했죠."[189] 휴렛팩커드의 CEO였던 칼리 피오리나Carly Fiorina가 15장에서 살펴볼 '여자의 적은 여자?'라는 주제를 언급하며 한 말이다.

신뢰 쌓기 ─────

그럼 이제 따뜻함과 유능함이 리더의 행동에 어떤 통찰과 도움을 주는지 살펴보자. 팀에서 중요한 존재가 되기 위해, 또 팀원들의 존경을 받기 위해 어떤 행동을 할 수 있을까? 중요한 존재가 되고 존경을 받으면 기분만 좋은 게 아니다. 그것은 성공에도 직접적인 영향을 준다. 팀원에게도 마찬가지다. 관리자에게 따뜻함을 느끼고 그의 유능함을 인정하는 사람은 자신의 업무에 대한 만족도도 높고 스트레스도덜 받는다. 여기에 그치지 않고 그러한 신뢰를 바탕으로 획기적인 도약을 할 수 있는 '스트레치 타깃'이 점점 확장되어 더 좋은 성과를 낼수 있다.[190]

대부분의 사람들은 자신의 리더십을 강화하기 위해 유능함과 강점을 드러낸다. 하지만 이것은 좋은 전략이 아니다. 점점 더 많은 연구들이 알려주듯 영향력을 행사하고 팀을 잘 이끌고 싶다면 따뜻함을 먼저 보여주는 것이 유리하다.[191]

그 이유를 이해하기 위해 따뜻함과 유능함의 상관관계를 다시 살펴보자.(그림19) 이 모형은 어떤 사람에 대한 인식이 그 사람을 향한 감정과 행동에 어떤 영향을 미치는지를 잘 보여준다.[192]

대개 뛰어나게 유능한 사람은 지위가 높다. 하지만 능력만으로는 부족하다. 호감이 가고 다른 사람을 인정하는 리더라야 지속적인 존경과 지지를 받을 수 있다. 반대로 냉정한 리더는 시기와 질투의 대상이 된다. 기껏해야 기회를 잡는 데 급급한 사람들과의 협업만 가능할 뿐이다.[193]

포천 500대 기업을 분석한 결과가 흥미롭다. CEO의 영상을 검토하고 그들의 겉모습을 평가한 결과 CEO는 인상에 따라 경쟁사의 공격 타깃이 되기도 하고 그렇지 않기도 하다는 사실을 발견했다. 예를 들어 따뜻함이 부족한 CEO는 가격과 제품, 시장, 성장과 관련해 경쟁사로부터 공격받을 가능성이 높았다. 고분고분해 보이는 리더(유능함 낮

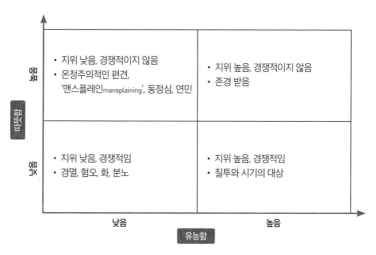

그림19 강력한 협업은 신뢰를 요구한다.[195]

음)는 도발적인 리더(유능함 높음)에 비해 훨씬 더 많은 공격을 받았다.[194]

이것이 개인적인 상호작용에는 어떤 의미가 있을까? 예를 들어 자신의 강함과 힘을 증명해 보이려는 사람이 있다고 하자. 이런 사람은 성과에 대해 팀원들과 함께 축하하기보다 기회를 잡아 경쟁자를 벼랑 끝으로 내몰려고 할 것이다.

하지만 안타깝게도 강한 힘만으로는 효율적인 리더가 될 수 없다. 미국의 경영컨설팅 기업 젠거포크맨ZengerFolkman의 CEO 잭 젠거Jack Zenger는 이렇게 말한다. "대부분의 사람들은 호감을 얻지 못해도 능력 있는 리더가 되는 게 가능하다고 생각합니다. 엄밀히 말해 틀린 말은 아니지만 당신은 그런 식의 가능성은 원치 않을 겁니다. 우리가 계산한 바로 그 가능성은 0.052%입니다. 5만 1,836명의 리더를 조사한 연구 결과 호감도에서 하위 점수를 받은 사람 가운데 전반적인 리더십 능력에서 상위 점수를 받은 사람은 단 27명이었습니다. 즉 호감이 가지 않는 상사가 전반적인 능력에서 상위 점수를 받은 경우는 2,000건 중 단 1건에 불과합니다."[196] 그렇다면 사람들에게 신뢰를 쌓기 위해서는 어떻게 해야 할까? 따뜻함을 키우고 관계를 발전시키는 데 도움이 되는 방법을 제안한다.

- **첫째, 관심을 갖고 사람들을 만나라.** 관계성을 보여줄 비언어적 신호를 활용하라. 시선을 맞추고 고개를 끄덕이며 미소를 짓는 것이 따뜻함의 신호다. 이러한 신호는 당신이 그들을 만나서 기쁘고, 그들에게 관심이 있다는 것을 보여준다. 그들의 말을 경청하

고 관련된 질문을 하라. 어떤 말로 대응할 것인지 고민하지 말고 진심으로 이해하겠다는 마음으로 경청하라.

- **둘째, 추측하지 말고 물어보라.** 팀원들이 어디에 우선순위를 두고 있고, 어떤 경력을 계획하고 있는지 질문하라. 당신의 기대나 삶의 방식에 따라 추측하지 마라. 팀원이 경력을 발전시킬 기회가 오지 않더라도 그러한 질문 자체가 신뢰의 중요한 신호다. 경력 발전에 대한 특별한 계획이 없다는 대답을 들었다고 해서 그들을 기회에서 배제해서는 안 된다. 그들의 의견을 존중하고 그 대답을 바탕으로 여러 대안들을 계속 논의하라.

- **셋째, 기꺼이 당신의 취약성을 드러내라.** 당신에 대해, 그리고 과거 경험에 대해 팀원들에게 이야기하라. 당신에게 문제가 되는 것이나 영향을 미치는 일, 지금의 당신을 있게 한 일들을 말하라. 당신이 '말하고 있는 바'를 잘 보여주는 일화를 소개하는 것도 좋다. 열린 마음으로 대화하면 상대에 대해서도 더 많이 알 수 있다. 그것이 친밀도와 신뢰를 키우는 토대다.

- **넷째, 도움을 청하라.** 불편함이 느껴지는 상황이나 어떤 정보를 정확하게 해석할 자신이 없는 상황을 인정하라. 다른 사람에게 피드백을 요청하라. 조언에 관심이 있으며, 그것을 잘 따른다는 점을 보여주어라.

- **다섯째, 감정이입을 하라.** 다른 사람의 입장이 되어보려고 노력하라. 사람들과의 공통점을 찾아라. 그들에게 무슨 일이 있는가? 그들의 희망과 바람, 걱정은 무엇인가?

- **여섯째, 팀원들의 걱정을 이해하고 그들을 중요하게 여긴다는 사실을 보여주어라.** 특정 상황에 대해 당신의 책임이 없더라도 연민과 동정심을 나타내라.

여성들은 보통 다른 사람이 실수를 하거나 달려와 부딪혀도 사과를 한다. 이런 태도 때문에 종종 비난을 받기도 한다. 이것을 약함으로 보기 때문이다. 하지만 이것은 여성이 상황을 오해하거나 스스로 자세를 낮추려고 하는 게 아니다. 상대에게 괜찮다는 신호를 주기 위함이다. 상대에게 화가 나거나 짜증이 나지 않았으며 관계가 손상되지 않았다는 의미를 담은 메시지다.[197]

여성의 태도를 비난하지 않고 오히려 배우려고 하는 남성이 있을지도 모른다. 한 실험 참가자에게 날씨가 궂은 날 낯선 사람에게 휴대전화를 빌려보라고 했다. "비 오는데 죄송하지만."이라는 말을 하며 휴대전화를 빌려달라고 부탁한 사람이 그렇지 않은 사람보다 다섯 배 더 성공률이 높았다.[198]

서로의 삶을 더 수월하게 해주는 조언

처음에는 호감 또는 존경 받는 일에 초점을 맞춰라. 리더로서 자리를 잡으려면 처음에는 따뜻함을 보여주는 게 좋다. 그래야 신뢰를 쌓을 수 있다. 이러한 신뢰를 기반으로 유능함을 보여주면 지위를 확고히 구축할 수 있다.

아버지 역시 부모임을 기억하라. 자녀에게 더 많이 신경을 쓰는 쪽은 여성이라는 사회적 인식이 있지만 그렇다고 해서 여성만 어려움을 겪는 것은 아니다. 육아에 적극적으로 참여하기를 희망하는 남성은 엄마에게 맞춰져 있는 회사의 복지 제도에서 종종 배제되곤 한다. 이는 단순히 불공정의 문제에서 끝나지 않고, 가정에 대한 전통적인 시각과 성 고정관념을 지속시킨다.

평가하는 말을 억제하라. 팀원의 행동에 대해 아무리 좋은 의도로 말해도 잘못된 인상을 줄 수 있고, 의도와는 다른 결과를 낳을 수도 있다. 다른 사람의 가정을 당신의 가정과 비교했다간 엄청난 역효과가 날 수 있음을 유념하라.

14장
자기 자랑은 자제하라!

• • •

어떻게 기대가 판단에 영향을 미치는가?

"그러고 나서 이렇게 말했지. '합의됐습니다.'"

이렇게 말하며 야스민은 환하게 웃었다. 하지만 커트는 야스민의 말에 찬물을 끼얹었다.

"그런데 그 사람 그렇게 까다로운 고객은 아니야. 누구라도 그 일은 할 수 있어."

"아니야. 그렇지 않아. 우리가 얼마나 오랫동안 노력을 했는데. 정말 몰라?"

"그래서 지금 감격한 거야?"

"그건 아니지만……."

"야스민, 다른 사람 말도 들어봐야지."

"그녀는 자제가 잘 안 돼. 그거 알아? 여자들은 남자보다 말을 세 배나 더 많이 한대."

"그게 여성 팀원들의 약점이지. 우리 남성들도 발언권을 확보하기 위해 단결해야 해."

"같은 생각이야."

여성이 남성보다 말을 더 많이 한다는 속설에 대한 과학적 근거는 없다. 그런데도 사람들은 여성이 남성이 비해 말을 많이 한다고 생각한다. 정말일까? 이 속설이 맞는지를 확인하기 위해 400명의 학생을 대상으로 실험을 실시했다. 오랜 시간에 걸쳐 12분 30초마다 30초씩 녹음을 했다.

결과는 어떻게 나왔을까? 남녀 간 말의 빈도는 큰 차이가 없었다. 여성은 평균적으로 1만 6,215단어를 말했고, 남성은 1만 5,669단어를 말했다. 눈에 띄는 차이는 말의 분포 범위였다. 남성의 경우 말의 분포 범위가 상당히 넓었다. 가장 조용한 남성이 단지 500단어를 말하는 데 그친 반면 가장 말을 많이 한 남성은 무려 4만 7,000단어를 쏟아냈다.

펜실베이니아대학의 언어학자인 마크 리버만Mark Liberman은 말 많은 여성이라는 속설은 부부 상담사가 만들었을 거라고 추정한다. "의사소통에서 특정 문제가 생긴 부부를 상담하면서 수다쟁이 부인을 소재로 우화를 지어냈을지 모르며, 그 이야기를 들은 사람들이 자신의 취향에 맞게 각색하면서 사람들에게 퍼뜨렸을 것이다."라는 것이다.[199]

직장에서는 남성이
훨씬 더 많이 말한다 ─────

일상생활에서 남성과 여성이 말하는 비율은 차이가 크지 않지만 전문 분야와 회의에서는 남녀의 발언 비율의 차이가 매우 크다는 연구 결과가 있다. 언어학 포럼에서 남성의 발언 시간을 조사해본 결과 남성이 여성보다 평균 2배나 긴 시간 동안 말했다. 교수 회의에서도 마찬가지였다. 회의 내용을 녹음해 들어보니 한 명을 제외하고 남자 교수가 더 많은 말을 했으며, 발언의 길이도 남성이 더 길었다. 여성은 아무리 길게 말해봤자 가장 짧게 말한 남성의 발언 시간보다 짧았다. 특히 남성은 자신의 지위가 높거나 권력을 가졌다고 생각할수록 더 오래 말하는 경향이 있었다. 여성에게서는 이런 현상이 눈에 띄지 않았다.[200]

무엇보다 남성은 여성이 말하는 중간에 끼어들어 자신의 말을 장황하게 늘어놓을 기회를 찾는다. 여성은 자신의 말이 중간에 끊기면 동료들이 이어서 말하도록 놔두는 경향이 있다. 똑같은 상황에 대해 남성은 다른 식으로 반응한다. 말을 멈추는 게 아니라 끝까지 자신의 주장을 이어간다.[201]

여성이 스스로 억제하고 더 많은 말을 하지 않는 것은 '공격적'이라는 인상을 받을지 모른다는 두려움 때문이다. 공격성은 성 고정관념에 반하는 특성으로, 이로 인해 불이익을 받을 수 있다고 생각하는 것이다. 이는 근거 없는 걱정이 아니다. 여성은 의사소통 스타일에 대한 피

드백을 매우 자주 받으며, 공격적이라는 조언을 받을 가능성이 남성에 비해 세 배나 높다.[202]

협상 테이블에서도 여성은 더 자주 비난 받는다. 승진을 좇는 여성은 '위협적이다', '고집이 세다', '위세를 부린다'라는 평가를 받을 가능성이 남성에 비해 30%나 더 높다. 그리고 실제로 이런 부정적인 평가를 받을 가능성은 협상에 나서지 않는 경우보다 협상에 나설 때 67% 더 높아진다.[203]

덕분에 남성은 자신이 원하는 공간을 쉽게 확보할 수 있다. 비행기에서 많은 남성들이 여성 옆에 앉기를 선호하는 것과 비슷하다. 순순히 팔걸이를 포기하는 여성 덕에 남성은 쉽게 공간을 차지한다. 비슷한 맥락으로, 일부 남성은 회의에서 자신이 말을 더 많이 하고 싶을 때 무의식적으로 여성을 목표물로 생각한다.[204]

여성의 발언에 끼어드는 행위가 용납되는 이유는 팀의 성과에 대한 여성의 기여가 간과되거나 과소평가되기 때문이다. 그래서 그들의 발언을 다 듣지 않아도 손해 볼 게 없다고 생각한다.

한 실험에서 팀 프로젝트의 심사위원들은 팀원 개개인의 능력과 성과에 대한 기여도, 리더십을 평가해달라는 요청을 받았다. 종합적인 결과만 알고 있는 심사위원들은 여성 팀원의 역할을 과소평가했다. 여성의 기여도가 투명하게 공개되거나 여성이 다른 프로젝트에서도 계속 좋은 성과를 내왔다는 정보가 주어졌을 때만 여성의 점수가 남성을 따라잡았다.[205]

여성성과 친절함이 장벽이 될 때 ────────

전문 지식도 여성에게 별로 도움이 되지 않는다. 간단하게 산불 대비 훈련만 봐도 알 수 있다. 산불에 대처하는 일은 관행적으로 '남성'의 일로 여겨진다. 하지만 실험 결과 남녀의 수행력에 큰 차이가 없다는 사실이 밝혀졌다.

실험에 앞서 연구자들은 참가자들에게 생존 가능성을 가장 높여주는 장비를 각자 결정하게 했다. 연구자들은 그 결정을 바탕으로 위급 상황 발생 시 행동지침에 가장 적합한 선택을 한 사람들을 각기 다른 그룹에 배정해 전문가 역할을 하도록 했다. 하지만 개인적인 성과와 상관없이 여성은 대체로 능력이 없다는 평가를 받았고, 그룹에서 영향력을 거의 발휘하지 못했다. 심지어 여성의 제안은 거의 다 무시당했다. 여성 전문가가 있는 팀은 남성 전문가가 있는 팀에 비해 상대적으로 결과가 더 나빴다. 여성은 자신의 영향력이 약하다는 사실을 자각했지만 남성은 자신의 능력에 대해 조금도 의심하지 않았다. 전문가든 전문가가 아니든 남성은 모두가 똑같이 그룹의 생존에 자신이 중요한 역할을 했다고 확신했다.[206]

또 다른 실험에서도 남성은 자신감이 넘쳤다. 연구자들은 실험 참가자에게 수학 문제를 풀 팀의 '대표'를 직접 뽑으라고 했다. 대표의 성적은 각 팀원의 성적이 된다고 미리 알렸다. 모든 팀원들은 비슷한 종류의 테스트를 해본 경험을 갖고 있었다. 15개월 전에 이미 비슷한 수학 문제를 풀어보았던 것이다. 팀의 대표를 결정하는 5분의 시간이 주어졌다. 결과는 대부분 남성이 대표로 뽑혔다. 이유가 무엇일까? 과거 결과가 선택에 중요한 영향을 미쳤는데, 남성들의 과거 점수가 확연히 높았기 때문이다. 하지만 안타깝게도 남성들은 자신의 점수를 30% 정도 포장해서 말했다. 점수가 유능함을 판단하는 근거이긴 하지만 자기 평가를 함에 있어 과장해서 말할 때는 상황이 달라진다. 과거에 높은 점수를 받았다고 주장하는 남성을 대표로 뽑은 그룹은 큰 대가를 치렀을 것이다.[207]

논의의 중심에 '남성'이 많을수록 여성의 말을 진지하게 받아들이고 그들의 생각을 지지하는 일은 더 어려워진다. 참가자의 성별을 숨긴 채 토론을 한다고 생각해보자. 이 경우에는 남성과 여성이 똑같이 토론에 참여하고 기여도 역시 비슷하다는 평가를 받는다. 하지만 여성이라는 사실이 알려지는 순간 상황은 달라진다. 특히 토론자가 모두 남성이고 여성이 단 한 명인 상황에서는 더욱 그렇다. 여성으로 인식되는 것만으로도 충분히 부정적인 반응을 마주한다. 심지어 다정한 말투를 가진 남성도 희생양이 되고 만다. 대화를 분석한 결과 친절한 말은 주로 여성이 한 말로 인식됐고, 부정적이고 비판적인 말은 남성이 한 말로 인식됐다. 부드럽게 말하는 사람이 어떤 아이디어를 제시하면 그 사람이 남자라도 아이디어의 좋고 나쁨을 떠나 논의와 관련 없는 것으로 치부됐다.[208]

그런데 이러한 부당함이 부당함으로 끝나는 것이 아니다. 여성이 능력을 계속해서 의심받으면 그것이 자기 충족 예언으로 바뀐다. 결국 그들은 조직에 기여하는 일에 흥미를 잃고, 무너진 자신감 속에서 스스로를 검열하기에 이른다. 여성이 기여할 게 없는 영역에서 여성은 눈에 덜 드러나고, 이는 언제나 그랬듯 '남성의 영역'이라는 증거로 간주된다. 결국 성 고정관념은 더 확고해지고, 여성이 자신의 잠재력을 발휘할 기회는 점점 줄어든다.[209]

기업들은 수학, 정보학, 자연과학, 기술 분야에서 여성 비율이 낮은 것을 걱정하고 있다. 이 문제를 해결하기 위해 어린 여학생들이 그 분야에 흥미를 갖도록 유도하고 있지만 여성들은 계속해서 그 분야를 떠나고 있다. 미국 노동통계청이 실시한 종단 연구에 의하면 지난 12년 간 기술직 여성, 특히 공학과 IT 분야에서 일하는 여성의 절반이 직장을 포기하고 다른 분야에서 일하고 있다.[210] 주요 원인은 여성들이 직업에 대해 만족하지 못하고, 다른 분야로 옮겨야만 경력 발전을 이룰 수 있다고 생각했기 때문이다.

다른 기준이 여성 앞에 장벽을 세운다 ────

여성에 대한 불공평과 불공정한 기준은 또 있다. 잠재력이 있다고 판단되는 남성은 그것을 기반으로 승진을 한다. 반대로 여성이 '준비된' 상태로 인식되는 경우는 드물다. 의구심을 잠재울 만한 적합성을 증명해 보여야만 남성과 비슷한 수준의 기회를 얻을 수 있다. 반복되는 상황 속에서 여성들은 자신의 상황을 받아들이고 나름대로 결론을 내리는 중이다.

독일의 한 대형 은행은 여성 팀원이 회사를 떠나지 않는 이유에 대해 그들이 더 나은 워라밸을 위해 고군분투하고 있기 때문이라는 사실을 발견했다. 여성이 경쟁을 하지 않는다는 과거 경영진의 판단과 달리 여성은 경쟁을 통해 승진에 이르렀다.[211]

모호한 개념도 여성을 낙담시키는 요인이다. '유능함'보다는 '따뜻함'이라는 여성에 대한 인식은 '리더'의 일반적인 상과 모순된다. 뿐만 아니라 '리더의 자질'과 '리더십 발휘'처럼 명확하게 규정된 바 없는 용어 역시 여성의 앞길을 가로막는다. 리더십이 실제로 무엇을 의미하는지, 어떻게 나타나는지, 무엇을 달성해야 하는지 의미가 정확하지 않다는 의미다. 그래서 여성들은 능력을 갖추고도 주요 업무와 역할에서 자주 배제된다. 심지어 여성이 성공하면 교묘한 속임수를 썼거나 그것이 능력이 아닌 일에 더 몰두할 시간이 많아서였다고 생각하는 경우도 많다.[212]

하지만 문제가 생겼을 때는 여성이 남성보다 더 많은 비난을 받는다. 남성의 실수는 누구나 그럴 수 있다고 생각하면서 여성의 실수는 일을 다 망쳐버린 것으로 본다. 잘못된 결정에 대한 후폭풍도 마찬가지다. 이러한 일들이 모두 여성은 능력이 없다는 편견을 만든다. 심지어 고정관념 때문에도 한 여성의 실수가 다른 여성의 자격에 대한 전제척인 의구심으로 이어지기도 한다.[213]

여성이 적절한 자격을 갖추지 못했다고 인식되는 이유는 그 자격을 판단하는 사람의 영향도 크다. 우리의 뇌는 무언가 조화를 이루지 않을 때 그것을 조화롭게 만드는 놀라운 능력을 가지고 있다. 한 실험을 보자. 남성과 여성 두 지원자가 '남성'의 직업이라고 생각되는 자리에 적합한지를 두고 면접을 보고 있다. 면접관은 그 직무에 학력과 경력이 모두 중요하다는 사실을 알고 있다. 지원자 중 한 명은 경험이 더 많고, 다른 한 명은 공식적인 자격 요건이 더 뛰어나다.

그런데 일반적으로 '남성의 직업'에는 남성이 더 선호된다. 면접은 이러한 생각과 조화를 이루는 방향으로 진행됐을 것이다. 남성 지원자에게는 경력이 많으면 경력을, 학벌이 뛰어나면 학벌을 중요한 요소로 생각해 더 높은 점수를 주었다. 하지만 지원자의 성별을 알기 전 결정적인 채용 기준에 대한 합의가 있었을 때는 남녀가 동등한 기회를 얻었다.[214]

공정한 선발이 이루어졌다고 해도 거기서 끝나지 않는다. '블라인드 오디션'을 생각해보자. 이것은 여성이 최고 오케스트라의 단원이 되는 데 매우 큰 역할을 했다. 하지만 보스턴 심포니 오케스트라는 최초의 여성 플루트 연주자와 급여 문제로 법정 다툼을 벌여야 했고, 2019년 2월에야 합의에 도달했다.

이 연주자는 다른 남성 단원에 비해 적은 급여를 받았다. 최초의 여성 오보에 연주자보다도 25%나 적은 급여였다. 이는 연주 실력과는 상관이 없었다. 플루트나 오보에 둘 다 목관 악기로, 연주하는 파트도 비슷했기 때문이다. 게다가 오보에 연주자는 플루트 연주자에 대해 "나의 동료이고 실력도 나와 비슷하다. 내가 받는 급여만큼 받을 자격이 있다."라고 주장했다. 더 안타까운 것은, 그 사건이 공정하기 위해 애쓰고 있다고 자랑하며 처음으로 블라인드 오디션을 도입한 보스턴 심포니 오케스트라에서 일어났다는 사실이었다.[215]

일자리를 구했다면 단순히 첫발을 뗀 것에 불과하다. 그 이후에도 차별은 여전히 많이 남아 있다.

변화에 체계적으로 대응하기 ────

생각보다 해야 할 일이 많다. 변화를 만드는 것은 우리 손에 달려 있다. 하버드대학의 행동경제학 교수인 아이리스 보넷Iris Bohnet은 이렇게 말한다. "우리의 마음이 고집 센 짐승이라는 점을 인정하는 것부터 시작해야 한다. 편견을 없애는 것은 대단히 어렵다. 하지만 체계적인 절차를 마련한다면 편파적인 생각에도 불구하고 공정하게 일을 처리할 수 있다."[216]

앞에서 나는 더 공정한 리더십을 발휘할 수 있는 일련의 방법들을 소개했다. 공정한 기회의 보장, 채용 면접의 비교, 다양한 관계 분석 도구와 시각화된 표, 신뢰를 쌓을 수 있는 전략과 방법, 무의식적인 편견 등이다. 이런 방법을 통해 우리는 필요한 것에 초점을 맞추고 더 공정한 결정을 해야 한다.

변화에 체계적으로 접근하는 데 도움을 주는 또 하나의 도구는 체크리스트다. 다양한 문제를 해결해주는 체크리스트의 역할을 아는 많은 기업들이 이를 활용하고 있다. 예전에는 문제 해결에 필요한 지식과 정보 부족으로 문제를 해결하는 데 어려움을 겪었다. 하지만 오늘날엔 정보 부족을 걱정할 일이 없다. 오히려 숨 막힐 만큼 넘쳐나는 정보의 홍수에 맞서 방향을 잡는 것이 중요하다.

체크리스트는 낯선 기술이 아니다. 오히려 매우 쉽고, 특별한 장치도 없다. 그런데도 그 어떤 도구도 따라잡지 못하는 강점을 갖고 있다. 체크리스트를 활용하면 잠시 멈춰 곰곰이 생각하며 방향을 조정할 수 있다. 어떻게 그것이 가능할까? 프로젝트가 정신없이 진행될 때 우리의 뇌는 전반적인 상황을 세심하게 살피기가 어렵다. 이때 체크리스트를 활용하면 무엇이 중요한지, 무엇을 우선순위에 두어야 하는지 확인할 수 있다.

팀 체크리스트 ────────

체크리스트는 또 다른 장점도 가지고 있다. 합의 내용을 지키는 데 도움이 된다. 체크리스트를 근거로 팀원들에게 합의한 사항과 규칙을 지키라고 공식적으로 요구할 수 있기 때문이다. 체크리스트가 없다면 규칙이 지켜지지 않을 수 있다.

그렇다면 이러한 합의 내용은 어떻게 만들까? 어떤 상황 또는 어떤 행동이 불공정으로 이어질 수 있는지를 최우선으로 고민해야 한다. 항상 팀 회의에 늦게 도착해 다른 사람들을 기다리게 하는 사람이 있는가? 말을 너무 많이 하면서 다른 사람에게 기회를 주지 않거나 다른 사람의 말을 끊는 사람이 있는가? 누군가는 확실하게 성과를 내고 있는데 누군가는 아주 느긋한 태도로 일관하는가? 무엇이 바뀌어야 하는지 알고 있다면 다음 다섯 단계가 그 변화를 이루어줄 것이다.[217]

1. 과거에 또는 다른 상황에서 효과적이었던 방법을 아는 사람과 함께 해법을 고민하라.
2. 함께 고민하면서 이끌어낸 결과를 근거로 도움이 되는 행동들을 정하라. 예를 들어 더 많은 팀원이 발언을 하도록 만들고 싶다면 타이머를 사용하는 것도 방법이다. 또는 발표를 하고 싶어 하는 사람들을 위해 한 명씩 돌아가면서 생각을 말하게 할 수도 있다. 이 경우에는 짧고 간결하게 말하는 사람부터 발표를 시작하는 것이 좋다. 처음에 간단하게 발표하면 사람들은 그것이 회의의 지침이자 기준일 거라 생각해 발언의 길이를 조절할 것이기 때문이다.
3. 처음부터 너무 많은 것을 다루려고 하지 마라. 처음에는 최대 다섯 가지 규칙에 집중하라. 그것이 표준이 된 뒤에 새로운 행동 규칙을 세워라.
4. 계획을 세우고 의무를 부여하라.
5. 규칙을 위반했을 때의 처분에 대해서도 합의하라.

록 가수 반 헤일런Van Halen이 체크리스트로 유명하다. 그는 콘서트를 할 때마다 규정을 만들었다. 심지어 콘서트 기획사와 협의한 계약

> ### 팀 회의 체크리스트 예시
>
> - 모든 팀원이 사전에 준비할 수 있도록 배경 자료들과 함께 회의 하루 전에 안건을 공지한다.
> - 회의에서 해당 주제의 담당자는 모든 참가자에게 의견이 있는지를 묻는다. 모든 참가자는 도움이 되는 의견이 없다는 말밖에 할 말이 없더라도 답변을 해야 한다.
> - 모든 팀원은 회의가 진행되는 동안 다른 사람의 피드백과 아이디어를 취합할 책임이 있다.
> - 반대 의견을 구하는 것은 일반적인 관행이다.
> - 팀원들의 발언 순서는 안건마다 또는 회의 때마다 바뀐다. 이렇게 하면 팀원들은 자신의 생각을 먼저 말할 때도 있고 다른 사람의 생각부터 들을 때도 있다.

서에는 무대 뒤에 제공해야 하는 M&Ms 초콜릿에 대한 조항, 그중 갈색 초콜릿은 빼야 한다는 조항까지 넣었다. 만약 조건을 어길 시엔 콘서트를 취소할 수 있고, 주최자는 행사비를 지급해야 한다는 조항도 들어갔다.

가수가 터무니없는 요구를 한 것으로 보일 수도 있지만 이것은 신중한 전략이었다. 그것은 밴드의 요구 사항이 확실하게 충족되었는지 확인할 수 있는 하나의 방법이었다. 그룹의 보컬이었던 데이빗 리 로스David Lee Roth는 회고록에서 이렇게 말했다. "무대 뒤를 걸어가다가 M&Ms 통에 갈색 초콜릿이 담겨 있는 것을 보면 우리는 모든 과정을 다시 확인합니다. 기술적 오류는 언제든 발생할 수 있고……. 문제가 없다는 보장은 없으니까요."[218]

의사 결정 체크리스트

어떤 상황에서 종종 직관적으로 판단하는 경우가 있을 것이다. 이때 특히 유용한 것이 체크리스트다. 자신도 모르게 다른 사람을 불공정하게 대한 적이 있는가? 또는 다른 사람이 불공정한 행동을 했을지 모른다는 생각이 계속 드는가? 이럴 때 체크리스트를 활용해보라.

건설 분야에서는 다양한 항목을 하나로 묶어 점검할 수 있는 '충돌 탐지' 시스템을 활용한다. 이 소프트웨어는 조화를 이루지 못하는 요소가 있는지를 점검하고, 문제가 발생하면 담당자는 확인을 거친다. 체크리스트가 당신에게 이런 충돌 탐지 시스템 역할을 해줄 수 있다. 이를 위해 먼저 언제 실수를 하는 경향이 있는지, 가치관과 충돌되는 행동을 하는 것은 언제인지, 그런 행동을 어떤 상황에서 누구에게 하는지를 생각해보라. 그런 다음 잠시 멈춰 생각해보라. 그러면 서두르지 않고 신중하게 접근할 수 있을 것이다. 당신의 행동을 촉발하는 방아쇠는 무엇인가? 무엇이 당신에게 영향을 미치는가? 당신이 잘못 해석하기 쉬운 정보는 무엇인가? 무엇을 간과하는가?

앞에서 말한 체계 없는 면접이 무조건 편견을 유발하는 것은 아니다. 그러한 면접으로 인한 폐해를 깨닫고 명확한 기준과 모두에게 똑같이 적용되는 방법을 마련할 수 있기 때문이다. 평가에 대한 명확한 기준이 있으면 개인의 선호와 고정관념을 막을 수 있다.

모든 팀원을 공정하게 대하고 싶다면 어떤 것들을 보장할 것인지 팀원들과 함께 정하고 기록하라. 인사고과의 우선순위에 대해서는 모든 팀원의 합의를 이끌어내는 것이 중요하다. 또 이런 부분은 최대한 빨리 합의하고 기록으로 남기는 것이 좋다. 중간에 변동이 생겼을 때도 빨리 알려야 하고, 역시나 새로운 내용을 합의한 뒤에는 기록해놓아야 한다.

당신이 추구하는 팀원의 모습은 어떤 것인지, 어떤 행동이 바람직한지를 규정하라. 특정 후보자가 자격 요건에 미치지 못한다는 생각이 든다면 그렇게 생각한 이유를 제시하라. 그리고 사례들을 적어보라. 모두에게 똑같은 기준을 적용했는가? 그래도 달라지지 않는가? 이러한 점들을 확인하면 그 자리에 낙점되지 않아 실망한 후보에게 구체적인 피드백을 해줄 수 있다. 나아가 그 사람에게 부족한 분야를 추가로 학습하라고 제안하기도 쉽다.

평가한 내용을 기록할 때는 형식과 내용에서 비교가 가능해야 한다. 평가 분량도 똑같아야 하고, 적절한 사례도 포함되어야 한다. 단어의 선택과 글의 분위기에는 당신이 진짜로 전달하고자 하는 메시지가 담겨야 한다.

수많은 추천서를 비교 분석해본 결과 나는 이것이 매우 중요한 영향을 끼친다는 사실을 확인했다. 여성의 추천서는 남성보다 대체로 짧다. 칭찬도 별로 없으며, 종종 '의문시 됨'이라는 표현도 볼 수 있다. 겉보기에는 크게 중요하지 않아 보이겠지만 평가자는 분명 이것을 긍정적인 메시지로 보지 않을 것이다. 또한 여성의 추천서에는 전문적인 지위에 대한 언급이 적다. 예를 들어 여성의 추천서에는 '~을 가르쳤다'라는 표현이 많은 반면 남성의 추천서에는 '~을 연구했다'라는 표

현이 더 많다.[219]

체크리스트가 삶을 훨씬 수월하게 만들어주는데도 불구하고 사람들은 이것을 대수롭지 않게 생각한다. 그런 사람들은 체슬리 설렌버거 Chesley B. Sullenberger III 기장을 롤 모델로 삼으면 좋을 것이다. '허드슨 강의 영웅'으로 불리는 그의 비행시간은 무려 2만 시간에 달했다. 그런 베테랑 기장은 자신이 조종하는 비행기가 새떼와 충돌해 크게 파손된 위급한 상황에서 어떻게 행동했을까? 허드슨 강에 불시착한 비행기 조종석의 음성 기록 장치를 분석해본 결과 긴급 사태가 발생한 순간 기장과 부기장은 체계적으로 체크리스트를 점검했다.[220]

더욱 공정한 결정을 위한 조언

대상을 바꿔보라. 상대의 배경이나 상황에 따라 자신의 반응이 달라지지는 않는지 검토하라. 그들이 성별과 국적, 피부색이 다르다면? 억양이 낯설다면? 더 젊거나 더 나이가 많다면?

자격 요건을 규정하라. 당신이 기대하는 바를 투명하게 밝혀라. 성공을 향한 행동은 사람마다 다를 수 있다. 똑같은 방식으로 모두가 성공할 수 있을 거라고 추측하지 말고 목표를 규정하라.

똑같은 기준을 정하라. 모든 팀원에게 똑같은 요구를 해야 한다. 각기 다른 방식이나 규칙을 적용해서는 안 된다. 모두에게 언제나 똑같은 조건을 적용해야 한다.

기억이 아닌 기록에 의지하라. 잘 알지 못하는 팀원에 대해 인상 깊었던 점을 기록하라. 가까운 사람의 일은 쉽게 생각나지만 그렇지 않은 사람의 일은 기록하지 않으면 쉽게 잊어버린다.

도움을 구하라. 팀원에게 공정한 대우를 요구할 권한을 주어 당신이 반드시 공정한 대우를 하도록 돕게 할 수 있다. 체크리스트를 활용하는 것이 한 가지 방법이다.

15장
여성의 딜레마

• • •

앞으로 나서서 다른 사람을 돕는 게 중요한 이유

"야스민에게 무슨 문제라도 있어? 늘 밝던 사람이 요새는 짜증만 내고 퉁명스러워 보이네."

"나도 모르겠어. 마케팅 팀의 미카엘라에게 야스민과 대화를 좀 해보라고 부탁했거든. 여자 대 여자로 말이야. 그런데 시간이 없다며 거절하더라고. 그러면서 자기 일이 아니라고 하네."

"그런 말 자주 듣잖아. 여자들은 정상에 오르면 자기 옆에 다른 여자를 두지 못하지."

"실망스러워. 여자들끼리도 돕지 못하면서 무슨 변화를 기대해? 말로만 변화를 외치니 아무 일도 일어나지 않는 게 당연하지."

"그러게."

'여왕벌 증후군'이라는 개념이 여전히 사람들의 머릿속에 남아 있다. 여왕벌 같은 여성 리더가 다른 여성이 사다리에 오르지 못하도록 막는다는 의미다. 대화 중에 여성이 다른 여성을 친절히 대하지 않는 상황을 누구나 한 번쯤 경험해봤을 것이다. 이번 장에서는 여성들 사이에 벌어지는 미묘한 감정에 대해 살필 것이다.

케케묵은 개념이 여전히 괴롭히고 있다

쓸모없는 개념이 지금까지 영향을 미치는 것은 공정하지 않다. '여왕벌'이라는 용어는 지금으로부터 거의 50년 전인 1974년에 한 연구에서 도입됐다. 여왕벌이라는 말은 사실 시대에 뒤떨어지고, 성차별적이고, 부정적인 고정관념이다. 당시에도 연구자들은 사람들이 그 개념의 핵심을 이해하지 못했다고 말했다.[221] 공동 연구자인 토비 자야라트네Toby Jayaratne의 말을 들어보자. "사람들이 용어를 잘못 이해한 것 같다. 사람들은 그 용어를 만들어낸 정치적 환경과 성차별적 분위기를 이해하지 못하고 있다." 또 한 명의 연구자인 캐럴 태브리스Carol Tavris의 말도 들어보자. "'대왕쥐'라는 개념은 없지 않은가. 화가 난 남성은 그냥 화가 난 남성일 뿐이다. 하지만 여성이 화가 나면 '몹쓸 여자'가 된다."[222]

그렇다면 왜 그리고 무엇 때문에 여성에 대한 이런 이미지가 생겨

났을까? 이유를 보자. 소수 집단에 소속된 사람들은 종종 그 집단의 구성원과 거리를 둬야 할 필요성을 느낀다. '그들과 비슷한' 사람이 실제로 회사에서 성공하는 일은 드물기 때문이다. 2장에서 우리는 '커버링'의 개념을 살펴보았다. 소수 집단의 사람은 다수 집단의 일반적인 특성을 모방한다. 뿐만 아니라 자신이 소수 '집단' 구성원들과 공통점을 가졌다는 인상을 주지 않으려고 노력한다.[223] 여성이 다른 여성을 지지할 때 편파적이라는 의심을 받을 수 있다는 두려움도 상황을 악화시킨다.[224]

또 다른 이유는 성공하기 위해 남보다 더 많이, 그리고 열심히 일한 경험을 가지고 있기 때문이다. 여성이 다른 여성에게 더 높은 기준을 요구하는 것도 이 때문이다. 다른 여성의 실수가 나에게도 영향을 끼칠 수 있다는 두려움이다. 사람들은 외집단에 속한 한 사람의 행동을 보고 그 집단의 다른 사람들도 그와 비슷할 거라고 생각하는 경향이 있다.[225] 심지어 요즘도 임신한 동료를 보며 자신에게도 영향이 미치는 건 아닐까 걱정하는 여성이 많다. 과거 선배들이 당했을지도 모를 부당한 일이 자신에게도 일어날 수 있다고 생각하는 것이다.

마지막 이유로는 '토크니즘tokenism'을 꼽을 수 있다. 이는 기업들이 성차별을 하지 않는다는 것을 상징적으로 보여주기 위해 여성 한 명 정도를 리더로 임명하는 것이다. 리더가 모두 남성이라는 비난을 모면할 구실이자 사람을 확보하기 위함이다. 그 '자리'가 채워지면 다른 여성에게는 더 이상 기회가 없다. 리더의 자리를 한 번 차지한 여성은 이를 악물고 그 자리를 지키려고 하기 때문이다.

이 말에 동의하지 않는 사람도 있을 것이다. 노력한다면 다른 여성도 그런 기회를 얻을 수 있을 거라고 생각할 것이다. 하지만 과학은 그것이 현실이라고 말한다. 20년 이상 된 미국의 대기업 1,500곳을 조사한 결과에 따르면, 여성이 운영하는 회사에서는 여성이 정상에 오르기가 상대적으로 쉬웠다. 하지만 여성이 남성 CEO와 함께 경영진에 임명되는 경우 다른 여성이 경영진이 될 가능성은 50%에도 미치지 못했다.[226]

독일에서는 여성 감사 위원 비율을 더 높였음에도 불구하고 그 비율은 여전히 낮은 상태다. 30% 쿼터제 도입 후 여성의 비율이 증가하긴 했지만 법적 기준에 도달한 이후로는 증가 추세가 꺾였고, 그 이후로는 다시 감소했다.[227]

지금도 여성들을 위한 자리는 꼭 필요한 만큼만 존재한다. '토크니즘'은 여성 경영진의 수가 늘어나면 여성 간의 도움도 늘어갈 것이라는 생각도 품고 있다. 사실 많은 연구들이 오래 전부터 이 생각을 강조했다.[228] 직장에서 다른 여성의 도움을 받은 여성이 자신의 뒤를 잇는 여성을 도울 확률은 남성보다 높다.

미국의 국방장관을 지낸 매들린 올브라이트Madeleine Albright는 "지옥에는 다른 여성을 돕지 않는 여성이 들어가는 특별한 자리가 있다."라고 말했다. 그리고 많은 사람이 이 생각에 동의하는 것 같다. 사회심리학자인 캐롤 타브리스Carol Tavris의 말대로 우리의 행동은 환경에 달려 있다. '직장에서 안정감을 느끼는지, 회사가 발전할 기회를 제공하는지 아니면 매순간 좌절감을 안겨주는지'에 따라 행동이 달라진다.[229]

고정관념과 편견은
지속적으로 영향을 미친다 ───

여자의 적은 여자라는 생각은 어째서 사라지지 않는 걸까? 왜 많은 사람이 이 말을 믿을까? 가장 큰 이유는 ✦'외집단 동질성 효과' 때문이다. 사람들은 다른 집단, 즉 외집단에 속하는 구성원들은 모두가 비슷한 행동을 한다고 생각한다. 최고 경영진에 있는 여성의 수는 매우 적은데, 사람들은 그 한 사람의 행동을 보고 그 사람이 속한 집단에 대한 시각을 형성한다.

이 경우 확증 편향이 생기기 쉽다. 즉 보고 싶은 것만 보게 되는 것이다. 사람들은 알게 모르게 자신의 생각을 확증해주는 정보를 찾고, 또 그런 정보를 자주 발견한다. 이상하게도 내 기대에 부합하지 않는 정보는 잘 눈에 띄지 않는다. 누군가가 여왕벌이라는 생각이 들면 그 사람의 행동에서 여왕벌의 행동이 자꾸만 보인다. 이렇게 확증 편향은 더 강해진다.

또 다른 이유는 성 고정관념 때문이다. 사람들은 남성과 여성에 대해 각각 다른 기대를 한다. 따뜻함과 유능함에 대한 기대가 다르고, 사람들에 대해 세워둔 최소한의 기준도 다르다. 남성이 다른 사람을 돕는 것은 가치 있는 일이지만 여성에게는 당연한 행동으로 간주된다.[230] 그래서 여성이 기대와 달리 친절한 행동을 하지 않으면 더 눈에 띈다. 비판적인 피드백을 하는 여성은 부정적으로 인식되며, 심지어 그런 여성은 똑같은 말은 하는 남성에 비해 취업률도 떨어진다.[231]

한마디로 여성은 딜레마에 빠져 있다. 앞서 언급한 대로 여성은 '강력한 리더십'을 증명해야 하는 동시에 그런 태도를 보임으로써 불이익을 당할 가능성을 감수해야 한다. 친절해야 하지만 그럴 경우 승진이 쉽지 않은 위험을 감수해야 한다.

동료를 지원해야
내 경력이 성장한다 ————

여성이 여성을 탓한다는 시각은 아주 편리하다. 이것은 그 상황에 대해 남성이 할 일은 없다고 말해준다. 하지만 사실은 정반대다.

에식스대학에서 리더십을 가르치는 엘리자베스 켈란Elisabeth Kelan 교수는 공정한 직장을 만드는 일에서 남성 중간 관리자가 하는 역할을 조사했다. 그녀는 기업에서 남성 리더의 비율이 높은 만큼 관행을 바꿔 직장 내 성 불평등을 해결하는 몫은 남성에게 있다고 강조했다. 그리고 이 과정에서 많은 중간 관리자들이 포용적인 리더십이 무엇인지 또 그런 리더십을 행동으로 어떻게 보여줘야 하는지 이해하는 데 어려움을 겪고 있다는 사실을 발견했다. 이를 바탕으로 그녀는 남성이 취해야 할 네 가지 중요한 행동을 찾아냈다. 여성의 능력이 드러나지 않고 넘어가는 일이 없도록 여성을 격려하고 칭찬할 것, 편견을 갖지 말 것, 성차별 문제에 적극적으로 나설 것(그래서 능력주의의 역설을 피할 것), 업무 관행을 바꿀 것, 이 네 가지다. [232]

남성이 적극적으로 움직일 때 팀원들의 경력이 제대로 발전한다. 남성 팀원의 지원을 받는 팀원들은 월급이 오르고, 빠른 승진을 하며, 경력 발전에 대한 만족도도 높다. 이는 여성의 경력 발전을 방해하는 장애물들을 처리하는 데도 도움을 주기 때문에 여성에게도 유익하다. 당연히 심리적으로도 더 안정을 느낀다.[233] 하지만 안타깝게도 여성이 누군가에게 도움을 받더라도 그들이 받는 도움은 남성 동료가 받는 수준의 절반에 그쳤다.[234]

동료에 대한 지원은 보통 두 가지로 나뉜다. 하나는 ✦'멘토링 Mentoring'이고, 다른 하나는 ✦'스폰서Sponsor'다. 이에 대해 조직 컨설턴트 캐탈리스트는 "멘토는 당신에게 이야기하고, 스폰서는 당신에 대한 이야기를 한다."고 간단하게 요약한다.[235]

멘토는 스파링 파트너로서의 역할을 한다. 그들은 멘티와 함께 경력과 관련된 문제를 논의하고 실행 가능한 전략을 세운다. 반면에 스폰서는 상대의 환경 안으로 들어가 지원군 역할을 한다. 당신의 스폰서는 당신이 유용한 인맥을 쌓도록 도우며, 대화에서 당신에 대한 이야기를 하고, 자신의 명성을 이용해 당신의 발전을 지원한다.

스폰서가 멘토링과 달리 경력에 주목할 만한 영향력을 행사한다는 사실은 그렇게 놀라운 일이 아니다. 스폰서는 자신이 지원하는 사람을 믿고, 그 믿음을 행동으로 옮긴다. 하지만 안타깝게도 스폰서 가운데 3분의 2 이상이 자신과 성별이나 인종이 같은 사람을 돕는다.[236] 자신과 비슷하고, 편안하고, 언제 어디서나 만날 수 있는 사람을 전적으로 지원한다.[237]

하지만 미투#MeToo 운동 때문에 상황이 조금 어려워졌다. 일부 남성은 이를 여성을 지원하지 않아도 된다는 구실로 삼거나 미투에 자신이 연루될까봐 여성을 돕는 것이 곤란하다고 생각한다. 최고 경영진에 있는 남성 세 명 중 두 명, 여성 리더 두 명 중 한 명이 일 대 일 관계를 맺는 것이 염려된다고 밝혔다.[238] 경력 발전을 위한 도움을 주기 위해 만나고 싶어도 상대가 그 만남의 의미를 왜곡할 수 있고, 또 왜곡하려는 경향이 보여서 만남 자체가 걱정된다는 고백이다. 이해는 하지만 그것 때문에 돕지 않는다는 것은 불공정하고, 현명하지도 않다.

다양성과 포용성이 있는 문화는 결과로 증명된다. 다양성과 포용성은 장기적으로 기업에 중요한 요소다. 스폰서가 자신과 다른 성별을 지원에서 배제하는 것은 조직에도 이롭지 않고, 리더와 롤 모델로서의 역할을 하는 데도 도움이 되지 않는다. 반복하건대, 다양한 사람을 똑같이 지원할 방법을 찾아야 한다. 이것이 모두에게 공평한 기회를 줄 수 있는 유일한 방법이다.

'뉴 노멀'을 창조하라

스폰서가 되라고 강요할 수는 없다. 하지만 조직 내에서 스폰서의 활동이 당연하고, 관심과 지원을 받을 자격이 되는 사람을 투명하게 공개하는 분위기를 만드는 것은 중요하다. 스폰서는 모든 것이 완벽하게 공개되어야 한다. 리더는 성별과 상관없이 유능한 팀원을 돕는 것이 자신의 역할임을 분명하게 알고 있어야 한다. 또 그런 관계에는 무엇이 수반되고, 어떤 기준에 따라 지원 받을 기회를 얻을 수 있는지도 명확하게 공개해야 한다.

관리자가 동료를 돕는 게 예외적인 상황이 아니라 흔한 경우라면 이상한 소문이 날 가능성은 거의 없다. "증거가 가장 확실하다. 불안하다면 처방은 한 가지, 그 상황을 완전히 노출시켜라."라는 브래드 존슨 Brad Johnson의 말처럼 말이다. "따라서 여성 동료에게 더 가까이 다가가고, 커피를 더 자주 함께 마셔야 한다. 점심도 더 같이 먹고, 대화도 더 많이 나눠라. 이 모든 행동을 공개적으로 하라. 그런 행동이 당신의 브랜드가 된다면, 또 그것이 직장에서의 당신 모습이라면 사람들은 더 이상 '남자가'라는 말을 하지 않을 것이다. 당신은 그저 남성과 여성 모두를 공정하게 대하는 탁월한 협력자로 알려진다. 불안감을 가져야 하는 남자의 이미지에서 벗어나는 것이다."[239]

스폰서가 단지 상대방에게만 이익이 돌아가는 것은 아니다. 옳은 일을 하고 있다는 느낌과 상관없이 다른 사람을 지원하는 백인 남성 관리자는 그렇게 하지 않는 사람보다 자신의 경력에 대한 만족감이 11% 정도 더 높다는 조사 결과가 있다. 심지어 다른 인종을 도울 때는 그 만족감이 24%로 높아진다.[240] 한 가지 이유는 여성을 지원하는 남성이 인사고과에서 더 좋은 점수를 받는다는 것을 보여주는 여러 연구 결과들 때문일 것이다. 하지만 안타깝게도 똑같이 여성을 지원해도 남성은 다양성을 위해 싸우는 전사로 여겨지고 그에 대한 보상을 받는 데 반해 여성은 오히려 부정적인 평가를 받는 경우가 많다. 자신과 비슷한 팀원만 편애한다는 비난이다.[241] 이런 이유로 남성이 스폰서 활동에 적극적으로 참여하는 것은 좋은 일이다.

동료를 지원함으로써 얻을 수 있는 이익은 어느 한쪽에 국한되지 않는다. 양쪽 모두 도움을 주고받으면서 새로운 관점을 얻기 때문이다. 상대를 좀 더 알고 싶다는 바람으로 여성 동료와 대화를 나눈 남성 리더는 여성 동료가 회사에서 겪는 일들을 더 많이 알게 될 것이다. 이렇게 되면 관계를 확장하는 것을 넘어 이전까지는 접근하지 못했던 새로운 집단과 관계를 맺을 가능성을 높일 수도 있다. 결론적으로 스폰서는 도움을 주고받는 양쪽 모두 비슷한 이익을 가져다준다.

시작하기 ————

성공적인 스폰서 제도를 확립하기 위한 기본 규칙 몇 가지를 소개한다.[242]

- **첫째, 모두에게 동일한 규칙을 적용하라.** 당신과 배경이 다른 사람을 돕고 싶다면 양쪽 모두에게 편안하다고 느껴지는 공동 규칙을 세워라. 언제 어디서 토론할 것인가? 사무실에서 할 것인가, 밖에서 할 것인가? 낮에 할 것인가, 밤에 할 것인가? 과거에 효과적이었던 방법에 대해 이야기해보고 그것을 기반으로 결정하라. 중요한 것은, 모든 팀원들에게 똑같은 규칙을 적용하는 것이다. 예를

들어 '당신과 비슷한' 사람은 저녁 식사 자리에서 만나고, '당신과 다른 사람'은 아침에 사무실에서 만나서는 안 된다. 모든 사람에게 적용되는 공통분모를 규정하고 그것을 정확하게 따르라. 저녁 시간을 여기저기서 보내야 하는 희생이 따르더라도 말이다.

- **둘째, 열린 마음으로 관심을 갖고 경청하라.** 반드시 배우려는 태도로 대화에 임해야 한다.(6장 참조) 솔직하고 진정한 마음으로 대화하되 추측은 삼가라. 조언이나 제안은 즉시 하지 말고, 경청 후 질문을 통해 필요한 도움을 알아보라. 양쪽 모두가 배울 기회를 가져야 하며 새로운 관점을 탐구해야 한다.

- **셋째, 당신의 취약성을 드러내라.** 과거에 당신이 겪은 어려움에 대해 털어놓고 지금도 어려움을 겪고 있다고 말하라. 다 아는 체해서는 안 된다. 당신의 걱정과 두려움, 취약성을 가감 없이 보여주어라. 그러면 상대도 당신처럼 자신의 문제를 솔직하게 털어놓을 것이다.

- **넷째, 경험이 다르다는 사실을 인정하라.** 상대가 어쩌면 성별에 따라 경험이 달라진다는 것을 알고 있을 수도 있다. 굳이 설득하려고 하지 마라. 어떤 결과가 생길 수 있는지, 다양한 상황에 어떻게 대처할 수 있는지, 어떻게 공정한 기준을 세울 수 있는지를 두고 토론하라.

- **다섯째, 행동하라.** 팀원들이 목표를 달성할 수 있도록 어떻게 도울 수 있는지 검토하라. 당신의 권한이 미치는 영역에는 어떤 기회들이 있는가? 그 기회를 제공할 수 있는 사람을 알고 있는가?

- **여섯째, 가시화하라.** 당신이 돕는 팀원에 대한 이야기를 하라. 그들의 재능을 드러내주고, 그들이 경력을 발전시키기 위해 필요한 도전에 대해 얘기하라.
- **일곱째, 광범위한 스폰서 활동이 이루어지게 하라.** 당신의 경험에 대해, 스폰서 활동을 하면서 얻은 이익에 대해 다른 사람들에게 이야기하라. 그것이 눈덩이 효과로 이어지게 하라.

동료의 경력 발전을 돕기 위한 조언

더 많은 방법을 찾아라. 회사에 동료를 돕는 제도가 있는지, 있다면 어떻게 참여하는지 알아보라. 그러한 제도가 많지 않다면 상대에게 어떤 도움이 필요한지 물어보라.

지금 당장 시작하라. 당신과 배경이 다른 사람과 개인적 관계를 맺을 때는 그 사람을 위해 할 수 있는 일에 주의를 기울여야 한다. "훌륭하군. 자네를 돕고 싶네"라는 말은 하지 마라. 다짜고짜 그런 말을 듣게 되면 상대는 이상하게 생각할 수 있다. 그보다는 행동으로 보여라. 그리고 기회가 생기면 잡아라. 성공에 대한 공통적인 관심사는 대화를 지속적으로 이끌어주고, 그러면 공식적인 지원을 더 많이 할 수 있다.

일관성 있는 기준을 따르라. 스폰서로서 동료를 도울 때는 동일한 패턴을 만들어라. 저녁을 먹으며 또는 와인을 마시며 대화를 나누는 일을 모두와 똑같이 할 수 없다면 누구와도 그렇게 해서는 안 된다. 그것은 당신이 사람들을 다르게 대한다는 신호이기 때문이다. 그로 인해 생긴 시간은 새로운 것을 배우거나 봉사활동을 하거나 취미에 몰두하는 데 써라. 열정적이고 활동적인 여가 활동에 시간을 보내면 팀원과 근사한 저녁 식사를 할 때는 얻지 못하는 완벽한 휴식을 얻게 될 것이다.[243]

지금부터는……

지금까지 직장에서 직면하는 다양한 장벽들과 공평한 경쟁의 장을 만들기 위해 그것을 제거할 수 있는 방법을 살펴보았다. 우리의 경험을 형성하는 구체적인 상황과 개인적 특성에 대해서도 다뤘다.

마지막 장에서는 팀원들이 개인의 인구학적 속성과 상관없이 성공할 수 있는 방법에 대해 검토할 것이다. 모든 팀원이 최선을 다하는 환경을 조성하는 일, 관리자의 역할에 대해서도 살필 것이다.

16장
공정한 리더가 된다는 것

갤럽 조사에 따르면 팀원 모두가 최선을 다할 수 있는 직장은 흔하지 않다. 미국 직장인 가운데 직장에서 자신의 의견이 중요하게 받아들여진다고 생각하는 사람은 30%에 불과했다. 이 수치가 두 배로 늘어나면 감원 비율은 27% 떨어지고 산업 재해는 40% 감소하며 생산성은 12% 증가한다.[244]

모범을 보이기 ─────

직장 내 환경을 바꾸는 일은 당신에게 달렸다. 리더는 롤 모델이다. 리더의 행동과 자질, 팀원들과의 상호작용 방식이 팀 운영의 70%를 좌우한다.[245] 리더는 팀 내 기준을 만들고, 그들은 변화를 가져오기도 하고 변화의 시동을 꺼뜨리기도 한다.

이그나즈 제멜바이스Ignaz Semmelweis의 사례가 이를 잘 보여준다. 의사였던 그는 오스트리아 빈에 있는 산부인과 의사 동료들에게 아기를 받기 전에는 깨끗이 손을 씻어야 한다고 주장했다. 하지만 동료들은 그의 말을 무시했다. 의사들이 손을 씻지 않고 아기를 받은 결과 어떤 일이 생겼을까? 많은 산모들이 '산욕열'로 사망했다. 그렇다면 제멜바이스가 동료들을 설득하는 데 실패한 이유는 무엇일까? 연구를 통해 그 이유가 밝혀졌다.

두 가지 결정적인 면이 집단의 변화를 일으키기도 하고 막기도 한다. 그중 한 가지는 경험이다. 사람들은 경험을 통해 어떤 일이 효과가 있는지 알게 된다. 손 씻기와 관련된 경험은 명확했다. 제멜바이스의 병원에서는 손 씻기 습관 덕분에 출산 후 사망하는 산모가 백 명 중 '단' 한 명으로 줄었다. 반면에 시체를 해부하던 의사가 손을 씻지 않고 아기를 받은 병원에서는 산모 사망률이 10%에 달했다.

의사들이 이처럼 확실한 증거를 무시한 것은 이차적 동기, 즉 군중 본능 때문이다. 집단 구성원의 행동을 따라하려는 군중 본능이 그들의 행동에 영향을 주었고, 동료와 같은 행동을 하는 일에 더 큰 중요성을 두게 만든 것이다. 어떤 행동을 해도 개인적으로 피해를 입지 않을 때 사람들은 동료들의 행동에 동조하는 경향이 있다. 사망한 사람은 의사가 아니었다. 그들의 친구도, 친척도 아니었다. 그렇다 보니 그들은 군중 본능에 따라 집단적 행동에 쉽게 '가담'하게 된 것이다. 사회적으로 배제되는 것을 감수하는 것보다 '검증된 것'을 고수하는 게 더 간단한 법이니까. 1장에서 다룬 미묘한 공격이 생각나지 않는가?

이런 경우 특정한 행동이 신호가 되어 소속을 드러낸다. 어느 집단, 어느 파벌에 속해 있는지를 보여주는 것이다. 특정 행동이 내집단의 구성요소가 되며, 구성원들은 그 행동을 통해 이익을 얻는다. 손 씻기 습관이 오랫동안 외면당한 이유는 효과에 대한 증거가 없었기 때문이 아니다. 사회적 집단이 어떤 식으로 움직이는지 제멜바이스가 이해하지도, 고려하지도 못했기 때문이다.[246]

소속 ———

7장에서 만난 케빈과 만디를 비롯한 미국 학생들이 기억나는가? 아이들이 관심과 칭찬을 더 많이 받은 결과 눈에 띄게 성적이 향상된 사례를 확인했다. 어른들이라고 해서 다를 게 없다. 문제는 우리가 나와는 다르다고 느껴지고, 함께 있으면 편하지 않고, 의구심이 생기는 사람과는 많은 시간을 보내지 않는다는 데 있다. 그런 사람과는 말을 덜하고, 어떤 문제에 대해 상의하지도 않으며, 서로 도움도 주고받는 일도 거의 없다. 이는 일 대 일 관계에서도 문제가 되지만 다른 팀원에게도 부정적인 영향을 끼친다.

모든 팀원에게 좋은 리더가 되려면 다양한 사람들과 신뢰를 쌓는게 중요하다. 이에 대한 전략으로 이 책에서는 두 가지 중요한 도구를 제시했다. 8장에서 다룬 능력과 신뢰의 상관관계가 하나이고, 9장에서 보여준 관계 지도가 다른 하나이다. 이들 도구를 활용하면 사람들과 맺고 있는 관계의 현 상태를 돌아보는 동시에 관계성을 강화하기 위한 방법을 찾을 수 있을 것이다.

4장에서는 다양성을 가진 팀이 지닌 강점을 다루었다. 앞서 언급한 것처럼 그들은 집단사고를 하지 않기 때문에 더 나은 성과를 달성할 수 있고, 다양한 관점을 제시하는 것도 가능하다. 하지만 다양성을 보장하면 팀 성과가 좋아진다는 말은 반쪽짜리 진실이다. 하버드대학의 로빈 일리Robin J. Ely 교수에 따르면 "서로의 차이를 소중하게 생각하지 않으면 의견 충돌만 생길 뿐 유익이 없다." 이 경우 팀의 성과에 오히려 부정적인 영향만 끼친다.[247]

어떤 일에서 배제되거나 불공정한 대우를 받고 있다는 느낌은 신뢰의 기반을 흔든다. 이런 생각을 하는 팀원은 최선을 다하지 않는다. 창의성과 생산성을 제약하는 문제들에만 몰두하기 때문이다. 또 그들은 좋은 아이디어가 있어도 공유하지 않는데, 자신의 아이디어를 도둑맞을까봐 또는 자신의 생각이 하찮게 여겨지거나 비웃음의 대상이 될까봐 두려워서이다.

팀에 헌신하고 '보통' 이상의 성과를 내는 것은 집단에 소속감을 느끼는 사람만 가능하다. 조직의 큰 그림이 자신에게도 의미가 있어 보일 때 최선을 다해 성과를 내는 것이다. 이러한 소속감의 전제 조건은 환영받고 인정받는다는 느낌이다. 존재 자체로 인정받고, 조직에 기여한 자신의 능력과 관점이 비난과 무시가 아닌 칭찬을 받을 때 사람들

은 소속감을 느낀다.[248]

팀의 능력이 몇몇 개인의 의견에 좌지우지되어서는 안 된다. 특정한 사람과 가까운 팀원들의 의견이 팀의 역량을 좌우하는 것은 더더욱 안 된다. 모든 팀원이 똑같이 존중받으며 관계를 맺고 있다고 느낄 때 팀은 탁월해진다.

성공적인 팀 ————

이 과정에서 공동 규범이 얼마나 중요한지 집단 지능을 조사한 연구 팀에 의해 입증됐다. 이 연구는 각 개인의 지능보다 집단 지능이 더 높아질 수 있는지를 알아보기 위함이었다. 연구자는 소규모의 집단에서 다양한 업무를 해결해야 하는 사람들을 모아서 조사했다. 그들이 업무를 성공적으로 수행하기 위해서는 협업이 필요했다.

이 조사는 놀라운 결과를 보여주었다. 업무의 종류와 상관없이 일반적으로 한 번 성공했던 팀이 다음에도 성공했다. 반대로 한 번 실패했던 팀은 거듭해서 실패했다. 이는 성공과 실패를 가르는 요인이 팀원들이 서로를 대하는 방식과 관련 있다는 것을 보여준다. 올바른 규범을 세운 팀은 팀원 개개인의 지능과 상관없이 집단 지능이 높아졌다.

실험에서는 다양한 집단이 서로를 각기 다른 방식으로 대했지만 사실 여기에는 두 가지 공통점이 있었다. 한 가지는 성공적인 팀은 모든 팀원의 발언 분량이 거의 동일했다는 점이다. 토론이 다른 국면으로 진행되거나 업무가 달라져도 말하는 양은 비슷했다. 반대로 성공하지 못한 팀은 회의 시간에 한 명 또는 소수가 주로 말을 했다. 또 다른 공통점은 업무를 성공적으로 해낸 팀의 팀원들은 서로 원활한 상호작용을 하며 서로에게 관심을 기울였다는 것이다. 비언어적인 신호까지 고려하여 다른 팀원이 소외감이나 불안감을 느끼는지 파악하고 그에 맞게 반응했다. 하지만 실패한 팀은 다른 팀원이 어떤 감정을 느끼는지 알아채지 못했다.[249]

건설적인 충돌

모든 팀원이 '대인관계에서 생길 수 있는 위험'을 감수할 수 있다고 확신한다면 그 집단에서는 심리적 안정감이 나타난다.[250] 심리적 안정감이 있을 때 사람들은 자신의 관계와 이미지, 지위, 경력에 문제가 생길 걱정을 하지 않고 기꺼이 자신의 취약함을 드러낸다. 불확실성과 실수를 인정하는 과정에서 적극적으로 배우고 도움을 구하게 된다. 이런 식으로 더 많은 성과를 함께 달성한다.

심리적 안정감은 집단의 화합을 조작하기 위해 진짜 충돌을 감추는 게 아니다. 오히려 그것은 건설적인 논쟁과 마찰을 기반으로 혁신과 성과를 이끌어낸다. 충돌이 없는 집단은 효용성이 없다. 가짜 화합은 껍데기에 불과하며, 그런 상황에서는 집단사고가 고개를 든다.

충돌의 반대는 합의가 아니라 냉담과 무관심이다. 진짜 문제가 발생했을 때 제대로 충돌하지 않는 팀은 중요한 것을 놓치고 있거나 문제를 자각하지 못한다. 그들은 여러 가지 억측과 제약에 의문을 품지도 못하고, 다양한 대안을 내놓지도 못한다. 당연히 평균 이하의 성적을 낸다.[251]

마찰이 있는 '안정적인 팀'의 팀원들은 정보를 더 효율적으로 활용하고 문제를 잘 이해한다. 그래서 더 지혜롭고 현명한 해결책을 찾아낸다. 이러한 팀은 더 나은 결정을 할 뿐만 아니라 업무 속도도 훨씬 빠르다. 그래서 포용적인 문화를 지닌 조직은 그렇지 않은 조직에 비해 민첩하고, 혁신을 이룰 가능성도 여섯 배나 높으며, 더 나은 성과를 낼 가능성은 무려 여덟 배나 높다.[252]

사례를 살펴보자. 휴대전화 제조사의 디자이너 피터 스킬맨Peter Skillman이 전 세계 100명의 참가자를 대상으로 마시멜로 챌린지를 실시했다. 피터 스킬맨은 네 명으로 이루어진 팀에 스파게티를 이용해 탑을 쌓고 그 위에 마시멜로를 올리라고 주문했다. 참가자들은 공학자, 변호사, 경영대학원 학생, CEO 등 다양한 집단들로 구성됐다. 참여 집단은 저마다 다른 방법으로 문제를 해결했다. 이 중 특히 눈에 띄는 집단이 있었다. 바로 유치원생들이었다. 다른 참가자들에게서는 계획하고, 토론하고, 협력하는 모습이 두드러졌다. 팀 내 자신의 위치를 확인하거나 더 높은 지위로 올라가려 하거나 아니면 다른 사람의 우위를 맹목적으로 인정하는 모습이 눈에 띄었다. 하지만 아이들은 즉시 탑 쌓기에 돌입했다. 아이들은 지위를 신경 쓰지 않았고, 피드백도 직접적으로 전달했다. 서로 몸을 부대끼며 탑을 쌓고, 친구의 실수를 발견하면 바로 지적했다. 유치원생들은 위험을 감수하면서 실험에 참여했고 가장 높은 탑을 쌓았다. 아이들이 성공할 수 있었던 것은 너 영리하거나 계획을 잘 세워서가 아니다. 더욱 친밀하고 원활하게 협력했기 때문이다.[253]

행운을 빈다 ─────

이 책을 통해 당신에게 필요한 도구와 함께 많은 조언과 제안을 했다. 이들 도구를 활용한다면 많은 사람들을 성공적으로 이끌고 모두가 안정감을 느끼는 팀을 꾸릴 수 있을 것이다.

책을 마무리하면서 마지막으로 한 가지 생각을 더 전하고 싶다. 우리는 우리의 행동이 대체로 투명하다고 생각한다. '원하거나 의미하는 바를 명확하게 말했다'라거나 '오해할 리가 없어'라고 생각할 수 있을 만큼 말이다. 하지만 안타깝게도 당신은 잘못 알고 있다. 다른 사람이 우리를 제대로 이해하는 경우는 생각보다 드물다. 조지 버나드 쇼George Bernhard Shaw의 말을 빌리면 "대화에서 가장 심각한 단 한 가지 문제는 대화를 했다는 착각이다."

열린 마음을 갖고, 질문을 하고, 내가 오해받거나 내가 남을 오해할 수도 있다는 사실을 전제로 대화하는 게 중요한 이유다. 이러한 자세는 다른 사람과 나의 인구학적 속성 같은 중요한 특성이 다를 때 더더욱 중요하다. 그러므로 다른 사람을 대할 때는 일단 좋은 의도로 접근하고, 상대에게도 긍정적인 의도가 있다고 가정하는 것이 중요하다.

나는 당신이 앞으로 최고의 리더가 되기를 바란다. 사람들을 공정하게 이끌기 위해 이 책에서 제시한 조언과 방법을 활용하라. 그렇게 해서 차이를 무너뜨리고, 모두를 공정하게 대하고, 놀라운 결과를 달성하라.

내게 당신의 도전과 경험을 알려주면 매우 기쁠 것이다. 마지막으로 부탁하고 싶은 말이 있다. 이 책에서는 우리가 자각하지 못하는 생각과 편견에 영향을 주는 고정관념을 이야기했다. 우리가 보지 못하는 사각지대를 살펴봤는데, 이것은 당연히 내게도 적용된다. 책을 읽다가 내가 보지 못한 것을 발견한다면 알려주기 바란다.

베로니카 후케

D&I Strategy and Solutions
fair.leadership@di-strategy.com
www.di-strategy.com

감사의 글 ✦✦

이 책을 쓰는 동안 진심으로 즐거웠다. 더 많은 사람들이 즐거운 직장생활을 하는 데 기여하고 싶은 마음이 컸기 때문이다. 그에 더해 이 책을 쓰면서 내게 중요한 사람과 직장생활을 하는 동안 나를 지원해 주었던 동료, 내가 배우고 성장할 수 있도록 도운 사람들을 다시 떠올릴 수 있어서 더 즐거움이 컸다. 이 책을 통해 그들에게 '고맙다'는 말을 할 수 있어 정말 기쁘다!

카피라이트의 에이전트 펠릭스 루돌프Felix Ruloff가 없었다면 이 책은 나오지 않았을 것이다. 우리는 더 많은 독자에게 다가가기 위해 함께 고민했다. 그리고 그는 그 생각들을 캠퍼스 출판사의 스테파니 월터Stephanie Walter와 논의하면서 전체적인 그림을 그려냈다. 두 사람 모두 내가 얻은 결과 못지않은 성과를 얻기 바란다.

리사 케핀스키Lisa Kepinski는 내가 이 책을 쓰는 동안 동지이자 스파링 파트너로서 역할을 해주었다. 전문가로서의 경험뿐 아니라 독일의 시골 지역에서 폴란드인 남편 파블Pawel과 살고 있는 미국인인 그녀의 삶은 내게 큰 영감을 주었다. 그녀의 삶 자체가 집단 역학이 어떻게 작용하는지 보여주는 놀라운 증거였다.

직장인으로서 나는 훌륭한 상사를 많이 만났다. 그 중 두 사람이 특별했다. 나의 첫 번째 상사인 휴렛팩커드의 마이클 크루그Michael Krug에 대해서는 이미 언급했다. 이 책과 관련해서는 고트프리드 뒤티네 Gottfried Dutine가 특히 더 중요한 역할을 해주었다. 그와는 알카텔과 필립스에서 함께 근무했는데, 그는 스폰서 역할을 하며 나의 경력이 발전하는 데 도움을 주었다. 또한 그는 이 원고를 먼저 읽고 소중한 조언과 피드백을 해주었다.

나는 독일, 미국, 영국, 네덜란드에서 지내며, 전 세계에서 온 동료들과 팀을 꾸려 일을 하고 있다. 나는 내 일을 정말 좋아한다. 그중 가장 멋진 일은 사브리나 마Sabrina Ma와 쌓은 우정과 중국 여행이었다. 또한 나는 미국에 사는 리즈 브래디Liz Brady와 연결되어 있다. 우리는 헤어날 수 없는 버뮤다 삼각지대와 같은 상황을 경험하고 있다.

동료였던 인그리드Ingrid와의 만남도 인상적인 기억 중 하나다. 그녀는 트랜스젠더로서의 자신의 경험을 솔직하게 이야기하며 내게 많은 생각할거리를 주었다.

휴렛팩커드에서 바바라 울니Barbara Wollny, 엘레오노레 코너Eleonore Koner, 하이디 브로서멀Heidi Brosamle, 매리언 슈미트Marion Schmidt와 함께 근무하면서 나는 여성이 여성을 돕는다는 강한 확신을 얻었다. 그들은 내게 상상 이상의 심리적 안정감을 느끼게 해주었고, 누구보다 솔직한 피드백도 해주었다. 바바라는 내가 책을 쓸 때도 도움을 주었다. 그녀는 내 친구 줄리아 캣츠Julia Catz와 요헨 지케Jochen Zieke와 함께 통찰을 제시하고 다양한 조언을 해주었다.

마지막으로 리비스 힐츠 워드Reavis Hilz-Ward는 바쁜 시간 속에서도 이 책을 영어판으로 제작하는 일을 적극적으로 도와주었다. 스테파니Stephanie와 만프레드 컨퓨리어스Manfred Confurius가 아니었다면 이 책은 아직 완성되지 않았을 것이다. 내가 글을 쓰다 막힐 때마다 그는 나를 햄버거 가게로 데리고 갔다. 맛있는 햄버거와 기가 막힌 와인을 함께 먹으며 대화를 나누는 과정에서 나는 머리를 식힐 수 있었다.

내 여동생 크리스티나Christina 역시 빼놓을 수 없는 지원군이다. 그녀는 이 책의 내용을 요약해 CEO용으로 멋지게 만들어 주었다.

모든 분들에게 감사를 전한다. 당신들을 알게 된 건 축복이다!

용어 사전

✦ **고정관념**: 어느 집단의 구성원에 대한 특성을 추정하는 것을 말한다. 고정관념은 우리가 어떤 정보를 찾고, 정보를 어떻게 해석하고, 무엇을 기억하는지에 영향을 준다. 그러한 것들이 편견의 토대를 형성한다. 고정관념에는 기술적 고정관념과 규정적 고정관념이 있다. 이러한 고정관념은 특정 집단의 사람들이 어떤지, 그들은 어떤 존재여야 하며 어떤 행동을 해야 하는지에 대한 견해에 영향을 준다.

✦ **규정적 성 고정관념**: 이는 남성과 여성이 어떤 모습이어야 하는지에 대한 견해에 영향을 미친다.

✦ **기술적 성 고정관념**: 남성과 여성에게 기대되는 모습에 대한 우리의 인식에 영향을 주는 고정관념을 기술적 성 고정관념이라 한다.

✦ **내집단과 외집단**: 내집단은 사회심리학자들이 사용하는 용어로 개인적 관계나 인구학적 속성으로 인해 속하게 되는 집단을 묘사한다. 외집단은 자신과 공통점이 없고 연결성을 느끼지 못하는 사람들이나 자신과 다른 사람들로 구성된 집단이다.

✦ **능력주의의 역설**: 과학적 연구 결과에 따르면 공정함이 기업의 핵심 가치라고 주장하는 조직에서 불공정이 두드러지게 나타나는 경우가 많다. 그러한 조직에서는 모두가 공정한 대우를 받는다고 추정하기 때문에 불공정이 존재하는지, 존재한다면 어디에 존재하는지 점검하지 않으며 공정한 기회를 만들기 위한 대책을 강구할 필요성도 느끼지 못한다. 그 결과 조직은 직원

들이 개인적 특성 때문에 혹은 고정관념이나 무의식적 편견 때문에 불공정한 대우를 받거나 차별을 당할 때 조치를 취하지 못하며 다양한 자격 요건을 마련하지 못한다.

◆ 닻 내림 효과: 처음 받게 되는 정보(닻)는 그것이 부적절하더라도 판단에 영향을 준다. 따라서 처음에 제시된 기준점이 결정을 내리는 참조점이 된다. 예를 들어 소매업자가 세일 기간 동안 할인을 해주거나 상품 가격의 뒷자리를 .99로 끝나게 하는 것으로 닻 내림 효과를 활용한다. 소수점 앞의 숫자가 닻의 역할을 하여 반올림된 수보다 더 저렴한 가격이라는 인상을 주는 것이다.

◆ 더닝 크루거 효과: 능력이 없는 사람은 자신의 무능을 인식하지 못한다. 그런 사람은 자신의 능력을 과대평가하고 다른 사람의 능력을 인식하지 못하는 경향이 있다. 업무 수행력이 높은 경우보다는 낮은 경우에 자신의 능력을 과대평가하는 일이 많다.

◆ 동조 압력: 이 용어는 집단과 원활하게 조화를 이루거나 집단의 결정을 지지하라는 압력을 말한다.

◆ 멘토링: 멘토링은 멘티의 스파링 파트너가 되어 직업적인 어려움과 활용 가능한 전략을 논의하는 것을 말한다.

◆ 무의식적 편견: 무의식적 믿음이나 생각 패턴, 편견을 의미한다. 무의식적 편견은 긍정적일 수도 있고 부정적일 수도 있다. 그러한 편견의 뿌리는 매우 깊어 우리가 원하지 않아도 작용하며, 때로는 그것을 자각하지도, 통제하지도 못한다. 무의식적 편견은 우리의 인식과 판단에 영향을 주어 자신

의 의식적인 믿음이나 가치관과 조화를 이루지 않는 결정을 내리게 만들기도 한다.

✦ 미묘한 불평등/미묘한 공격: 미묘한 불평등은 행동이나 표정, 몸짓을 통해 상대를 존중하지 않는다는 신호를 보내는 부정적인 메시지다. 이러한 신호는 감지하기 어려우며, 그 신호를 보내는 사람조차 자신의 행동을 자각하지 못하는 경우가 많다. 하지만 미묘한 불평등을 당하는 사람이 받는 부정적 영향은 결코 적지 않다. 장기적으로 그들은 직장에서 자신감과 업무 동기, 재미를 상실한다.

✦ 미묘한 확언: 누군가에 대한 선의와 지지의 신호를 무의식적으로 보내는 것으로, 고개를 끄덕여 동의의 뜻을 표하거나 미소를 짓는 것 등이 미묘한 확언이다.

✦ 사회적 동질성: 자신과 비슷한 사람과만 어울리는 경향을 말한다. 예를 들면 출신이나 교육 수준, 사회적 지위가 비슷한 사람끼리 집단을 형성한다.

✦ 성 고정관념: 성별에 따른 전형적인 특성과 행동에 대한 생각 및 기대를 말한다. 성 고정관념은 문화에 큰 영향을 받는다.

✦ 센스메이킹: 이 용어는 이용 가능한 정보들을 토대로 이미지나 인식을 발전시키는 과정을 묘사한다. 즉 어떤 것에 대한 인식을 만드는 것이다. 센스메이킹의 결과는 각자의 세계관과 과거 경험에 따라 다르게 나타난다.

✦ 순응: 다수의 의견에 대해 실제로 동의하지 않아도 공개적으로는 따르는 것을 말한다.

✦ 스폰서: 관리자는 스폰서 활동을 하면서 팀원의 발전을 적극적으로 돕는다. 예를 들어 도움을 주는 과정을 가시화하고, 자신의 인맥을 활용하도록 하며, 누군가를 대화에 끌어들인다. 스폰서는 멘토링과 달리 팀원의 경력에 영향력을 얼마나 행사하는지 측정할 수 있다.

✦ 심리적 안정감: 이것은 조직의 모든 구성원이 어떠한 질문과 의견을 내도 비난 받거나 망신당하지 않을 것이라는 믿음을 말한다. 심리적 안정감이 있는 조직의 팀원들은 관계나 자신의 이미지, 지위, 경력 등에 부정적인 영향을 받을까봐 두려워하지 않고 기꺼이 자신의 취약성을 드러낸다. 그들은 자신의 기여에 대해 인정과 존중을 받는다고 느낀다. 심리적 안정감은 팀원이 최선의 노력을 다하게 하는 전제 조건이다.

✦ 외집단 동질성 편견: 외집단의 구성원들을 비슷한 사람들로 여기기 때문에 한 사람의 특성과 행동을 보고 그 사람이 속한 집단의 다른 사람들도 그런 특성과 행동을 나타낼 것이라고 생각하는 경향이다.

✦ 외집단 폄하: 공통점이 있는 사람들(내집단)들보다 외집단의 구성원을 더 비판적으로 판단하는 경향을 말한다.

✦ 외집단: 내집단과 외집단 참조

✦ 집단사고: 합의에 대한 갈망이 지배적이거나 문제 해결보다 합의가 더 중요해질 때 집단사고가 일어난다. 집단사고가 있는 집단에서는 일치와 단결 의식으로 화합을 유지하고 결속하는 것이 사실을 따지거나 현실적 문제를 다루는 것보다 더 중요하다.

◆ 특혜: 이 책에서 말하는 특혜는 특별한 성과가 없어도 인구학적 속성이나 개인적 배경 덕분에 이익을 얻는 것을 말한다. 하지만 이러한 특혜를 받은 사람들은 유리한 상황을 당연한 것으로 여겨 특혜의 효과를 자각하지 못하는 경우가 많다.

◆ 프라이밍: 연상 작용을 통해 자극을 처리하는 과정에 영향을 미치는 효과를 말한다.

◆ 프레이밍: 정보를 특정한 맥락이라는 틀에 넣어 제시하는 것을 말한다. 이러함 프레임은 우리의 인식에 영향을 미친다. 대표적인 프레임으로는 '컵에 물이 반이나 남았다'와 '컵에 물이 반밖에 남지 않았다'를 들 수 있다.

◆ 확증 편향: 사람들은 자신의 생각과 일치되는 정보를 먼저 알아채거나 적극적으로 찾는다. 반대로 자신의 생각에 의문을 제기하는 정보는 잘 확인하지 못한다.

◆ 후광 효과: 두드러진 특징 하나가 엄청난 영향을 미쳐 사람이나 상황에 대한 우리의 이미지를 조작해 인식을 왜곡시키는 것을 말한다. 이 효과는 긍정적으로(헤일로 효과) 또는 부정적으로(역후광 효과) 판단에 영향을 미친다. 그 결과 알고 있는 정보를 근거로 관련 없는 부분까지 추정하게 된다.

◆ 휴리스틱: 경험에 바탕을 둔 결정 방법으로, 큰 노력 없이 신속히 결정을 내릴 수 있다. 하지만 휴리스틱으로 인해 오판을 내리거나 잘못된 결정을 하기도 한다.

참고 문헌

- 겐지 요시노Yoshino, Kenji, 《커버링, 민권을 파괴하는 우리 사회의 보이지 않는 폭력 Covering-The Hidden Assault on our Civil Rights》, 뉴욕, 랜덤하우스, 2007

- 노아 소우Sow, Noah, 《독일의 우울한 여성Deutschland Schwarz Weiss》, 노르더슈테르, BoD, 2018

- 다니엘 코일Coyle, Daniel, 《문화 코드The Culture Code》, 뉴욕, 반탐 북스, 2018

- 더글라스 스톤Stone, Douglas, 브루스 패튼Bruce Patton, 쉴라 힌Sheila Heen, 《우주인들 이 인간관계로 스트레스를 받을 때 우주 정거장에서 가장 많이 읽는 대화책Difficult Conversations-How to discuss what matters most》, 런던, 펭귄북스, 2010

- 레니 에도 라지Eddo-Lodge, Reni, 《백인과 더 이상 인종에 대한 대화를 하지 않는 이유 Why I am no longer talking to white people about race》, 런던, 블룸즈베리, 2017

- 리즈 포슬리엔Fosslien, Liz, 몰리 웨스트 더비Mollie West Duffy, 《어려운 감정은 없다: 직장에서의 정서-그들이 우리의 성공을 위해 돕는 방법No Hard Feelings: Emotions at work(and how they help us succeed)》, 영국, 펭귄비즈니스, 2019

- 비나 칸돌라Kandola, Binna, 《직장에서의 인종주의: 무관심의 위험Racism at Work: The Danger of Indifference》, 옥스퍼드, 펀 칸돌라 출판사, 2018

- 비나 칸돌라Kandola, Binna, 조 칸돌라Jo Kandola, 《차이에 개입하라-직장 내 성 편견 이 야기The Invention of Difference-The Story of Gender Bias at Work》, 옥스퍼드, 펀 칸돌라 출판 사, 2013

- 실비아 뢰켄Loehken, Sylvia, 《개성의 힘: 내향적인 사람과 외향적인 사람의 결합으로 놀라운 효과를 만들다The Power of Personality: How Introverts and Extroverts Can Combine to Amazing Effects》, 런던, 존 머레이 러닝, 2016

- 실비아 앤 휴렛Hewlett, Sylvia Ann, 리파 라시드Ripa Rashid, 로라 셔빈Laura Sherbin, 《편

견을 깨라, 가치를 추가하라: 다양성, 열정, 재능을 향한 새로운 길Disrupt Bias, Drive Value: A New Path Toward Diverse, Engaged, and Fulfilled Talent》, 재능혁신센터Center for Talent Innovation, 로스앤젤레스, 레어버드북스, 2017

- 아이리스 보넷Bonhet, Iris, 《효과적인 방법-계획적인 성평등What Works-Gender Equality by Design》, 케임브리지, MA, 벨크냅 하버드대학교 출판사, 2016

- 아툴 가완디Gawande, Atul, 《체크리스트 선언문: 업무를 순조롭게 진행하는 방법The Checklist Manifesto: How to get things right》, 뉴욕, 피카도르, 2010

- 애덤 그랜트Grant, Adam, 《기브앤테이크, 주는 사람이 성공한다Give and Take》, 런던, 바이덴펠트앤니콜스, 2014

- 에드거 샤인Schein, Edgar H., 피터 샤인Peter Schein, 《겸손한 리더십Humble Leadership: The Power of Relationships, Openness and Trust》, 오클랜드, 베렛퀼러 출판사, 2018

- 에린 메이어Meyer, Erin, 《컬처 맵The Culture Map-Decoding How People Think, Lead, and Get Things Done Across Cultures》, 뉴욕, 퍼블릭어페어즈, 2014

- 존 스텝퍼Stepper, John, 《응원하기: 더 나은 경력과 삶을 위해Working out Loud: For a better Career and Life》, 뉴욕, 이키가이 출판사, 2015

- 케일린 오코너O'Connor, Cailin, 제임스 오언 웨더럴James Owen Weatherall, 《가짜 정보의 시대The Misinformation Age》, 예일대학교 출판사, 2019

- 티나 닐슨Nielsen, Tinna, 리사 케핀스키Kepinski, Lisa, 《포용성이 안내서 역할을 하다Inclusion Nudges Guide Book》, 크리에이트스페이스 인디펜던트 퍼블리싱 플랫폼, 2016

- 하이디 그랜트 할버슨Grant Halvorson, Heidi, 《당신을 이해하는 사람도 없고, 당신을 이해하는 방법을 아는 사람도 없다No one understands you and what to do about it》, 보스턴, 하버드 비즈니스 리뷰 출판사, 2015

- 하이디 그랜트 할버슨Grant Halvorson, Heidi, 《성공한 사람이 하는 일Things successful people do》, 보스턴, 하버드 비즈니스 스쿨 출판사, 2012

미주

1 "미국 관리자의 현황, 리더를 위한 분석과 조언(State of the American Manager, Analytics and Advice For Leaders)", 갤럽, 2015

2 "변혁의 리더십과 팀원의 공정함에 대한 인식 사이의 관계(The Relationship Between Transformational Leadership and Followers' Perceptions of Fairness)", 2012.09.26.,https://link.springer.com/article/10.1007 Prozent2Fs10551-012-1507-z#page-1

3 클라우디어 골딘(Claudia Goldin), 세실리아 루스(Cecilia Rouse), "오케스트라의 공평성: 여성 단원에 대한 블라인드 오디션의 효과(Orchestrating Impartiality: The Impact of 'Blind' Auditions on Female Musicians)", 1997. 01, https://www.nber.org/papers/w5903

4 "직업훈련시장의 차별 및 그 원인과 상황(Diskriminierung am Ausbildungsmarkt, Ausmaß, Ursachen und Handlungsperspektiven)", 독일 통합 및 이민 전문가위원회(Sachverständigenrat deutscher Stiftungen für Integration und Migration), 2014. 03, https://www.svr-migration.de/publikationen/diskriminierung-am-ausbildungsmarkt/

5 도리스 바이히셀바우머(Doris Weichselbaumer), "히잡을 두른 여성 이주자에 대한 차별(Discrimination against Female Migrants Wearing Headscarves)", 2016.09, http://ftp.iza.org/dp10217.pdf

6 도미니크 프론(Prof. Dr. Dominic Frohn), 플로리안 마인홀드(Florian Meinhold), 크리스티나 슈미트(Christina Schmidt), "프라우트 앳 워크, 사무실 밖으로?!(Prout at work, Out im Office?!)", 2017, https://www.proutatwork.de/wp-content/uploads/2018/06/PAW_ExecutiveSummary_deutsch.pdf

7 레이몬드 트라우(Raymond Trau), 제인 오리어리(Jane O'Leary), 케시 브라운(Cathy Brown), "직장 내 커밍아웃의 신화(Myths About Coming Out at Work)", HBR, 2018. 10. 19 https://hbr.org/2018/10/7-myths-about-coming-out-at-work

8 컬럼비아대학교 실험, 하이디 로이젠(Heidi Roizen) 연구, 캐서린 매긴(Kathleen L. McGinn), 니콜 템페스트(Nicole Tempest), 하버드 비즈니스 스쿨 연구 자료, 2000, 01, 개정 2판, 2010. 04, http://www.hbs.edu/faculty/Pages/item.aspx?num=26880

9 아이리스 보넷(Iris Bohnet), 《효과적인 방법-계획적인 성평등(What Works-Gender Equality by Design)》, 케임브리지, MA, 벨크냅 하버드대학교 출판사(The Belknap Press of Harvard University Press), 2016

10 코린트 모스 라쿠신(Corinne A. Moss-Racusin), 줄리 펠란(Julie E. Phelan), 로리 루드만(Laurie Rudman), "남성이 성 규칙을 어길 때: 온화한 남성에 대한 반발과 지위 모순(When Men Break the Gender Rules: Status Incongruity and Backlash Against Modest Men)", 2010. 04, https://www.researchgate.net/publication/232464622_When_Men_Break_the_Gender_Rules_Status_Incongruity_and_Backlash_Against_Modest_Men

11 A. T. 커니(A. T. Kearney), 361도 가족연구(361°-Familienstudie) "더 많은 유익, 더 많은 공통점!(Mehr Aufbegehren. Mehr Vereinbarkeit!)", 2016. 10, https://www.atkearney.de/documents/6645533/9249916/A.T.+Kearney+Familienstudie+2016.pdf/976ce5c8-0bb8-4d62-9090-59a1633dbc81

12 오스트레일리아 인권위원회, "일하는 부모를 위한 지원: 임신과 업무 복귀, 국가 리뷰 보고서 (Supporting Working Parents: Pregnancy and Return to Work, National Review Report)", 2014

13 데럴드 윙 수(Derald Wing Sue), 크리스티나 카폴디루포(Christina M. Capodilupo), 기나 토리노(Gina C. Torino), 제니퍼 부체리(Jennifer M. Bucceri), 아이샤 홀더(Aisha M. B. Holder), 케빈 나달(Kevin L. Nadal), 마타 에스퀼린(Marta Esquilin), "일상에 존재하는 인종적 미묘한 공격: 병리학에 대한 영향(Racial Microaggressions in Everyday Life: Implications for Clinical Practice)", 미국 심리학자, 2007. 06. 05, https://world-trust.org/wp-content/uploads/2011/05/7-Racial-Microaggressions-in-Everyday-Life.pdf

14 피더 아터만(Ferda Ataman), "인종적 규제(Der ethnische Ordnungsfimmel)", 스피겔 온라인(Spiegel Online), 2019.02.23, http://www.spiegel.de/kultur/gesellschaft/herkunft-und-diefrage-wo-kommst-du-her-ethnischer-ordnungsfimmel-a-1254602.html

15 원문: "Das Interessante an der Szene: Das kleine Mädchen kapiert gar nicht, worauf der Mann hinauswill. Hier prallen zwei Welten aufeinander, die nicht nur mit 60 Jahren Altersunterschied erklärt werden können. Offenbar hat die kleine Melissa, so heißt das Mädchen, ihre Karriere als 'Deutsch-Asiatin' noch nicht angetreten. Das Kind dachte bis zu dieser Begegnung doch tatsächlich, es sei aus Herne und von hier. Leider wird ihr im Laufe ihres Lebens wohl noch öfter klargemacht, dass das nicht so sei."

16 실비아 뢰켄(Loehken, Sylvia):《개성의 힘: 내향적인 사람과 외향적인 사람의 결합으로 놀라운 효과를 만들다(The Power of Personality: How Introverts and Extroverts Can Combine to Amazing Effects)》런던, 존 머레이 러닝(John Murray Learning), 2016

17 김 파커(Kim Parker), 니키 그라프(Nikki Graf), 루스 아이지엘니크(Ruth Igielnik), "Z세대와 밀레니얼 세대는 주요 사회정치적 문제에서 많이 닮았다(Generation Z Looks a Lot Like Millennials on Key Social and Political Issues)", 포 연구소(Pew research Institute), 2019. 01. 17, https://www.

pewsocialtrends.org/2019/01/17/generation-zlooks-a-lot-like-millennials-on-key-social-and-political-issues/

18 독일연방헌법재판소, 제1상원의 결정, 2017. 10. 10. - 1 BvR 2019/16-Rn.(1 -69)

19 샘 킬러맨(Sam Killermannn), "젠더 안내(A Guide to Gender)", 이츠프로나운시드메트로섹슈얼닷컴(itspronouncedmetrosexual.com)

20 앨런 간햄(Alan Garnham) 외, "다양한 언어에서의 성별 표시 및 발음에 대한 문법적 구문: 관료와 음악가, 공학도가 남성의 영역일 때(Gender Representation in Different Languages and Grammatical Marking on Pronouns: When Beauticians, Musicians, and Mechanics Remain Men)", 2008, https://www.researchgate.net/publication/232747375_Gender_Representation_in_Different_Languages_and_Grammatical_Marking_on_Pronouns_When_Beauticians_Musicians_and_Mechanics_Remain_Men and Anatol Stefanowitsch, "자연적으로 제외된 여성(Frauen natürlich ausgenommen)", 2011. 12. 14, http://www.sprachlog.de/2011/12/14/frauen-natuerlich-ausgenommen/

21 언론 발표, "여성 자동차정비사와 자동차정비사-성 평등이라는 용어가 직업에 대한 인식에 쉽게 영향을 주다(Automechanikerinnen und Automechaniker - Geschlechtergerechte Sprache beeinflusst kindliche Wahrnehmung von Berufen)", 독일 기능공 심리학(Deutsche Gesellschaft für Psychologie), 2015. 06. 09, https://www.dgps.de/index.php?id=143&tx_ttnews[tt_news]=1610&cHash=1308c97486a0f55bc30d6a7cf12bf49f

22 린 비안(Lin Bian), 사라 제인 레슬리(Sarah-Jane Leslie), 안드레이 심피안(Andrei Cimpian), "지적 능력에 대한 성 고정관념이 일찍부터 아이들의 관심에 영향을 미친다(Gender stereotypes about intellectual ability emerge early and influence children's interests)", 사이언스(Science), 2017. 01. 27, http://science.sciencemag.org/content/355/6323/389

23 크리스토퍼 드뢰서(Christoph Drösser), "지혜가 어디에 있는가?(Wo ist der Witz?)", 2007. 07. 26, https://www.zeit.de/2007/31/Humorforschung

24 피오트르 플루타(Piotr Pluta), "다양한 사람들, 유머를 사용하는 다양한 방식(Different people, different ways of using humor), 유머스타일 설문지", 2013. 10. 24, http://www.psychologyofhumor.com/2013/10/24/different-people-different-ways-of-using-humor-the-humor-styles-questionnaire-2/

25 다니엘 코일(Daniel Coyle), 《문화 코드(The Culture Code)》, 뉴욕, 반탐 북스(Bantam Books), 2018,

26 원문: "Man sollte nicht alles raushauen, was einem in den Sinn kommt. ...[Es gibt] einen

ausgesprochenen Hang zur Political Correctness, einschließlich strenger Regeln, wie man gender-gerecht zu sprechen hat. Das führt zu einer Verengung gesellschaftlicher Diskussionen."

27 해나 수파(Hannah Suppa), 톨스텐 겔너(Torsten Gellner), "우리는 정치적 올바름에 대한 뚜렷한 편애를 한다(Wir haben einen ausgeprägten Hang zur Political Correctness)", 마르키쉐 올제메인(Märkische Allgemeine), 2019. 02. 12, http://www.maz-online.de/Brandenburg/Altbischof-Wolfgang-Huber-im-Interview-Wir-haben-einen-ausgepraegten-Hang-zur-Political-Correctness

28 리차드 와이크(Richard Wike), "미국인은 다른 국가 사람들보다 공격적인 말에 더 관대하다(Americans more tolerant of offensive speech than others in the world)", 포 리서치 센터(Pew Research Center), 2016. 10. 12, http://www.pewresearch.org/fact-tank/2016/10/12/americans-more-tolerant-of-offensive-speechthan-others-in-the-world/

29 켄지 요시노(Kenji Yoshino), 크리스티 스미스(Christie Smith), "재능 발견: 포용성의 새로운 모델(Uncovering talent: A new model of inclusion)", 딜로이트 컨설팅(Deloitte LLP): 딜로이트대학교, 2013

30 란드스타드 아르바이트바로미터(Randstad Arbeitsbarometer) Q2, 2018, "젊은이들이 인정받기 위해 싸우다(Junge Vorgesetzte kämpfen um Akzeptanz)", 2018. 07. 06, https://www.randstad.de/ueber-randstad/news/20180706/junge-fuehrungskraefte-kaempfen-um-akzeptanz

31 에이지유케이(Age UK), "영국과 유럽의 연령차별주의에 대한 모습(A Snapshot of Ageism in the UK and across Europe)", 2011. 03, http://www.ageuk.org.uk/Documents/EN-GB/ID10180 Prozent20Snapshot Prozent20of Prozent20Ageism Prozent20in Prozent20Europe.pdf?dtrk=true

32 토마스(Thomas W. H. Ng), 다니엘 펠드만(Daniel C. Feldman), "메타 분석을 통한 나이든 팀원에 대한 공통적인 여섯 가지 고정관념 평가(Evaluating Six Common Stereotypes About Older Workers with Meta-Analytical Data)", 2012. 08. 23, https://onlinelibrary.wiley.com/doi/abs/10.1111/peps.12003

33 스타니미라 타네바(Stanimira Taneva), 존 아놀드(John Arnold), "나이든 팀원은 자신들에 대한 고정관념을 더 이상 믿지 말아야 한다(Older Workers Need to Stop Believing Stereotypes About Themselves)", 16. 06. 20, https://hbr.org/2016/06/older-workers-need-to-stop-believing-stereotypes-about-themselve

34 아비바 위튼버그 콕스(Avivah Wittenberg-Cox), "젠더와 세대 균형의 연결: 장수 시대의 직업(Linking Gender and Generational Balance: Careers in the Age of Longevity)", 포브스, 2019. 06. 29, https://www.forbes.com/sites/avivahwittenbergcox/2019/06/29/linking-gender-generational-balance-careers-in-the-age-of-longevity/#6fd09a841f1d

35 리사 핀켈스타인(Lisa M. Finkelstein), 이든 킹(Eden B. King), 엘로라 보일리스(Elora C. Voyles), "연령 메타스테레오타입과 직장 내 연령대: 직장 내 연령 고정관념에 대한 메타 뷰(Age Metastereotyping and Cross-Age Workplace Interactions: A Meta View of Age Stereotypes at Work)", 2014. 12. 30, https://academic.oup.com/workar/article-abstract/1/1/26/1661637?redirectedFrom=fulltcxt

36 헨리 타즈펠(Henry Tajfel), 존 터너(John C. Turner), "집단 내 행동에 대한 사회 정체성 이론(The Social Identity Theory of Intergroup Behavior)", 뉴욕, 심리학 출판사(Psychology Press), 2004

37 헨리 타즈펠(Henry Tajfel), "집단 간 관계의 사회적 심리학(Social Psychology of Intergroup Relations)", 심리학 연간 리뷰(Annual Review of Psychology), 1982

38 작가 단체의 학력 및 독일 교육(Autorengruppe Bildungsberichterstattung, Bildung in Deutschland) 2018, https://www.bildungsbericht.de/de/bildungsberichte-seit-2006/bildungsbericht-2018/pdf-bildungsbericht-2018/bildungsbericht-2018.pdf

39 브레멘대학교, "안타깝게 집이 없어진 프라우 귤베야즈(Die Wohnung ist leider schon weg, Frau Gülbeyaz)", 2019. 02 22, https://www.uni-bremen.de/de/universitaet/presse/aktuelle-meldungen/detailsicht/news/detail/News/die-wohnung-ist-leider-schon-weg-frau-guelbeyaz/

40 미국 법무부/지역 판결 정보: 법무부가 컨트리와이드 파이낸셜 코퍼레이션에 대출 차별 혐의로 3억 3500만 달러의 벌금을 부과하다(Countrywide Settlement Information: Justice Department Reaches $335 Million Settlement to Resolve Allegations of Lending Discrimination by Countrywide Financial Corporation), 미국 법무부, 캘리포니아 주, 2015. 06. 22, https://www.justice.gov/usao-cdca/dojcountrywide-settlement-information

41 벡델 테스트에 대한 그래픽 열 가지 https://www.reddit.com/r/dataisbeautiful/comments/1hn1l3/ten_graphics_on_the_bechdel_test_oc/,Zugegriffen am 04.03.2019

42 왈트 히키(Walt Hickey), "할리우드 여배우 배제에 대한 배상 사건(The Dollar-And-Cents Case Against Hollywood's Exclusion of Women)", 2014. 04. 01, https://fivethirtyeight.com/features/the-dollar-and-cents-case-against-hollywoods-exclusion-of-women/?utm_content=buffered986&utm_medium=social&utm_source=plus.google.com&utm_campaign=buffer

43 캐롤린 크리아도 페레즈(Caroline Criado-Perez),《보이지 않는 여성, 남성을 위해 계획된 세상에서 편견을 폭로하다(Invisible Women, Exposing Data Bias in a World Designed for Men)》, 런던, 샤또 앤 윈더스(Chatto & Windus), 2019

44. 클라라 헬너(Clara Hellner), "남성은 환자가 아니다(Männer sind halt keine Patientinnen)", 제트 온라인 (Zeit Online), 2019. 02. 25, https://www.zeit.de/wissen/gesundheit/2019-02/gendermedizin-gesundheit-aerzte-patient-medikamente-maenner-frauen-gleichberechtigung

45 밀러 맥퍼슨(Miller McPherson), 린 스미스 로빈(Lynn Smith-Lovin), 제임스 쿡(James M Cook), "유유 상종: 사회적 관계의 동종 선호(Birds of a Feather: Homophily in Social Networks)", 2001, http://aris.ss.uci.edu/~lin/52.pdf

46 헤르미니아 이바라(Herminia Ibarra), "관계에 대한 다섯 가지 오해(5 Misconceptions About Networking)", 2016. 04. 18,https://herminiaibarra.com/5-misconceptions-about-networking/

47 재능혁신센터(Center for Talent Innovation). 2013. "혁신과 다양성, 시장 성장(Innovation, diversity and market growth)", 2013. 09.

48 마크 그래노베터(Mark Granovetter), "약한 유대의 힘(The Strength of Weak Ties)", 미국 사회학 저널 (American Journal of Sociology), 1973, https://sociology.stanford.edu/sites/g/files/sbiybj9501/f/publications/the_strength_of_weak_ties_and_exch_w-gans.pdf

49 제프리 트래버스(Jeffrey Travers), 스탠리 밀그램(Stanley Milgram), "작은 세상의 문제에 대한 실험적 연구(An Experimental Study of the Small World Problem)", 미국 사회학 협회(American Sociological Association), 1969, 12, https://www.jstor.org/stable/2786545?seq=1#page_scan_tab_contents

50 헤르미니아 이바라(Herminia Ibarra), "지친 관계를 회복시키는 방법(How to Revive a Tired Network)", 하버드 비즈니스 리뷰(Harvard Business Review), 2015. 02. 03, https://hbr.org/2015/02/how-to-revive-a-tired-network

51 상게서

52 키스 페라지(Keith Ferrazzi),《혼자 밥 먹지 마라(Never eat alone)》, 뉴욕. 더블데이(Doubleday), 2005

53 존 스텝퍼(John Stepper),《응원하기: 더 나은 경력과 삶을 위해(Working out Loud: For a better Career and Life)》, 뉴욕, 이키가이 출판사(Ikigai Press), 2015

54 존 바그(John A. Bargh), 마크 첸(Mark Chen), 라라 버로우즈(Lara Burrows), "사회적 행동의 자동성: 특성의 직접적인 영향 및 행동에 대한 고정관념 활성화(Automaticity of Social Behavior: Direct Effects of Trait Construct and Stereotype Activation on Action)", 개성 및 사회 심리학 저널(Journal of Personality and Social Psychology), 1996, https://acmelab.yale.edu/sites/default/files/1996_automaticity_of_social_behavior.pdf

55 토마스 무스바일러(Thomas Mussweiler): "행동이 생각을 낳는다! 고정관념적인 행동에 의해 고정관념이 활성화된다(Doing Is for Thinking! Stereotype Activation by Stereotypic Movements)", 심리 과학 (Psychological Science), 2006, 17

56 커스틴 위어(Kirsten Weir), "사회적 거부의 고통(The pain of social rejection)", 미국 심리학 협회 (American Psychological Association), 2012, 04, http://apa.org/monitor/2012/04/rejection.aspx

57 리오바 워스(Lioba Werth), 경제심리학(Psychologie für die Wirtschaft). 헤이델버그 학술 출판사 (Spektrum Akademischer Verlag, Heidelberg), 2010

58 캐서린 필립스(Katherine W. Phillips) 외, "다양성을 통한 더 나은 결정(Better decisions through diversity)", 노스웨스턴 대학교 켈로그 경영대학원(Kellogg School of Management), 2010. 10. 01, http://insight.kellogg.northwestern.edu/article/better_decisions_through_diversity

59 "중요한 혼합, 다양성을 통한 혁신(The Mix that Matters, Innovation through Diversity)", 보스턴 컨설팅 그룹(The Boston Consulting Group), 2017. 04.

60 맥스 나단 네일 리(Max Nathan Neil Lee), "문화적 다양성과 혁신, 기업: 런던의 확실한 증거 (Cultural Diversity, Innovation, and Entrepreneurship: Firm-level Evidence from London)", 2015. 10. 22, https://www.tandfonline.com/doi/abs/10.1111/ecge.12016

61 "혁신과 다양성, 시장 성장(Innovation, Diversity and Market Growth)", 재능혁신센터(Center for Talent Innovation), 2013, 09

62 크리스토프 로트빌름(Christoph Rottwilm), "그렇게 투자자는 동등한 권리를 가지고 자금을 유통할 수 있다(So können Anleger mit Gleichberechtigung Geld machen)", 관리자 잡지(Manager Magazin), 2019. 04. 02, https://www.manager-magazin.de/finanzen/boerse/diversity-dax-geplant-deutsche-boerse-will-gleichberechtigung-foerdern-a-1260808.html

63 줄리아 도슨(Julia Dawson), 리차드 커슬리(Richard Kersley), 스테파노 나텔라(Stefano Natella), "CS 젠더 3000: 변화를 위한 보상(The CS Gender 3000: The Reward for Change)", 크레디트 스위스 리서치 인스티튜트(Credit Suisse Research Institute), 2016

64 "젠더 다양성과 기업 성과(Gender Diversity and Corporate Performance)", 크레디트 스위스 리서치 인스티튜트(Credit Suisse Research Institute), 2012, https://publications.credit-suisse.com/tasks/render/file/index.cfm?fileid=88EC32A9-83E8-EB92-9D5A40FF69E66808

65 사무엘 소머즈(Samuel R. Sommers), "인종적 다양성과 집단 결정: 혼합 인종 배심원단의 다양한

효과 확인(On Racial Diversity and Group Decision Making: Identifying Multiple Effects of Racial Composition on Jury Deliberations)", 개성과 사회 심리학 저널(Journal of Personality and Social Psychology), 2006, http://www.apa.org/pubs/journals/releases/psp-904597.pdf

66 조앤 윌리엄스(Joan C. Williams), 마리나 물타우프(Marina Multhaup), "여성과 소수 인종의 성공을 위해 관리자가 업무를 공평하게 배정해야 한다(For Women and Minorities to Get Ahead, Managers Must Assign Work Fairly)", 2018. 03. 05, https://hbr.org/2018/03/for-women-and-minorities-to-get-ahead-managers-must-assign-work-fairly

67 이안 터커(Ian Tucker), 수잔 케인(Susan Cain), "사회에는 외향적인 사람에 대한 문화적 편견이 있다(Society has a cultural bias towards extroverts)", 가디언(The Guardian), 2012. 04. 01, https://www.theguardian.com/technology/2012/apr/01/susan-cain-extrovert-introvert-interview

68 실비아 뢰켄(Sylvia Loehken), 《개성의 힘: 내향적인 사람과 외향적인 사람의 결합으로 놀라운 효과를 만들다(The Power of Personality: How Introverts and Extroverts Can Combine to Amazing Effects)》, 런던, 존 머레이 러닝(John Murray Learning), 2016

69 브랜든 리고니(Brandon Rigoni), 베일리 넬슨(Bailey Nelson), "밀레니얼 세대의 잡호핑은 필연적인가?(For Millennials, Is Job-Hopping Inevitable?)", 2016. 11. 08, https://news.gallup.com/businessjournal/197234/millennials-job-hopping-inevitable.aspx?utm_source=alert&utm_medium=email&utm_content=morelink&utm_campaign=syndication

70 메이들린 하일만(Madeline E. Heilman), "성 고정관념과 직장의 편견(Gender stereotypes and workplace bias)", 조직적 행동 연구(Research in Organzational Behavior), 커뮤널(communal), 2012

71 버달(J. L. Berdahl), 민(J. A. Min), "규정적 고정관념과 북아메리카에 있는 동아시아인의 직장 환경(Prescriptive stereotypes and workplace consequences for East Asians in North America)", 2012, https://www.ncbi.nlm.nih.gov/pubmed/22506817

72 린다 배브콕(Linda Babcock), 마리아 리칼디(Maria P. Recalde), 리제 베스터런드(Lise Vesterlund), 로리 웨인가트(Laurie Weingart), "낮은 성과를 수반하는 업무 요청을 받아들이는 일과 관련된 성별 차이(Gender Differences in Accepting and Receiving Requests for Tasks with Low Promotability)", 미국 경제학 협회(American Economic Association), 2017. 03. 03, https://www.aeaweb.org/articles?id=10.1257/aer.20141734

73 메이들린 하일만(Madeline E. Heilman), 줄리 첸(Julie J. Chen), "똑같은 행동, 다른 결과: 남성과 여성의 이타적인 시민의식에 대한 반응(Same Behavior, Different Consequences: Reactions to Men's and Women's Altruistic Citizenship Behavior)", APA 사이크넷(PsycNet), 2005, https://psycnet.apa.org/record/2005-05102-002

74 조앤 윌리엄스(Joan C. Williams), 마리나 물타우프(Marina Multhaup), "여성과 소수 인종의 성공을 위해 관리자가 업무를 공평하게 배정해야 한다(For Women and Minorities to Get Ahead, Managers Must Assign Work Fairly)", 하버드 비즈니스 리뷰(Harvard Business Review), 2018. 03. 05. https://hbr.org/2018/03/for-women-and-minorities-toget-ahead-managers-must-assign-work-fairly

75 쉘리 코렐(Shelley Correll), 로리 맥켄지(Lori Mackenzie), "기술적 성공을 위해 여성은 더 많은 가시성이 필요하다(To Succeed in Tech, Women Need More Visibility)", 하버드 비즈니스 리뷰(Harvard Business Review), 2016. 09. 13, https://hbr.org/2016/09/to-succeed-in-tech-women-need-more-visibility

76 낸시 카터(Nancy M. Carter), 크리스틴 실바(Christine Cilva), "이상적인 팀원에 대한 신화: 모든 업무를 다 잘하면 여성이 정말 승진할까?(The Myth of the Ideal Worker: Does Doing All the Right Things Really Get Women Ahead?)" 캐탈리스트(Catalyst), 2011, http://www.catalyst.org/system/files/The_Myth_of_the_Ideal_Worker_Does_Doing_All_the_Right_Things_Really_Get_Women_Ahead.pdf

77 에이미 갈로(Amy Gallo), "당신은 왜 위임하지 않는가?(Why Aren't You Delegating?)" 하버드 비즈니스 리뷰(Harvard Business Review), 2012. 07. 26, https://hbr.org/2012/07/why-arent-you-delegating

78 시드니 핀켈스타인(Sydney Finkelstein), "표준적인 방식이 팀원의 발전에 도움이 되지 않는 이유(Why a One-Size-Fits-All Approach to Employee Development Doesn't Work)", 하버드 비즈니스 리뷰(Harvard Business Review), 2019. 03. 05, https://hbr.org/2019/03/why-a-one-size-fits-all-approach-to-employeedevelopment-doesnt-work

79 샘 로이드(Sam Lloyd), "관리자는 팀원을 발전시키기 위해 업무를 효율적으로 위임해야 한다(Managers Must Delegate Effectively to Develop Employees)", 인적자원 관리를 위한 사회(Society for Human Resources Management), 2012, https://www.shrm.org/ResourcesAndTools/hr-topics/organizational-and-employee-development/Pages/DelegateEffectively.aspx

80 하이디 가드너(Heidi K. Gardner), "고위 관리가 협업을 하지 않을 때(When Senior Managers Won't Collaborate)", 하버드 비즈니스 리뷰(Harvard Business Review)", 2015, 03, https://hbr.org/2015/03/when-senior-managers-wont-collaborate

81 캐탈리스트(Catalyst), "포용적인 리더십: 여섯 개국에서 본 시각(Inclusive Leadership: The View From Six Countries)", 2014, https://www.catalyst.org/research/inclusive-leadership-the-view-fromsix-countries/

82 롭 크로스(Robb Cross), 렙 리벨(Reb Rebele), 애덤 그랜트(Adam Grant), "협업이 초래하는 과도한 짐(Collaborative Overload)", 하버드 비즈니스 리뷰(Harvard Business Review), 2016. 1월/2월, https://hbr.org/2016/01/collaborative-overload

83 상게서

84 애덤 그랜트(Adam Grant), 《기브앤테이크, 주는 사람이 성공한다(Give and Take)》, 런던, 바이덴펠트앤니콜스(Weidenfeld & Nicolson), 2014

85 캐롤린 그레고리(Carolyn Gregoire), "미국인의 주는 습관은 당신을 놀라게 할 수 있다(The Giving Habits of Americans May Surprise You)", 2017. 12. 06, https://www.huffingtonpost.com/2013/08/20/are-you-a-giverhuffpost-_n_3785215.html

86 자나 하우쉴드(Jana Hauschild), "왜 여성은 사소한 잘못들을 범할까?(Warum Frauen nur einen Bruchteil aller Straftaten begehen")", 베를린 신문(Berliner Zeitung), 17. 02. 25, https://www.berliner-zeitung.de/wissen/forschung-warum-frauen-nur-einen-bruchteil-aller-straftaten-begehen-26248314

87 르네 컬리넌(Renee Culinan), "협업 문화에서 여성이 더 많은 업무를 하게 된다(In Collaborative Work Cultures, Women Carry More of the Weight)", HBR, 2017. 07. 24, https://hbr.org/2018/07/in-collaborativework-cultures-women-carry-more-of-the-weight

88 이치아르 에체바리아(Itziar Etxebarria), "여성이 죄책감을 더 많이 느낀다(Women Feel More Guilt)", 스페인 심리학 저널(Spanish Journal of Psychology), 2010, http://www.psyarticles.com/values/guilt.htm

89 메이들린 하일만(Madeline E. Heilman), 줄리 첸(Julie J. Chen), "똑같은 행동, 다른 결과: 남성과 여성의 이타적인 시민의식에 대한 반응(Same Behavior, Different Consequences: Reactions to Men's and Women's Altruistic Citizenship Behavior)", 뉴욕 대학교, 2005, https://www.uccs.edu/Documents/dcarpent/altruism.pdf

90 사무엘 소머즈(Samuel R. Sommers), "인종적 다양성과 집단 결정: 혼합 인종 배심원단의 다양한 효과 확인(On Racial Diversity and Group Decision Making: Identifying Multiple Effects of Racial Composition on Jury Deliberations)", 개성 및 사회 심리학 저널(Journal of Personality and Social Psychology), 2006, Vol. 90, No. 4

91 쉰 레빈(Sheen S. Levine), 데이비드 스타크(David Stark), "다양성이 당신을 더 밝게 만든다(Diversity Makes You Brighter)", 뉴욕타임스, 2015. 12. 09, https://www.nytimes.com/2015/12/09/

opinion/diversity-makes-you-brighter.html

92 캐서린 필립스(Katherine W. Phillips), "어떻게 다양성이 우리를 더 현명하게 만드는가(How Diversity Makes Us Smarter)", 사이언티픽 아메리칸(Scientific American), 2014. 10. 01, https://www.scientificamerican.com/article/how-diversity-makes-us-smarter/

93 캐서린 필립스(Katherine W. Phillips), "The Biases That Punish Racially Diverse Teams", 2016. 02. 22, 하버드 비즈니스 리뷰(Harvard Business Review), https://hbr.org/2016/02/the-biases-that-punish-racially-diverse-teams

94 피터 루얼(Peter Reuell), "편견이 이익을 해칠 때(When bias hurts profits)", 하버드 가제트(Harvard Gazette), 2017. 02. 22, https://news.harvard.edu/gazette/story/2017/02/when-bias-hurts-profits/

95 실비아 뢰켄(Sylvia Loehken), 《개성의 힘: 내향적인 사람과 외향적인 사람의 결합으로 놀라운 효과를 만들다(The Power of Personality: How Introverts and Extroverts Can Combine to Amazing Effects)》, 런던, 존 머레이 러닝(John Murray Learning), 2016

96 더글라스 스톤(Douglas Stone), 브루스 패튼(Bruce Patton), 쉴라 힌(Sheila Heen)의 《우주인들이 인간 관계로 스트레스 받을 때 우주정거장에서 가장 많이 읽는 책(Difficult Conversations: How to discuss what matters most)》, 런던, 펭귄 북스(Penguin Books), 2010

97 노동시장과 직업 연구소(Institut für Arbeitsmarkt und Berufsforschung, IAB)의 일자리 중재, IAB-기사문, 2017. 08. 22. 18호,http://doku.iab.de/kurzber/2017/kb1817.pdf

98 "행동하는 통찰을 지닌 팀, 경찰의 다양성 촉진(The Behavioural Insights Team, Promoting diversity in the Police)", 2015. 07. 24,https://www.bi.team/blogs/behavioural-insights-and-home-affairs/

99 키어런 스나이더(Kieran Snyder), "직업 공고의 언어는 채용되는 성별을 예고한다(Language in your job post predicts the gender of your hire)", 2016. 06. 21, https://textio.ai/gendered-language-in-your-job-postpredicts-the-gender-of-the-person-youll-hire-cd150452407d

100 대니얼 고셔(Danielle Gaucher), 저스틴 프리센(Justin Friesen), 아론 케이(Aaron C. Kay), "일자리 공고에 성별을 반영한 언어의 사용은 성 차별이 존재하고 지속된다는 증거다(Evidence That Gendered Wording in Job Advertisements Exists and Sustains Gender Inequality)", 개성 및 사회 심리학 저널(Journal of Personality and Social Psychology), Januar 2011, http://gap.hks.harvard.edu/evidence-gendered-wording-job-advertisements-exists-and-sustains-gender-inequality

101 타라 모어(Tara Mohr), "여성이 자격 조건에 100% 충족하지 않으면 지원을 하지 않는 이유

(Why Women Don't Apply for Jobs Unless They're 100 % Qualified)", 하버드 비즈니스 리뷰(Harvard Business Review), 2014. 08. 25, https://hbr.org/2014/08/why-women-dont-apply-for-jobs-unless-theyre-100-qualified

102 알렉산더 와츠(Alexander W. Watts), "이공계열의 일자리를 제니퍼보다 존이 더 잘 구하는 이유 는 무엇인가?(Why Does John get the STEM Job Rather Than Jennifer?)", 2014. 06. 02, https://gender.stanford.edu/news-publications/gender-news/why-does-john-get-stem-job-rather-jennifer

103 비나 칸돌라(Binna Kandola), 《직장 내의 인종주의(Racism at Work)》, 펀 칸돌라(Pearn Kandola) 출판사, 2018

104 마리안 버트란트(Marianne Bertrand), 센딜 멀레이너선(Sendhil Mullainathan), "에밀리와 그레그 가 라키샤와 자말보다 직장을 더 잘 구하는가? 노동 시장 차별에 대한 현장 실험(Are Emily and Greg More Employable than Lakisha and Jamal? A Field Experiment on Labor Market Discrimination)", 미국 경제학 리뷰(The American Economic Review), 2004/10

105 메이케 보네펠드(Meike Bonefeld), 올리버 딕하우서(Oliver Dickhäuser), "학업 성과에 대한 차별화된 점수: 학생의 이름, 성적, 내포된 태도((Biased) Grading of Students' Performance: Students' Names, Performance Level, and Implicit Attitudes)", 심리학 프론티어 저널(Frontiers in Psychology), 2018. 05. 09, https://www.frontiersin.org/articles/10.3389/fpsyg.2018.00481/full

106 아스트리드 카이저(Astrid Kaiser), 줄리아 쿠베(Julia Kube), "이름에 따른 교육 기회의 불평등이 존재하는가? - 교사의 편견과 추정 연구(Ungleiche Bildungschancen schon durch Vornamen? - Studie zu Vorurteilen und Vorannahmen von Lehrern)", 카를 오시에츠키(Carl von Ossietzky) 올덴부르크 대학교, 2009. 09. 16, https://idw-online.de/de/news333970

107 에이모리 부르카르트(Amory Burchard), "케빈은 단순한 이름이 아니라 진단이다(Kevin ist kein Name, sondern eine Diagnose)", 타게스슈피겔(Tagesspiegel), 2009. 09. 18, https://www.tagesspiegel.de/wissen/studiekevin-ist-kein-name-sondern-eine-diagnose/1601654.html

108 로버트 로젠탈(Robert Rosenthal), 레노어 제이콥슨(Lenore Jacobson), "교사의 기대: 아동의 지능지수 상승의 결정 요인(Teachers' Expectancies: Determinants Of Pupils' IQ Gains)", 심리학 보고서(Psychological Reports), 1966, http://homepages.gac.edu/~jwotton2/PSY225/rosenthal.pdf

109 우테 우테크(Ute Utech), 이름과 사회적 유래, 독일의 계층별 이름 분포 연구(Rufname und soziale Herkunft, Studien zur schichtenspezifischen Vornamenvergabe in Deutschland), 힐데스하임, 올름(Olms) 출판사, 2011

110 OECD (2018), 사회적 사다리가 무너졌나? 계층 이동을 촉진하는 방법(A Broken Social Elevator? How to Promote Social Mobility), 파리, OECD 퍼블리싱(Publishing)

111 로렌 리베라(Lauren A. Rivera), "직장에서 누가 조화를 못 이루는지 생각해보라(Guess Who Doesn't Fit In at Work)", 뉴욕타임스, 2015. 05. 30, https://www.nytimes.com/2015/05/31/opinion/sunday/guess-who-doesnt-fit-in-at-work.html

112 로렌 리베라(Lauren Rivera), 안드라스 틸시크(András Tilcsik), "계층의 유익, 헌신의 대가: 사회적 계층의 성별 효과는 엘리트 노동 시장에 신호를 보낸다(Class Advantage, Commitment Penalty: The Gendered Effect of Social Class Signals in an Elite Labor Market)", 2016. 10. 12, http://jce.sagepub.com/content/42/3/291.abstract" \t "_blank

113 올리버 라이트(Oliver Wright), "도시의 노동 시장으로 들어가고 싶다면 갈색 구두를 신지 말라(Don't wear brown shoes if you want to walk into City job)", 2016. 09. 01, https://www.thetimes.co.uk/article/dont-wear-brownshoes-if-you-want-to-walk-into-city-job-gfcvt2ql2

114 재퀴어 보라우어(Jacquie D. Vorauer), 스테파니 다니엘레 클라우드(Stephanie-Danielle Claude), "협상 목표에 대한 투명성 대비 이해도(Perceived Versus Actual Transparency of Goals in Negotiation)", 1998. 04. 01, https://journals.sagepub.com/doi/abs/10.1177/0146167298244004

115 프랭크 버니에리(Frank J. Bernieri), 미런 주커먼(Miron Zuckerman), 리차드 코스트너(Richard Koestner), 로버트 로젠탈(Robert Rosenthal), "인식의 정확성 측정하기: 자신과 생각이 다른 동의 살피기(Measuring Person Perception Accuracy: Another Look at Self-Other Agreement)", 사케 저널(SAGE Journals), 제4판, 20호, 1994. 08. 01.

116 로렌 휴먼(Lauren Human), 제레미 비샌즈(Jeremy Biesanz), "훌륭한 목표를 겨냥하기(Targeting the Good Target)", 개성 및 사회 심리학 리뷰(Personality and Social Psychology Review), 2013/08

117 베로니아 후케(Veronika Hucke), 리사 케핀스키(Lisa Kepinski), "성과 달성: 효과 있는 다양성 및 포용성 정책(Achieving Results: Diversity & Inclusion Actions With Impact)", 뉴스위크 밴티지(Newsweek Vantage), 2017

118 제프리 대스틴(Jeffrey Dastin), "아마존이 여성에 대한 편견을 드러낸 비밀 인공지능 채용을 폐기하다(Amazon scraps secret AI recruiting tool that showed bias against women)", 로이터(Reuters), 2018. 10. 10,https://www.reuters.com/article/us-amazon-com-jobs-automation-insight-idUSKCN1MK08G

119 조이 부올람위니(Joy Buolamwini), "로봇이 피부색을 보지 못할 때(When the Robot Doesn't See Dark Skin)", 뉴욕타임스, 2018. 06. 21, https://www.nytimes.com/2018/06/21/opinion/facialanalysis-technology-bias.html

120 캔다이스 포웰(Candice Powell), 신시아 드메트리우(Cynthia Demetriou), 애니스 피셔(Annice Fisher), "학업 조언의 미묘한 확언: 작은 조치, 큰 영향(Micro-affirmations in Academic Advising: Small Acts, Big Impact)", 2013. 10. 30, The Mentor, an academic advising journal, https://dus.psu.edu/mentor/2013/10/839/9

121 제이슨 다나(Jason Dana), 로빈 도스(Robyn Dawes), 나다니얼 피터슨(Nathanial Peterson), "체계적이지 않은 면접 신뢰: 지속적인 오해와 판단, 의사 결정(Belief in the unstructured interview: The persistence of an illusion, Judgment and Decision Making)", 2013, 09, http://journal.sjdm.org/12/121130a/jdm121130a.pdf

122 로렌 리베라(Lauren A. Rivera), "문화적 조화를 근거로 고용: 전문 서비스 기업의 사례(Hiring as Cultural Matching: The Case of Elite Professional Service Firms)", 미국 심리학 리뷰(American Sociological Review), 2012. 11. 28,https://journals.sagepub.com/doi/10.1177/0003122412463213

123 아이리스 보넷(Bohnet, Iris):《효과적인 방법-계획적인 성평등(What Works – Gender Equality by Design)》, 케임브리지, MA, 벨크냅 하버드대학교 출판사(The Belknap Press of Harvard University Press), 2016

124 로렌 리베라(Lauren A. Rivera), "직장에서 누가 조화를 이루지 못하는지 생각해보라(Guess Who Doesn't Fit In at Work)", 뉴욕타임스, 2015. 05. 30, https://www.nytimes.com/2015/05/31/opinion/sunday/guess-who-doesnt-fit-in-at-work.html

125 아이리스 보넷(Iris Bohnet), 알렉산드라 반 긴(Alexandra van Geen), 맥스 베이저만(Max Bazerman), "성과가 젠더 편견을 이길 때: 협동 작업과 개별 작업 평가(When Performance Trumps Gender Bias: Joint vs. Separate Evaluation)", 매니지먼트 사이언스(Management Science), 2015. 09. 29, https://pubsonline.informs.org/doi/abs/10.1287/mnsc.2015.2186?journalCode=mnsc" Prozent20\t

126 티모시 저지(Timothy A. Judge), 다니엘 케이블(Daniel M. Cable), "성공과 수입에 키가 미치는 영향: 이론 모형의 사전 테스트(The Effect of Physical Height on Workplace Success and Income: Preliminary Test of a Theoretical Mode)l", 응용 심리학 저널(Journal of Applied Psychology), 2004

127 티모시 프레일링(Timothy M. Frayling) 외, "키, 체질량지수, 사회경제적 지위: 영국 바이오뱅크의 멘델 무작위 분석법Height, body mass index, and socioeconomic status: Mendelian randomization study in UK Biobank)", 미국 국립 의학도서관(US National Library of Medicine), 미국 국립 보건원(National Institutes of Health), 2016, https://www.ncbi.nlm.nih.gov/pmc/articles/PMC4783516/

128 티모시 저지(Timothy A. Judge), 다니엘 케이블(Daniel M. Cable) 2011. "날씬한 사람의 연봉이 더 높은가? 남성과 여성의 연봉에 몸무게가 미치는 영향(When it comes to pay, do the thin win? The effect of weight on pay for men and women)", 응용 심리학 저널(Journal of Applied Psychology), 2011, 1월, https://www.ncbi.nlm.nih.gov/pubmed/20853946

129 프란체스카 리게티(Francesca Righetti), 카트린 핀켄나우어르(Catrin Finkenauer), "당신이 당신 자신을 통제할 수 있다면 나는 당신을 신뢰할 것이다: 대인관계의 신뢰 형성에 대한 자기 통제의 역할(If You Are Able to Control Yourself, I Will Trust You: The Role of Perceived Self-Control in Interpersonal Trust)", 개성 및 사회 심리학 저널(Journal of Personality and Social Psychology), 2011, 2월, https://www.researchgate.net/publication/49834955_If_You_Are_Able_to_Control_Yourself_I_Will_Trust_You_The_Role_of_Perceived_Self-Control_in_Interpersonal_Trust

130 캐서린 하먼(Katherine Harmon), "인간 뇌의 에너지 사용에 대한 초기 모형은 그 효율성을 과소평가했다(Earlier model of human brain's energy usage underestimated its Efficiency)", 사이언티픽 아메리칸(Scientific American), 2009. 09. 10, https://www.scientificamerican.com/article/brain-energy-efficiency/

131 데이비드 록(David Rock), 《일하고 있는 당신의 뇌(Your brain at work)》, 뉴욕, 하퍼비즈니스(HarperBusiness), 2009

132 티모시 윌슨(Timothy D. Wilson), 《낯선 사람들(Strangers to Ourselves)》, 케임브리지, MA, 하버드 대학교 출판사, 2004

133 캐럴라인 웹(Caroline Webb), 《잘 지내는 방법(How to have a good day)》, 런던, 크라운 비즈니스(Crown Business), 2016

134 대니얼 카너먼(Daniel Kahneman), 《빠른 사고, 느린 사고(Thinking, fast and slow)》, 런던, 펭귄 북스(Penguin Books), 2011

135 존 리들리 스트루프(John Ridley Stroop), "순차적인 언어적 반응 간격 연구(Studies of interference in serial verbal reactions)", 실험 심리학 저널(Journal of Experimental Psychology), 1935

136 실비아 앤 휴렛(Hewlett, Sylvia Ann), 리파 라시드(Ripa Rashid), 로라 셔빈(Laura Sherbin): 《편견을 깨라, 가치를 추가하라: 다양성, 열정, 재능을 향한 새로운 길(Disrupt Bias, Drive Value: A New Path Toward Diverse, Engaged, and Fulfilled Talent)》, 재능혁신센터(Center for Talent Innovation), 로스앤젤레스, 레어버드 북스(Rare Bird Books), 2017

137 에밀리오 카스틸라(Emilio J. Castilla), "경력에서의 젠더, 인종, 능력주의(Gender, Race, and Meritocracy in Organizational Careers)", 미국 사회학 저널(American Journal of Sociology), Mai 2008,

https://www.jstor.org/stable/10.1086/588738?seq=1#page_scan_tab_contents

138 에릭 루이스 울만(Eric Luis Uhlmann), 제프리 코헨(Geoffrey L.Cohen), "'나는 생각한다. 그러므로 그것은 진실이다.': 고용 차별에 대해 스스로 인식하는 객관성의 결과('I think it, therefore it's true': Effects of self-perceived objectivity on hiring discrimination)", 조직적 행동과 인간 결정 과정(Organizational Behavior and Human Decision Processes), 2007, 11월, https://www.sciencedirect.com/science/article/pii/S0749597807000611

139 케이티 발디가 코프먼(Katie Baldiga Coffman), "추측 의지의 젠더 차이(Gender Differences in Willingness to Guess)", 매니지먼트 사이언스(Management Science), 2013, https://sites.google.com/site/kbaldigacoffman/research

140 로렌 리베라(Lauren A. Rivera), 안드라스 틸시크(András Tilcsik), "불평등 줄이기: 평가 범위, 젠더 편견, 평가 기술(Scaling Down Inequality: Rating Scales, Gender Bias, and the Architecture of Evaluation)", 미국 사회학 리뷰(American Sociological Review), 2019. 03. 12, https://journals.sagepub.com/stoken/default+domain/10.1177 percent2F0003122419833601-free/full

141 버스터 벤슨(Buster Benson), "간소화된 인지적 편견 치트 시트(Cognitive bias cheat sheet, simplified)", 2017. 01. 07, https://medium.com/thinking-is-hard/4-conundrums-of-intelligence-2ab78d90740f

142 매트 스콧(Matt Scott), "어려운 대화 상위 10위 : 놀라운 새 연구(Top 10 Difficult Conversations: New (Surprising) Research)", 2015. 07. 29, 공인 경영 연구소(Chartered Management Institute), https://www.managers.org.uk/insights/news/2015/july/the-10-most-difficult-conversations-new-surprising-research

143 쉴라 힌(Sheila Heen), 더글라스 스톤(Douglas Stone), "비판할 때 코칭 법을 찾아 활용하라(Find the Coaching in Criticism)", 하버드 비즈니스 리뷰Harvard Business Review, 2014. 02. 01.

144 비나 칸돌라(Binna Kandola), 《직장 내의 인종주의(Racism at Work)》 편 칸돌라(Pearn Kandola) 출판사, 2018, 옥스퍼드: 실비아 앤 휴렛(Sylvia Ann Hewlett), 타이 그린(Tai Green), "흑인 여성: 리더의 준비가 돼 있다(Black Women: ready to lead)",CTI, 2015

145 실비아 앤 휴렛(Sylvia Ann Hewlett), 노니 올우드(Noni Allwood), 카렌 심버그(Karen Sumberg), 산드라 샤프(Sandra Scharf), 크리스티나 프래그놀리(Christina Fargnoli), 암호 해독: 리더의 자질과 다양한 문화의 전문가(Cracking the Code: Executive Presence and Multicultural Professionals), CTI, 2013

146 직장에서의 여성(Women in the Workplace), 맥킨지 앤 린인(McKinsey and LeanIn), 2016

147 파올라 체끼 디메글리오(Paola Cecchi-Dimeglio), "젠더 편견이 인사고과를 방해하는 방법과

이에 대처하는 수단(How Gender Bias Corrupts Performance Reviews, and What to Do About It)", 2017. 04. 12, https://hbr.org/2017/04/how-gender-bias-corrupts-performance-reviews-and-what-to-do-about-it

148 키어런 스나이더(Kieran Snyder), "불쾌함 함정: 높은 성과를 얻은 남성과 여성이 평가에서는 다른 점수를 받는다(The abrasiveness trap: High-achieving men and women are described differently in reviews)", 2014. 08. 26, http://fortune.com/2014/08/26/performance-review-gender-bias/

149 셸리 코렐(Shelley Correll), 캐롤라인 시마드(Caroline Simard), "모호한 피드백이 여성의 발목을 잡는다(Vague Feedback Is Holding Women Back)", 2016. 04. 29, https://hbr.org/2016/04/research-vague-feedback-is-holding-women-back

150 호웰(W. C. Howell), 플레시먼(E. A. Fleishman), 성과와 생산성(Human Performance and Productivity). 뉴저지 힐즈데이, 정보 처리 과정과 의사 결정(Information Processing and Decision Making), 2편, 1982

151 하이디 그랜트 할버슨(Heidi Grant Halvorson), "성공하는 사람이 하는 아홉 가지 일(9 things successful people do)", 보스턴, 하버드 비즈니스 리뷰(Harvard Business Review Press), 2012

152 다니엘 코일(Daniel Coyle), 《문화 코드: 큰 성공을 거두는 집단의 비밀(The Culture Code: The Secrets of Highly Successful Groups)》, 뉴욕, 반탐(Bantam), 2018

153 마커스 버킹엄(Marcus Buckingham), 애슐리 구달(Ashley Goodall), "피드백 오류(The Feedback Fallcy)", 하버드 비즈니스 리뷰(Harvard Business Review), 2019. 04. 03.

154 상게서

155 에드거 샤인(Edgar H. Schein), 피터 샤인(Peter A. Schein), 《겸손한 리더십(Humble Leadership: The Power of Relationships, Openness and Trust)》, 오클랜드, 베렛쾰러 출판사(Berrett-Koehler Publishers), 2018

156 안젤라 리 더크워스(Angela Lee Duckworth) 외, "자기 규제 전략은 청소년 시기의 자기 수양을 향상시킨다(Self-regulation strategies improve self-discipline in adolescents: benefits of mental contrasting and implementation intentions)", 교육 심리학(Educational Psychology), 2011/3

157 다니엘 코일(Daniel Coyle), 《문화 코드(The Culture Code)》, 뉴욕, 반탐(Bantam), 2018

158 토마스 알렌(Thomas J. Allen), 건터 헨(Gunther Henn), "조직과 혁신 기술: 기술 흐름 관리(The Organization and Architecture of Innovation: Managing the flow of Technology), 루틀리즈(Routledge), 뉴욕,

테일러앤프랜시스 그룹(Taylor & Francis Group), 2007

159 "사무실 좌석 배치를 주기적으로 바꿔야 하는 이유(Why You Should Rotate Office Seating Assignments)", 하버드 비즈니스 리뷰Harvard Business Review, 2018/04/03

160 니콜라스 블룸(Nicholas Bloom), 제임스 리앙(James Liang), 존 로버츠(John Roberts), 지춘 제니 잉(Zhichun Jenny Ying), "재택 근무가 효과적인가?(Does working from home work?)", 전미경제연구소(National Bureau Of Economic Research), 2013, 3월, https://www.nber.org/papers/w18871.pdf

161 2018년 전 세계 원격 근무 현황(2018 Global State of Remote Work), 아울랩스(OwlLabs), https://www.owllabs.com/state-of-remote-work

162 조셉 반델로(Joseph Vandello), 바네사 헤팅거(Vanessa Hettinger), 제니퍼 보슨(Jennifer Bosson), 재스민 지디키(Jasmine Siddiqi), "평등이 진짜 평등이 아닐 때: 유연 근무를 원하는 남성의 딜레마(When Equal Isn't Really Equal: The Masculine Dilemma of Seeking Work Flexibility)", 사회 이슈 저널(Journal of Social Issues), 2013, 6월, https://www.researchgate.net/publication/259740823_When_Equal_Isn't_Really_Equal_The_Masculine_Dilemma_of_Seeking_Work_Flexibility

163 대체 가능한 근무지 전략(Alternative Workplace Strategies), 2018 제5회 글로벌 벤치마킹 연구(Fifth Biennial Global Benchmarking Study 2018), 2018, 6월

164 최신 재택근무 분석, 세계적인 근무지 분석(Latest Telecommuting Statistics, Global Workplace Analytics), 스탠드(Stand), 2018/07, https://globalworkplaceanalytics.com/telecommuting-statistics

165 니콜라스 블룸(Nicholas Bloom) 외, 상게서

166 애덤 히크만(Adam Hickman), 리안 펜델(Ryan Pendell), "전통적인 관리자의 종말(The End of the Traditional Manager)", 갤럽, 비즈니스 저널(Business Journal), 2018. 5. 31,https://www.gallup.com/workplace/235811/end-traditional-manager.aspx?

167 리사 케핀스키(Lisa Kepinski), 베로니카 후케(Veronika Hucke), "업무가 진행되는 모든 곳에 소속감과 공정함 만들기(Creating Belonging and Equity Wherever Work Takes Place)", 2019, 10월

168 상게서

169 하이디 그랜트 할버슨(Heidi Grant Halvorson), 상게서

170 기어트 홉스테드(Geert Hofstede), 거트 잔 홉스테드(Gert Jan Hofstede), 미카엘 민코프(Michael

Minkov), "문화와 조직: 정신의 소프트웨어(Cultures and organizations: Software of the mind), 맥 그로
힐(Mc Graw Hil)l, 2010.

171 베로니카 후케(Veronika Hucke), "다양성과 더불어 공정함이 최우선 결과(Mit Vielfalt und Fairness
zum Erfolg)", 비스바덴, 스프링거 게이블러(Springer Gabler), 2017

172 어니스트 건들링(Ernest Gundling), 아니타 잔첸틴(Anita Zanchettin), 어페리안 글로벌(Aperian
Global), "글로벌 다양성: 소비자 확보와 팀원의 시장 개입(Global Diversity: Winning Customers and
Engaging Employees within Markets), 니콜라스 브릴리 인터네셔널(Nicholas Brealey International), 2007

173 에린 메이어(Erin Meyer),《컬처 맵(The Culture Map)》, 뉴욕, 퍼블릭 어페어즈(Public Affairs), 2014

174 폰스 트롬페나스(Fons Trompenaars), 찰스 햄든 터너(Charles Hampden-Turner),《문화의 파오에 올
라타기(Riding the Waves of Culture)》, 니콜라스 브릴리 퍼블리싱(Nicholas Brealey Publishing), 1997

175 실비아 뢰켄(Loehken, Sylvia):《개성의 힘: 내향적인 사람과 외향적인 사람의 결합으로 놀라운
효과를 만들다(The Power of Personality: How Introverts and Extroverts Can Combine to Amazing Effects)》
런던, 존 머레이 러닝(John Murray Learning), 2016

176 출처에서 응용, https://external-preview.redd.it/u895OhFuhxzZ9zozBbpeTAoS4cc2JyIm
VaRm9YTulmA.jpg?auto=webp&s=828b5e3e2efc282f0bdf3b77651ebeff20c2640d

177 졸란타 아리츠(Jolanta Aritz), 로빈 워커(Robyn C. Walker), "혼합 문화 집단의 리더십 스타일: 미
국인과 동아시아인의 협력(Leadership Styles in Multicultural Groups: Americans and East Asians Working
Together)", 기업 의사소통 인터내셔널 저널(International Journal of Business Communication), 2014.
01. 29, https://journals.sagepub.com/doi/abs/10.1177/2329488413516211

178 "Y세대와 직장 세계: 중국의 Y세대의 직장에 대한 필요, 태도, 열망 보고(Gen Y and the world of
work: A report into the workplace needs, attitudes and aspirations of Gen Y China)", 헤이즈(Hays), 2013

179 에린 메이어(Erin Meyer), "브뤼셀, 보스턴, 베이징에서 상사되기(Being the Boss in Brussels, Boston
and Beijing)", 하버드 비즈니스 리뷰Harvard Business Review, 2017/08/07

180 조앤 윌리엄스(Joan C. Williams), 에이미 커디(Amy J. C. Cuddy), "일하는 엄마는 당신의 회사를
법정으로 끌고 가는가?(Will Working Mothers Take Your Company to Court?)" 하버드 비즈니스 리뷰
(Harvard Business Review), 2012, 9월

181 A. T. 커니(A. T. Kearney), 361도 가족연구(361°-Familienstudie) "더 많은 유익, 더 많은 공통
점!(Mehr Aufbegehren. Mehr Vereinbarkeit!)", 2016. 10.

182 조셉 반델로(Joseph A. Vandello), 바네사 헤팅거(Vanessa Hettinger), 제니퍼 보슨(Jennifer Bosson), 재스민 지디키(Jasmine Siddiqi), "평등이 진짜 평등이 아닐 때: 유연 근무를 원하는 남성의 딜레마(When Equal Isn't Really Equal: The Masculine Dilemma of Seeking Work Flexibility)", 사회 이슈 저널(Journal of Social Issues), 2013, 6월, http://psychology.usf.edu/faculty/data/jvandello/seekingworkflexibility.pdf

183 이본 로트(Yvonne Lott), "더 적은 일, 더 많은 휴식? 유연한 업무 배정이 엄마들과 아빠들에게 도움이 된다(Weniger Arbeit, mehr Freizeit? Wofür Mütter und Väter flexible Arbeitsarrangements nutzen)", WSI, 2019, 3월

184 에이미 커디(Amy J. C. Cuddy), 수잔 피스케(Susan T. Fiske), 피터 글릭크(Peter Glick), "세계적 차원의 사회적 인식으로써의 따뜻함과 유능함: 고정관념 내용 모형과 BIAS 지도(Warmth and Competence as Universal Dimensions of Social Perception: The Stereotype Content Model and the BIAS Map)", 실험 사회심리학 진보(Advances in Experimental Social Psychology), 2008, 40호

185 에이미 커디(Amy J. C. Cuddy), 수잔 피스케(Susan T. Fiske), 피터 글릭크(Peter Glick), "전문가가 엄마가 되면 따뜻함은 더 이상 효과가 없다(When Professionals Become Mothers, Warmth Doesn't Cut the Ice)", 사회 이슈 저널(Journal of Social Issues), 2004, Vol. 60, No. 4

186 에이미 커디(Amy J. C. Cuddy), 수잔 피스케(Susan T. Fiske), 피터 글릭크(Peter Glick), "세계적 차원의 사회적 인식으로써의 따뜻함과 유능함: 고정관념 내용 모형과 BIAS 지도(Warmth and Competence as Universal Dimensions of Social Perception: The Stereotype Content Model and the BIAS Map)", 실험 사회심리학 진보(Advances in Experimental Social Psychology), 2008, 40호

187 데이비드 스미스(David G. Smith), 주디스 로젠스타인(Judith E. Rosenstein), 마가렛 니콜로프(Margaret C. Nikolov), "남성과 여성 리더를 묘사할 때 다른 용어를 사용하다(The Different Words We Use to Describe Male and Female Leaders)", 하버드 비즈니스 리뷰(Harvard Business Review), 25.05.2018. 05. 25, https://hbr.org/2018/05/the-different-wordswe-use-to-describe-male-and-female-leaders

188 마리안 쿠퍼(Marianne Cooper), "여성 리더에게는 호감도와 성공의 상관관계가 거의 없다(For Women Leaders, Likability and Success Hardly Go Hand-in-Hand)", 하버드 비즈니스 리뷰(Harvard Business Review), 2013. 04. 03, https://hbr.org/2013/04/for-women-leaders-likability-a

189 웨이 정(Wei Zheng), 로니트 카크(Ronit Kark), 알리슨 마이스터(Alyson Meister), "어떻게 여성은 리더십의 성별 규범에 대처하는가(How Women Manage the Gendered Norms of Leadership)", 하버드 비즈니스 리뷰(Harvard Business Review), 2018. 11. 28, https://hbr.org/2018/11/how-women-manage-the-gendered-norms-ofleadership

190 하이디 그랜트 할버슨(Heidi Grant Halvorson),《당신을 이해하는 사람도 없고, 당신을 이해하는 방법을 아는 사람도 없다(No one understands you and what to do about it)》, 보스턴, 하버드 비즈니스 리뷰 출판사(Harvard Business Review Press), 2015

191 에이미 커디(Amy J. C. Cuddy), 매튜 코헛(Matthew Kohut), 존 네핑저(John Neffinger), "연결하라, 그 다음 이끌라(Connect, Then Lead)", 하버드 비즈니스 리뷰Harvard Business Review, 2013. 08. 07.

192 에이미 커디(Amy J. C. Cuddy), 수잔 피스케(Susan T. Fiske), 피터 글릭크(Peter Glick), 준 수(Jun Xu), "(혼합된)고정 관념 내용 모형: 유능함과 따뜻함은 각각 인지된 상태와 경쟁력에서 나온다(A Model of (often mixed) stereotype content: competence and warmth respectively follow from perceived status and competition)", 개성 및 사회 심리학 저널(Journal of Personality and Social Psychology), 2002, 82호

193 에이미 커디(Amy J. C. Cuddy), 수잔 피스케(Susan T. Fiske), 피터 글릭크(Peter Glick), "세계적 차원의 사회적 인식으로써의 따뜻함과 유능함: 고정관념 내용 모형과 BIAS 지도(Warmth and Competence as Universal Dimensions of Social Perception: The Stereotype Content Model and the BIAS Map)", 실험 사회심리학 진보(Advances in Experimental Social Psychology), 2008, 40호

194 아론 힐(Aaron D. Hill), 테사 리센데스(Tessa Recendes), 제이슨 리지(Jason W. Ridge), "CEO 성격의 2차 효과: CEO의 고분고분한 또는 도발적인 성격이 경쟁자의 공격을 촉발시킨다(Second-order effects of CEO characteristics: How rivals' perceptions of CEOs as submissive and provocative precipitate competitive attacks)", 전략 경영 저널(Strategic Management Journal), 2019, 05, https://onlinelibrary.wiley.com/doi/10.1002/smj.2986

195 에이미 커디(Amy J. C. Cuddy), 수잔 피스케(Susan T. Fiske), 피터 글릭크(Peter Glick), "세계적 차원의 사회적 인식으로써의 따뜻함과 유능함: 고정관념 내용 모형과 BIAS 지도(Warmth and Competence as Universal Dimensions of Social Perception: The Stereotype Content Model and the BIAS Map)", 실험 사회심리학 진보(Advances in Experimental Social Psychology), 2008, 40호

196 잭 젠거(Jack Zenger), "호감도가 떨어지는 리더: 팀원과 팀장의 관계를 향상시키는 일곱 가지 방법(The Unlikable Leader: 7 Ways To Improve Employee/Boss Relationships)", 포브스(Forbes), 2013. 07. 13, https://www.forbes.com/sites/jackzenger/2013/06/13/the-unlikable-leader-7-ways-to-improve-employeeboss-relationships/#2115947f1da6, Accessed on 10.04.2019

197 데보라 태넌(Deborah Tannen),《근무 시간에 말하기: 남성과 여성의 대화 스타일은 말의 호소력, 신뢰, 업무에 영향을 준다(Talking from 9 to 5: How Women's and Men's Conversational Styles Affect Who Gets Heard, Who Gets Credit, and What Gets Done at Work)》, 뉴욕, 윌리엄머로우앤컴퍼니(William Morrow and Company), 1994

198 앨리슨 우드 브룩스(Alison Wood Brooks), 헝첸 다이(Hengchen Dai), 모리스 슈바이처(Maurice E. Schweitzer), "비가 와서 미안합니다만! 과잉 사과는 감정이입을 나타내고 신뢰를 높인다(I'm Sorry About the Rain! Superfluous Apologies Demonstrate Empathic Concern and Increase Trust)", 사회 심리학 및 개성 과학(Social Psychological and Personality Science), 2013, 5

199 니킬 스와미나탄(Nikhil Swaminathan), "젠더 수다: 여성이 남성보다 더 많이 말하는가?(Gender Jabber: Do Women Talk More than Men?)", 사이언티픽 아메리칸(Scientific American), 2007. 07. 06, https://www.scientificamerican.com/article/women-talk-more-than-men/

200 빅토리아 브레스콜(Victoria L. Bresccoll), "누가 토론에 참가하며 그 이유는 무엇인가: 조직 내의 젠더, 권력, 발언권(Who Takes the Floor and Why: Gender, Power, and Volubility in Organizations)", 2012. 02. 29, https://journals.sagepub.com/doi/abs/10.1177/0001839212439994

201 엘리자베스 소머즈(Elizabeth Sommers), 산드라 로렌스(Sandra Lawrence), "교사 주도 또는 학생 주도 반응의 동료 집단에서 여성이 말하는 방식(Women's ways of talking in teacher-directed and student-directed peer response groups)", 언어학과 교육(Linguistics and Education), 1992, https://www.sciencedirect.com/science/article/pii/089858989290018R

202 셸리 코렐(Shelley Correll), 캐롤라인 시마드(Caroline Simard), "모호한 피드백이 여성의 발목을 잡는다(Vague Feedback Is Holding Women Back)", 2016. 04. 29.

203 릴린(LeanIn.Org), 맥킨지앤컴퍼니(McKinsey & Company), "2016 직장 내의 여성(Women in the workplace 2016)"

204 데보라 태넌(Deborah Tannen), "여성이 얼마나 많이 말하는지에 대한 진실, 그리고 남성이 경청하는지 여부(The Truth About How Much Women Talk — and Whether Men Listen)", 타임(Time), 2017. 06. 28, http://time.com/4837536/do-women-really-talk-more/

205 매들린 하일만(Madeline E. Heilman), 미셸 헤이즈(Michelle C. Hayes), "신뢰가 의무인 곳에서는 신뢰가 없다: 남녀 혼성팀에서 여성 성공의 합리화(No Credit Where Credit Is Due: Attributional Rationalization of Women's Success in Male-Female Teams)", 응용 심리학 저널(Journal of Applied Psychology) 90, no. 5 (2005): 905-26; http://gap.hks.harvard.edu/no-credit-where-credit-due-attributional-rationalization-women's-success-male-female-teams

206 멜리사 토머스 헌트(Melissa Thomas-Hunt), 캐서린 필립스(Katherine W. Phillips), "당신이 아는 것이 충분하지 않을 때(When What You Know Is Not Enough)", 2007. 05. 01, 켈로그인사이트(KelloggInsight), https://insight.kellogg.northwestern.edu/article/when_what_you_know_is_not_enough

207 어네스토 루번(Ernesto Reuben), 페드로 레이 빌(Pedro Rey-Biel), 파올라 사피엔자(Paola Sapienza), 루이지 징갈레스(Luigi Zingales), "경쟁적 환경에서 남성 리더십 출현(The Emergence of Male Leadership in Competitive Environments)", IZA 토론 보고서(IZA Discussion Paper), 2010. 11.

208 캐서린 코프먼(Katherine B. Coffman), 클리오 브라이언트 플리케마(Clio Bryant Flikkema), 올가 슈치코프(Olga Shurchkov, "성 고정관념의 숙고와 팀 결정(Gender Stereotypes in Deliberation and Team Decisions)", 하버드 경영대학교 조사 보고서, 2019, https://www.hbs.edu/faculty/Pages/item. aspx?num=55539

209 멜리사 토머스 헌트(Melissa Thomas-Hunt), 캐서린 필립스(Katherine W. Phillips), 상게서

210 제니퍼 글래스(Jennifer L. Glass) 외, "과학, 기술, 공학, 수학에서 무엇이 그렇게 특별할까? 이공계열의 여성 비율과 전문 직업의 비교(What's So Special about STEM? A Comparison of Women's Retention in STEM and Professional Occupations)", 옥스퍼드 대학교 출판사, 2013. 08. 21

211 헤르미니아 이바라(Herminia Ibarra), 낸시 카터(Nancy M. Carter), 크리스틴 실바(Christine Silva), "남성이 여성보다 더 많이 승진하는 이유(Why Men Still Get More Promotions Than Women)", 하버드 비즈니스 리뷰(Harvard Business Review), 2010. 09.

212 파올라 체끼 디메글리오(Paola Cecchi-Dimeglio), "젠더 편견이 인사고과를 방해하는 방법과 이에 대처하는 수단(How Gender Bias Corrupts Performance Reviews, and What to Do About It)", 2017. 04. 12, https://hbr.org/2017/04/how-gender-bias-corrupts-performance-reviews-and-what-to-do-about-it

213 "편견 저지: 작은 단계, 큰 변화, 업무 평가에서 편견을 확인하고 저지하기(Bias Interrupters: small steps, big change, Identifying & Interrupting Bias in Performance Evaluations)", 워크라이프 로 센터(Center for WorkLife Law), 2016

214 에릭 루이스 울만(Eric Luis Uhlmann), 제프리 코헨(Geoffrey L. Cohen), "구체화된 기준: 차별을 정당화하기 위한 장점 재정의(Constructed Criteria: Redefining Merit to Justify Discrimination)", 심리 과학(Psychological Science), 2005. 06. 01, https://journals.sagepub.com/doi/abs/10.1111/j.0956-7976.2005.01559.x?journalCode=pssa

215 말콤 게이(Malcolm Gay), "보스턴 심포니 오케스트라 플루트 연주자가 오케스트라 측과 공정한 임금 소송에 대한 합의를 보다(BSO flutist settles equal-pay lawsuit with orchestra)", 보스턴 글로브(Boston Globe), 2019. 02. 14, https://www.bostonglobe.com/arts/music/2019/02/14/bso-flutist-settles-equal-pay-lawsuit-with-orchestra/0iRyJCdjtu1BLWCAoqfQDL/story.html

216 가디너 모스(Gardiner Morse), "편견 없는 조직 설계하기(Designing a Bias-Free Organization)", 하버드 비즈니스 리뷰(Harvard Business Review), 2016/08/07

217 사비나 나와즈(Sabina Nawaz), "경영진 규범을 만들고 그것을 지키게 하는 법(How to Create Executive Team Norms — and Make Them Stick)", HBR, 2018. 01. 15, https://hbr.org/2018/01/how-to-create-executive-team-norms-and-make-them-stick

218 아툴 가완디(Atul Gawande), 《체크리스트 선언문: 업무를 순조롭게 진행하는 방법(The Checklist Manifesto: How to get things right)》, 뉴욕, 피카도르(Picador), 2010

219 유리잔의 색깔 탐색하기: 의과 대학의 여성과 남성에 대한 추천서(Exploring the Color of Glass: Letters of Recommendation for Female and Male Medical Faculty), https://journals.sagepub.com/doi/abs/10.1177/0957926503014002277

220 아툴 가완디(Atul Gawande), 《체크리스트 선언문: 업무를 순조롭게 진행하는 방법(The Checklist Manifesto: How to get things right)》, 뉴욕, 피카도르(Picador), 2010

221 에이미 랭필드(Amy Langfield), "직장 내의 '여왕벌' 고정관념은 드물다('Queen Bee' stereotype in the workplace is a rarity)", 2013. 03. 08, https://www.today.com/money/queen-bee-stereotype-workplace-rarity-1C8768020.

222 올가 카잔(Olga Khazan), "직장에서 여성은 왜 서로 괴롭힐까?(Why Do Women Bully Each Other at Work?)", 아틀란틱(The Atlantic), 2017. 09, https://www.theatlantic.com/magazine/archive/2017/09/the-queen-bee-in-the-corner-office/534213/

223 벨레 덕스(Belle Derks), 나오미 엘레머스(Naomi Ellemers), "성차별적인 조직 문화가 여왕벌을 만드는가?(Do sexist organizational cultures create the Queen Bee?)", 영국 사회 심리학 저널(British Journal of Social Psychology), 2011. 03.25, https://onlinelibrary.wiley.com/doi/abs/10.1348/014466610X525280

224 미첼 두구드(Michelle Duguid), "고위직 여성의 상징: 집단 다양화의 기폭제인가 억제제인가?(Female tokens in high-prestige work groups: Catalysts or inhibitors of group diversification?)", 조직 행동 및 인간 결정 과정(Organizational Behavior and Human Decision Processes), 2012, https://source.wustl.edu/2012/05/women-dont-advocate-for-other-women-in-highstatuswork-groups/

225 상게서

226 크리스티안 데조(Cristian L. Dezső), 데이비드 개디스 로스(David Gaddis Ross), 호세 우리베(Jose

Uribe), "최고 경영진에 은밀한 여성 할당제가 존재하는가? 대규모 통계 분석(Is there an implicit quota on women in top management? A large-sample statistical analysis)", 윌리 온라인 라이브러리(Wiley Online Library), 2015. 11. 15, https://onlinelibrary.wiley.com/doi/abs/10.1002/smj.2461

227 "능력 배후의 배경: 감사위원회 고위 간부에 여성이 없는 이유(Die Macht hinter den Kulissen: Warum Aufsichtsräte keine Frauen in die Vorstände bringen)", 올브라이트(Allbright) 재단, 2019. 04.

228 사라 디놀포(Sarah Dinolfo), 크리스틴 실바(Christine Silva), 낸시 카터(Nancy M. Carter), "곧 드러날 높은 잠재력: 리더가 앞장서기(High Potentials in the pipeline: Leaders pay it forward)", 캐탈리스트 (Catalyst), 2012

229 올가 카잔(Olga Khazan), 상게서.

230 알렌 태미(Allen, Tammy D.), "훌륭한 시민에 보상하기: 시민 행동, 젠더, 조직적인 보상 사이의 관계(Rewarding Good Citizens: The Relationship Between Citizenship Behavior, Gender, and Organizational Rewards)" (2006). 심리학 교수 발행집(Psychology Faculty Publications), 28, https://scholarcommons.usf.edu/psy_facpub/28

231 로리 루드먼(Laurie A. Rudman), 피터 글릭크(Peter Glick), "규정적 성 고정관념과 대리인 같은 여성에 대한 반발(Prescriptive Gender Stereotypes and Backlash Toward Agentic Women)", 사회적 이슈 저널(Journal of Social Issues), Vol. 57, No. 4, 2001, https://wesfiles.wesleyan.edu/courses/PSYC-309-clwilkins/week4/Rudman.Glick.2001.pdf

232 엘리자베스 켈란(Elisabeth Kelan), "핵심이 되는 인물- 남성, 중간 관리자, 젠더 포용적인 리더 (Linchpin - Men, Middle Managers and Gender Inclusive Leadership), 크랜필드 대학교, 2015

233 아티 라마스와미(Aarti Ramaswami), 조지 드레허(George F. Dreher), 로버트 브레츠(Robert Bretz), 캐롤린 위도프(Carolyn Wiethoff), "젠더, 멘토링, 경력 성공: 조직에서의 중요성(Gender, mentoring, and career success: the importance of organizational context)", 인사 심리학(Personnel Psychology), 2010. 05. 12.

234 실비아 앤 휴렛(Sylvia Ann Hewlett), "스폰서 찾기의 큰 유익(The Real Benefit of Finding a Sponsor)", HBR, 2011. 01. 26, https://hbr.org/2011/01/the-real-benefit-of-finding-a

235 캐탈리스트(Catalyst), "코치, 멘토, 스폰서-차이 이해하기(Coaches, mentors, and sponsors-Understanding the differences)", 2014. 12. 11, https://www.catalyst.org/wp-content/uploads/2019/01/understanding_coaches_mentors_sponsors.pdf

236 재능혁신센터(Center for Talent Innovation), "스폰서십 배당금(The Sponsorship Dividend)", 2019,

https://www.talentinnovation.org/_private/assets/TheSponsorDividend_Key-Findings
Combined-CTI.pdf

237 실비아 앤 휴렛(Sylvia Ann Hewlett), "멘토는 훌륭하다. 스폰서는 더 훌륭하다(Mentors Are Good.
Sponsors Are Better)", 뉴욕타임스(New York Times), 2013. 03. 13

238 실비아 앤 휴렛(Sylvia Ann Hewlett), "리더는 스폰서 문화를 조성하라(As a Leader, Create a Culture
of Sponsorship)", HBR, 2013. 10. 08, https://hbr.org/2013/10/as-a-leader-create-a-culture-
of-sponsorship

239 데이비드 스미스(David Smith), 브래드 존슨(Brad Johnson), "남성이 여성에게 멘토링을 할 때
(When Men Mentor Women)", HBR 웨비나(Webinar), 2018. 10. 23, https://hbr.org/ideacast
/2018/10/when-men-mentorwomen.html

240 실비아 앤 휴렛(Sylvia Ann Hewlett), "현명한 리더는 제자를 거느린다(Smart Leaders Have Protégés)",
HBR, 2013. 08. 09, https://hbr.org/2013/08/smart-leaders-have-proteges

241 데이비드 스미스(David Smith), 브래드 존슨(Brad Johnson), "남성이 여성에게 멘토링을 할 때
(When Men Mentor Women)", HBR 웨비나(Webinar), 2018. 10. 23, https://hbr.org/ideacast
/2018/10/when-men-mentorwomen.html

242 브래드 존슨(W. Brad Johnson), 데이비드 스미스(David G. Smith), "여성에게 멘토링하는 것이 그
들을 '구제'해주는 것은 아니다(Mentoring Women Is Not About Trying to 'Rescue' Them)", 하버드
비즈니스 리뷰(Harvard Business Review), 2018. 03. 14, https://hbr.org/2018/03/mentoring-
women-is-not-about-trying-to-rescue-them, 웬디 머피(Wendy Murphy), "여성에게 멘토
링하는 것에 예민한 남성을 위한 조언(Advice for Men Who Are Nervous About Mentoring Women)",
하버드 비즈니스 리뷰(Harvard Business Review), 2019. 03. 15, https://hbr.org/2019/03/advice-
for-men-who-are-nervous-about-mentoring-women

243 에밀리아 부니어(Emilia Bunea), 스베틀라나 카포바(Svetlana N. Khapova), 에브게니아 리소
바(Evgenia I. Lysova), "사무실 밖으로(Out of Office)", 하버드 비즈니스 매니저(Harvard Business
Manager), 2019. 05

244 제이크 허웨이(Jake Herway), "심리적 안정감을 주는 문화를 조성하는 방법(How to Create a Culture of
Psychological Safety)", 갤럽, 2017. 12. 07, https://www.gallup.com/workplace/236198/create-
culture-psychological-safety.aspx?g_source=link_wwwv9&g_campaign=item_247799&g_
medium=copy

245 제인 스미스(Jane Smith), "주변에 예스맨만 있으면 어떻게 할까(What to Do if You're Surrounded by

Yes-People)", 갤럽, 2019. 03. 15, https://www.gallup.com/workplace/247799/surrounded-yes-people.aspx

246 케일린 오코너(Cailin O'Connor), 제임스 오언 웨더럴(James Owen Weatherall), 《가짜 정보의 시대 (The Misinformation Age)》, 예일 대학교 출판사, 2019

247 "직장 내 문화 다양성: 다양성 인식이 협력 과정과 결과에 미치는 효과(Cultural Diversity at Work: The Effects of Diversity Perspectives on Work Group Processes and Outcomes)", 2001. 06. 01.

248 캐탈리스트(Catalyst), "포용적인 리더십: 여섯 개국에서 본 시각(Inclusive Leadership: The View From Six Countries)", 2014

249 울리(A. W. Woolley), 차브리스(C. F. Chabris), 펜틀랜드 하쉬미(A. Pentland, N. Hashmi), 말론(N. & T. W. Malone), "집단의 성과에 집단 지성이 힘을 발휘하는 증거(Evidence for a collective intelligence factor in the performance of human groups)", 사이언스(Science), 2010, 330(6004), 686-688, http://www.cs.cmu.edu/~ab/Salon/research/Woolley_et_al_Science_2010-2.pdf

250 에이미 에드몬드슨(Amy Edmondson), "팀 내 심리적 안정감과 배우는 행동(Psychological Safety and Learning Behavior in Work Teams)", 경영과학 학술지(Administrative Science Quarterly), 1999. 06, Vol. 44, No. 2

251 캐슬린 아이젠하트(Kathleen M. Eisenhardt), 진 카워지(Jean L. Kahwajy), 부르조아(L. J. Bourgeois III), "어떻게 하면 경영진이 잘 싸울 수 있을까(How Management Teams Can Have a Good Fight)", HBR, 1997, 7월/8월, https://hbr.org/1997/07/how-management-teams-can-have-a-good-fight

252 줄리엣 버크(Juliet Bourke), "리더 한 명보다 두 명이 더 나은 이유는?: 다양성이 있는 팀이 획기적인 아이디어를 내고 더 현명한 결정을 하는 방법(Which Two Heads Are Better Than One?: How diverse teams create breakthrough ideas and make smarter decisions)", 오스트레일리아 이사회 연구소 (Australian Institute of Company Directors), 2016

253 다니엘 코일(Daniel Coyle), 《문화 코드(The Culture Code)》, 반탐 북스(Bantam Books), 뉴욕, 2018, 피터 스킬맨(Peter Skillman), "마시멜로 챌린지(Marshmallow Design Challenge)", 유트브, https://www.youtube.com/watch?v=1p5sBzMtB3Q

공정한 리더
The Fair Leader

초판 1쇄 발행일 2021년 11월 10일
초판 2쇄 발행일 2021년 11월 20일

지은이 베로니카 후케
옮긴이 최은아
펴낸이 유성권

편집장 양선우
책임편집 윤경선 편집 신혜진 임용옥
해외저작권 정지현 홍보 최예름 정가량 디자인 박정실
마케팅 김선우 강성 최성환 박혜민 김민지
제작 장재균 물류 김성훈 강동훈

펴낸곳 ㈜이퍼블릭
출판등록 1970년 7월 28일, 제1-170호
주소 서울시 양천구 목동서로 211 범문빌딩 (07995)
대표전화 02-2653-5131 | 팩스 02-2653-2455
메일 milestone@epublic.co.kr
포스트 post.naver.com/milestone
홈페이지 www.milestone.com

마일스톤 은 ㈜이퍼블릭의 경제경영 · 자기계발 · 인문교양 브랜드입니다.